Vermögenspreisblasen und geldpolitische Handlungsalternativen

Europäische Hochschulschriften
Publications Universitaires Européennes
European University Studies

Reihe V
Volks- und Betriebswirtschaft

Série V Series V
Sciences économiques, gestion d'entreprise
Economics and Management

Bd./Vol. 3413

PETER LANG
Frankfurt am Main · Berlin · Bern · Bruxelles · New York · Oxford · Wien

Martin Ende

Vermögenspreisblasen und geldpolitische Handlungsalternativen

Eine Anwendung auf Aktienmärkte

PETER LANG
Internationaler Verlag der Wissenschaften

Bibliografische Information der Deutschen Nationalbibliothek
Die Deutsche Nationalbibliothek verzeichnet diese Publikation in der Deutschen Nationalbibliografie; detaillierte bibliografische Daten sind im Internet über http://dnb.d-nb.de abrufbar.

Zugl.: Halle-Wittenberg, Univ., Diss., 2011

Gedruckt auf alterungsbeständigem,
säurefreiem Papier.

3
ISSN 0531-7339
ISBN 978-3-631-63024-2

www.peterlang.de

Für meine Familie

Inhaltsverzeichnis

Abbildungsverzeichnis

Tabellenverzeichnis

Symbolverzeichnis

α, ρ	Linearisierungsparameter bei der Approximation des Aktienkurses
β	Stärke der Fortschreibung der Aktienkursänderung durch unerfahrene Akteure
γ	Einfluss der Veränderung der logarithmierten Aktienkursblase in der aktuellen Periode auf die Outputlücke der aktuellen Periode
δ	Diskontierungsfaktor der erwarteten periodenbezogenen Nutzenverluste
ϵ	Stärke des Aktienkursschocks
κ	Einfluss der Outputlücke der Vorperiode auf die Inflation der aktuellen Periode
λ	Einfluss der Outputlücke der Vorperiode auf die Outputlücke der aktuellen Periode
μ	Einfluss der Outputlücke in der Nutzenverlustfunktion
ϕ	Einfluss der Zinsanpassung der Zentralbank in der Vorperiode auf die Outputlücke der aktuellen Periode
ψ	Effizienzmaß für Arbitrage durch erfahrene Marktakteure
Ω	Sammelparameter
$\bar{D}$	gleichgewichtige Dividende
$\bar{d}$	gleichgewichtige logarithmierte Dividende
$(\overline{d-s})$	gleichgewichtige logarithmierte Dividendenrendite

$\bar{\pi}$	gleichgewichtige Inflation, Zielinflation
$\bar{r}$	gleichgewichtiger Realzins
$\bar{r}^B$	gleichgewichtiger logarithmierter Ertrag von Anleihen
$\bar{r}^f$	gleichgewichtiger risikofreier Zins
$\bar{s}$	gleichgewichtiger logarithmierter Aktienkurs, Zielaktienkurs
$\bar{y}$	gleichgewichtiger Output
w^e	Anteil der erfahrenen Marktakteure an den Gesamtakteuren
w^u	Anteil der unerfahrenen Marktakteure an den Gesamtakteuren
$()^e$	bedeutet: erfahrene Akteure
$()^u$	bedeutet: unerfahrene Akteure
$()^M$	bedeutet: Marktakteure gesamt
$()^l$	bedeutet: präventive, reaktive und neutrale Geldpolitik
$()^{\tilde{l}}$	bedeutet: präventive und reaktive Geldpolitik
$()^{neu}$	bedeutet: neutrale Geldpolitik
$()^{pra}$	bedeutet: präventive Geldpolitik
$()^{rea}$	bedeutet: reaktive Geldpolitik
$()^*$	bedeutet: simulierter Wert
b_t, a_t	logarithmierte Aktienkursblase
$\hat{b}_t$, $\triangle a_t$	periodische Veränderung der logarithmierten Aktienkursblase
$\hat{b}_{t+1\|t}$	angenommene Veränderung der logarithmierten Aktienkursblase in Periode $t+1$ unter Berücksichtigung der Informationen aus Periode t
D_t	Dividende

d_t	logarithmierte Dividende
$E_t\hat{b}_{t+1}$	Erwartung über die Veränderung der logarithmierten Aktienkursblase
$E_t d_t$	Erwartung über die logarithmierte Dividende
$E_t L_{t+j}$	Erwartung über den zukünftigen periodischen Nutzenverlust in der aktuellen Periode
$E_t LS_t$	Erwartung über den gesamten Nutzenverlust
$E_t \pi_{t+1}$	Erwartung über die Inflation
$E_t r_t^A$	Erwartung über den logarithmierten Aktienertrag
$E_t r_t^g$	Erwartung über die Zinsanpassung der Zentralbank
$E_t s_{t+1}$	Erwartung über den logarithmierten Aktienkurs
$E_t \hat{s}_{t+1}$	Erwartung über die Veränderung des logarithmierten Aktienkurses
$E_t w^e$	Erwartung über den Anteil erfahrener Marktakteure
$E_t w^u$	Erwartung über den Anteil unerfahrener Marktakteure
$E_t y_{t+1}$	Erwartung über die Outputlücke
$EI_t \hat{b}_t$	Erwartungsirrtum über die Veränderung der Blase
$EI_t \pi_t$	Erwartungsirrtum über die Inflation
$EI_t w^e$	Erwartungsirrtum über die Gewichtung erfahrener Akteure
$EI_t y_t$	Erwartungsirrtum über die Outputlücke
L_t	periodischer Nutzenverlust
LS_t	Gesamtnutzenverlust
p_t	logarithmiertes Preisniveau
π_t	Inflation

$\pi_{t+2\|t}$	angenommene Inflation in Periode $t+2$ auf Basis der Informationen in Periode t
R_t^A	Aktienrendite
r_t^A	logarithmierter Aktienertrag
R_t^B	Rendite von Anleihen
r_t^B	logarithmierter Ertrag von Anleihen
r_t	tatsächlicher Realzins
r_t^g	Abweichung des tatsächlichen Realzinses vom gleichgewichtigen Realzins, geldpolitisches Steuerungsinstrument
S_t	Aktienkurs
s_t	logarithmierter Aktienkurs
$\hat{s}_t$	periodische Veränderung des logarithmierten Aktienkurses
y_t	Outputlücke
$y_{t+1\|t}$	angenommene Outputlücke in Periode $t+1$ auf Basis der Informationen aus Periode t
ζ_t	Aktienkursschock
c_0, c_1	Parameter indirekte Nutzenverlustfunktion
f_1, f_2, f_3	Reaktionsparameter in der Zinsregel
i, j, k	Laufvariablen
m	Anzahl der simulierten tatsächlichen und erwarteten Anteile erfahrener Akteure
t	Zeitindex, Periode
$\tilde{t}$	Zeitpunkt des Auftretens des Aktienkursschocks
V	Wertefunktion

1 Einleitung

1.1 Motivation und Ziele

Die Vergangenheit hat gezeigt, dass Vermögenspreisblasen regelmäßig auftreten und unabhängig vom betrachteten Land und der betrachteten Vermögensklasse sind. Einen Überblick zu historischen Blasen gibt die folgende Abbildung.

1.	Die holländische Tulpenzwiebelblase 1636
2.	Die Südseeblase 1720
3.	Die Mississippiblase 1720
4.	Die Aktienkursblase in den USA 1927-1929
5.	Die Blase bei Bankkrediten an Mexiko und andere Entwicklungsländer in den 1970er Jahren
6.	Die Immobilien- und Aktienkursblase in Japan 1985-1989
7.	Die Immobilien- und Aktienkursblase in Finnland, Norwegen und Schweden 1985-1989
8.	Die Immobilien- und Aktienkursblase in Thailand, Indonesien, Malaysia und anderen asiatischen Ländern 1992-1997
9.	Die Blase bei Direktinvestitionen in Mexiko 1990-1993
10.	Die Aktienkursblase in den USA 1995-2000
11.	Die Hauspreisblase in den USA 1999-2007

Abbildung 1.1: Historische Blasen

Quelle: Darstellung in Anlehnung an Kindleberger und Aliber (2005), S. 8.

Abbildung 1.1 zeigt, dass Blasen vorrangig bei Aktien und Immobilien auftreten. Allerdings können auch Rohstoffe, Wechselkurse oder Anleihen betroffen sein. Abbildung 1.2 und Abbildung 1.3 zeigen exemplarisch den Verlauf von Vermögenspreisblasen, wobei Abbildung 1.2 den Verlauf der Hauspreisblase in den USA zwischen 2000 und 2007 und Abbildung 1.3 den Verlauf der Technologie-Blase in den USA zwischen 1995 und 2000 darstellt.[1]

S&P/Case-Shiller U.S. National Home Price Index

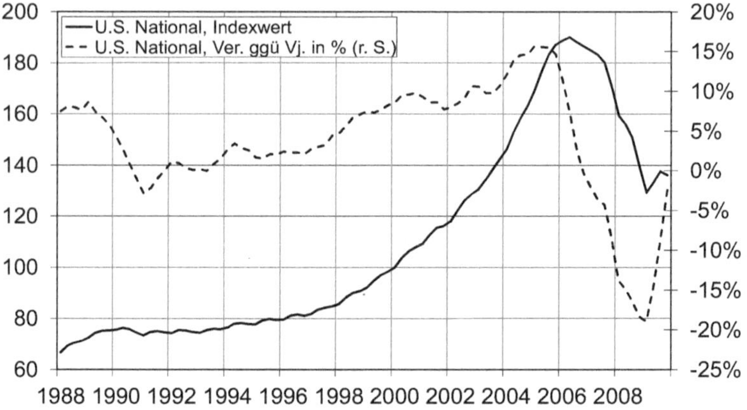

Abbildung 1.2: Hauspreisblase USA 2000-2007
Quelle: Standard & Poor's und Fiserv

[1] Die Abbildungen repräsentieren die Meinung der Literatur (unter anderem Kindleberger und Aliber (2005, Kapitel 1, S. 8) sowie Shiller (2008)), wonach die Preisbewegungen bei Aktien zwischen 1995 und 2000 sowie bei Immobilien zwischen 2000 und 2007 jeweils Blasen darstellten.

Abbildung 1.3: Technologie-Blase USA 1995-2000
Quelle: Thomson Reuters Datastream

Die Abbildungen zeigen, dass Blasen zeitlich begrenzt sind und einem akzelerierenden Preisanstieg ein Preisrückgang folgt. Der Preisanstieg dauert dabei länger als der Preisrückgang, weshalb der Verlauf von Blasen auch als asymmetrisch bezeichnet werden kann. Dadurch sind auch die Effekte von Blasen auf die Realwirtschaft asymmetrisch. Während in der Entstehungsphase die positiven Effekte auf die Realwirtschaft überwiegen, dominieren in der Phase des Abbaus die negativen Effekte. Durch die Beeinflussung des Finanzsystems können diese verstärkt werden, wodurch der Nettoeffekt von Vermögenspreisblasen auf die Realwirtschaft negativ sein kann.

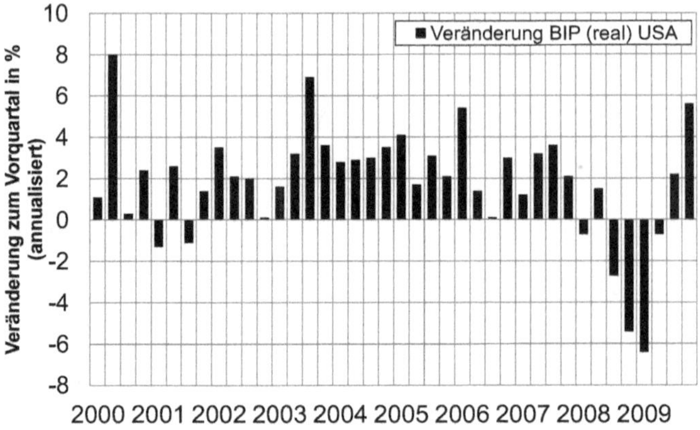

Abbildung 1.4: Darstellung Veränderung BIP (real) USA
Quelle: Bureau of Economic Analysis, National Economic Accounts

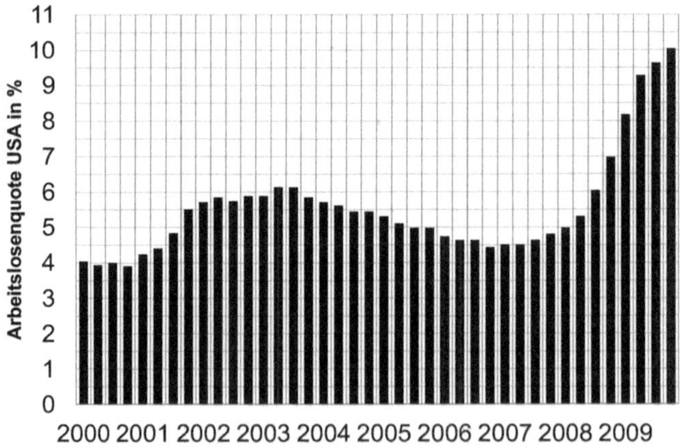

Abbildung 1.5: Darstellung Arbeitslosenquote USA
Quelle: U.S. Department of Labor, Bureau of Labor Statistics

Abbildung 1.4 zeigt die Entwicklung des realen Bruttoinlandsproduktes (BIP) in den USA und die Rezession nach dem Platzen der Hauspreisblase im Jahre 2007. Ergänzend zeigt Abbildung 1.5, wie sich die Arbeitslosenquote in den USA entwickelte.

Der Vergleich der realwirtschaftlichen Effekte nach dem Platzen der Technologie-Blase im Jahr 2000 und dem Platzen der Hauspreisblase im Jahr 2007 zeigt, dass sowohl die Wachstumsrate des BIP nach dem Platzen der Hauspreisblase deutlich stärker zurückging als es nach dem Platzen der Technologie-Blase der Fall war und auch die Arbeitslosenquote deutlich stärker reagierte. Folglich sind nicht nur die Blasen unterschiedlich, sondern auch deren Auswirkungen auf die Realwirtschaft. Während das Platzen der Technologie-Blase nicht zu Verwerfungen im Finanzsystem führte, war dies beim Platzen der Hauspreisblase der Fall.[2] Die Effekte des Platzens der Hauspreisblase wurden verstärkt und ebenso die negativen Effekte auf die Realwirtschaft.

Die Konsequenzen für die Geldpolitik aus dem Platzen der Technologie-Blase und der Hauspreisblase können wie folgt beschrieben werden.

> "Should Central Banks attempt to deflate bubbles before they get big enough to cause big problems? Until recently, most central bankers would have said no. They would have argued that policy should focus solely on inflation, employment and output goals - even in the midst of an apparent asset-price bubble. That was the view that prevailed during the tech stock bubble and I myself have supported this view in the past. However, now that we face the tangible and tragic consequences of the bursting of the house price bubble, I think it is time to take another look."

Diese Aussage von Yanet L. Yellen, Präsidentin der Federal Reserve Bank von San Francisco, von April 2009 zeigt, dass Geldpolitik bisher die aktive Beeinflussung von Blasen ablehnte und nur auf die Folgen reagierte.[3] Allerdings haben die Konsequenzen aus dem Platzen der Hauspreisblase im Jahr 2007 gezeigt, dass rein reaktives Handeln nicht bei jeder auftretenden Blase die beste Lösung darstellt.

---

[2] Vgl. dazu unter anderem die Ausführungen von Brunnermeier (2009), Holt (2009) sowie Schwartz (2009).

[3] Siehe Yellen (2009), S. 3.

Hauptziel dieser Arbeit ist die Untersuchung möglicher geldpolitischer Handlungsoptionen bei auftretenden Vermögenspreisblasen und die Ermittlung der optimalen Strategie. Zu diesem Zweck werden mögliche geldpolitische Strategien theoretisch beschrieben und die Zusammenhänge zwischen Vermögenspreisblasen, Realwirtschaft und Geldpolitik über ein dynamisches makroökonomisches Modell abgebildet.

Es wird eine Aktienkursblase modelliert, die durch einen Schock ausgelöst und durch das Verhalten verschiedener Gruppen von Marktakteuren beeinflusst wird. Es werden erfahrene und unerfahrene Marktakteure unterschieden. Erfahrene Akteure streben einen Zielwert für den Aktienkurs an, der entsprechend ihrer Einschätzung fundamental begründet ist. Unerfahrene Akteure kennen die fundamentalen Einflussfaktoren auf den Aktienkurs hingegen nicht und prognostizieren die zukünftige Aktienkursentwicklung mit Hilfe der Kursbewegungen der Vergangenheit. Die Aktienkursblase wirkt sowohl auf den Output als auch auf die Inflation und führt zur Abweichung dieser Werte von vorher definierten Zielniveaus. Die Abweichungen beeinflussen den gesellschaftlichen Nutzenverlust und folglich die geldpolitische Anpassung.

Die Zentralbank führt regelgebundene Zinsanpassungen durch und reagiert entweder ausschließlich auf die Outputlücke und die Inflation oder berücksichtigt darüber hinaus die erwartete Veränderung der Aktienkursblase in der Zinssetzung. Die Reaktionsparameter in der Zinsregel werden durch die Lösung eines dynamischen Optimierungsproblems bestimmt. Neben der Berücksichtigung von Zinsanpassungen der Zentralbank wird zusätzlich der Fall ohne Zinsänderungen untersucht. Dabei werden Aktienkursblasen durch das Handeln der Zentralbank nicht beeinflusst und ausschließlich durch das Verhalten der Marktakteure abgebaut.

Ziel der Modellierung ist die Ermittlung der zu erwartenden Nutzenverluste bei Anwendung der abgebildeten geldpolitischen Strategien, wenn Aktienkursblasen auftreten. Es wird untersucht, ob die Geldpolitik ausschließlich auf die Folgen von Aktienkursblasen reagieren sollte (reaktive Geldpolitik) oder die zusätzliche Berücksichtigung der erwarteten Veränderung von Blasen in der Zinssetzung (präventive Geldpolitik) beziehungsweise der Verzicht auf Zinsanpassungen (neutrale Geldpolitik) optimal ist. Die Strategie mit dem geringsten erwarteten Nutzenverlust wird gewählt und entspricht der optimalen Handlungsoption der Zentralbank.

Dabei wird für die Untersuchungen unterschieden, ob die Zentralbank die zukünftige Entwicklung der Aktienkursblasen kennt oder dies nicht der Fall ist. Ziel dabei ist es, den Einfluss von Informationsbeschränkungen der Zentralbank auf die Optimalität präventiver Geldpolitik im Vergleich zu reaktiver und neutraler Geldpolitik zu untersuchen. Die Umsetzung der beschriebenen Ziele erfolgt über computergestützte Simulationstechniken.

1.2 Ergebnisse

Die Simulationen zur Auswirkung von Aktienkursblasen auf die Zielgrößen der Zentralbank unter verschiedenen geldpolitischen Strategien zeigen, dass die Ergebnisse einerseits von der angewendeten Strategie und andererseits von möglichen Erwartungsirrtümern der Zentralbank abhängig sind. Aufgrund von Informationsbeschränkungen können Erwartungsirrtümer über die Dynamik von Blasen entstehen, wenn die Anteile erfahrener und unerfahrener Marktakteure nicht richtig eingeschätzt werden können.

Die Anwendung präventiver Geldpolitik führt bei zuverlässiger Bestimmung der Eigenschaften von Blasen stets zum geringsten Nutzenverlust und ist im Vergleich zu reaktiver und neutraler Geldpolitik optimal. Somit ist die Beeinflussung von entstehenden Aktienkursblasen besser, als nur die Folgen nach dem Platzen der Blase zu neutralisieren und Stabilisierungspolitik durchzuführen.

Probleme bei der Bestimmung der Eigenschaften von Blasen aufgrund von Unsicherheiten über die Anteile erfahrener und unerfahrener Akteure führen in der vorliegenden Modellierung und Simulation nicht zwingend zur Ablehnung präventiver Geldpolitik und zur Anwendung reaktiver oder neutraler Geldpolitik. Entscheidend dafür ist sowohl die Höhe als auch die Richtung möglicher Erwartungsirrtümer der Zentralbank.

Nimmt die Höhe von Erwartungsirrtümern zu, steigt die Abweichung zwischen erwarteter und tatsächlicher Entwicklung der Aktienkursblase und Verzerrungen der geldpolitischen Zinsanpassung werden verstärkt. Höhere Abweichungen von Inflation und Output von den entsprechenden Zielwerten und ein gestiegener erwarteter Nutzenverlust sind die Folge.

Obwohl präventive Geldpolitik bei auftretenden Erwartungsirrtümern im Durchschnitt zum geringsten erwarteten Nutzenverlust führt, ist der erwartete Nutzenverlust bei reaktiver oder neutraler Geldpolitik in Einzelfällen niedriger und die Anwendung präventiver Geldpolitik nicht länger optimal. Ob reaktive oder neutrale Geldpolitik optimal ist, hängt von der Richtung der Erwartungsirrtümer bei präventiver Geldpolitik ab.

Wird der Anteil erfahrener Akteure an den Marktakteuren überschätzt, ist bei ausreichend großen Erwartungsirrtümern reaktive Geldpolitik optimal. Wird das Gewicht der erfahrenen Akteure von präventiver Geldpolitik hingegen unterschätzt, ist bei ausreichend großen Erwartungsirrtümern neutrale Geldpolitik optimal. Sind die Erwartungsirrtümer nicht ausreichend hoch, bleibt die Anwendung präventiver Geldpolitik optimal.

Weiterhin zeigen die Simulationen, dass sowohl die Stärke des Einflusses der Veränderung der Aktienkursblase auf die Outputlücke als auch die Gewichtung der Outputlücke in der Nutzenverlustfunktion die Ergebnisse bestimmen.

Zusammenfassend zeigen die Ergebnisse der vorliegenden Arbeit, dass präventive Geldpolitik stets optimal ist, wenn die zukünftige Entwicklung von Blasen zuverlässig ermittelt werden kann. Ist dies nicht der Fall, ist die Einzelfallbetrachtung von Blasen zur Auswahl der optimalen geldpolitischen Strategie entscheidend. Der erwartete Nutzenverlust kann sowohl bei präventiver und reaktiver Geldpolitik als auch bei neutraler Geldpolitik im Vergleich zu den anderen Strategien minimal sein. Entscheidend dabei ist die Höhe und die Richtung entstehender Erwartungsirrtümer präventiver Geldpolitik.

1.3 Aufbau der Arbeit

Das Vorgehen in dieser Arbeit ist wie folgt. In **Kapitel 2** werden sowohl die Ursachen von Vermögenspreisblasen als auch deren Verlauf, Folgen und Maßnahmen zur Prävention ausführlich beschrieben. In **Kapitel 3** werden anschließend die Handlungsoptionen der Zentralbank bei auftretenden Vermögenspreisblasen dargestellt und diskutiert. Weiterhin wird gezeigt, wie sich verschiedene Zentralbanken in der Vergangenheit verhalten haben und welche Probleme mit den vorgestellten geldpolitischen Strategien verbunden sind. Anschließend wird die Identifikation von Vermögenspreisblasen erläutert und mögliche Ansätze vorgestellt. In **Kapitel 4** werden die bis dahin erläuterten theoretischen Ausführungen in einem dynamischen Makromodell zusammengefasst. Anschließend wird das vorgestellte Modell in **Kapitel 5** computerbasiert umgesetzt und durch Simulationstechniken gelöst. Dabei wird die Kalibrierung erläutert und anschließend werden schrittweise die Simulationen durchgeführt. Zu Beginn wird der Verlauf der Aktienkursblase ohne Berücksichtigung von Geldpolitik unter verschiedenen Gewichtungen erfahrener und unerfahrener Marktakteure simuliert und die Folgen auf die Outputlücke und die Inflation gezeigt. Im Anschluss wird Geldpolitik in die Betrachtung einbezogen und die Simulationen werden für die vorgestellten geldpolitischen Strategien ohne und mit Berücksichtigung von Erwartungsirrtümern präventiver Geldpolitik durchgeführt. Danach wird von der bis dahin verwendeten Kalibrierung abstrahiert und die Simulationen werden für Variationen einzelner Parameter wiederholt. In **Kapitel 6** werden die gewonnenen Erkenntnisse noch einmal zusammengefasst und es wird ein Ausblick auf mögliche zukünftige Erweiterungen der vorliegenden Arbeit gegeben.

2 Vermögenspreisblasen

In der Literatur gibt es keine allgemein gültige Definition von Vermögenspreisblasen. Es gibt lediglich Merkmale, die von allen Vermögenspreisblasen geteilt werden.

Kindleberger und Aliber (2005) sowie EZB (2005) definieren eine Vermögenspreisblase allgemein als nicht nachhaltige Preisänderung, die mit einer starken und zeitlich schnellen Preiskorrektur endet. Abreu und Brunnermeier (2003), Koustas und Serletis (2005) sowie Kunieda (2008) konkretisieren die Preisbewegung weiter. Demnach bestehen Vermögenspreisblasen, wenn die Preisbewegung nicht durch fundamentale Gründe erklärbar ist und der Vermögenspreis von seinem fundamental begründbaren Niveau abweicht. Der fundamentale Preis entspricht dabei dem Barwert der zukünftig erwarteten Zahlungsströme eines Vermögenswertes. Nach Guenster et al. (2008) besteht eine Blase, wenn die Wachstumsrate der Fundamentalfaktoren kleiner als die Wachstumsrate des Vermögenspreises ist und diese sich im Zeitverlauf beschleunigt.

Eine andere Möglichkeit der Definition von Blasen bezieht sich auf die Verwendung von Indikatoren. Es werden Schwellenwerte definiert, deren Über- oder Unterschreiten auf das Vorliegen einer Blase hindeuten. Entsprechend Dass et al. (2008) können mögliche Indikatoren beispielsweise das Kurs-Gewinn-Verhältnis, das Kurs-Buchwert-Verhältnis oder auch das Kurs-Umsatz-Verhältnis sein.

Im Rahmen dieser Arbeit werden Vermögenspreisblasen als sämtliche Abweichungen des Vermögenspreises von einem zuvor bestimmten fundamentalen Niveau über einen längeren Zeitraum definiert. Entscheidend ist im Rahmen dieser Arbeit die Höhe von Blasen und der Zeitraum des Abbaus. Das Muster von Blasen ist dabei von untergeordneter Bedeutung.

In der Literatur werden Vermögenspreisblasen entsprechend den Annahmen über das Verhalten der Marktteilnehmer klassifiziert. Handeln die Akteure annahmegemäß rational, werden auch die Blasen als rational bezeichnet. Dabei können rationale Blasen weiterhin in intrinsische, agentenbezogene oder auch stochastische Blasen unterteilt werden.[1] Wird das Verhalten der Akteure hingegen ausschließlich durch empirische Untersuchungen beschrieben, ist die Einordnung als spekulative Blase üblich.[2] Mischformen liegen dann vor, wenn unterschiedliche Akteursgruppen mit verschiedenen Verhaltensannahmen agieren.

Im Folgenden werden die Entstehungsursachen von Blasen dargestellt, wobei zwischen dem kapitalmarkttheoretischen und dem verhaltensorientierten Ansatz unterschieden wird. Anschließend werden mögliche Rahmenbedingungen bei der Entstehung und Entwicklung von Blasen erläutert. Weiterhin wird auf den typischen Verlauf von Blasen eingegangen und mögliche Folgen werden beschrieben. Das Kapitel wird mit einem Fazit beendet, in dem die wichtigsten Erkenntnisse noch einmal kurz dargestellt werden.

2.1 Entstehung

Die folgenden Ausführungen sollen zeigen, welche Ursachen es für die Entstehung von Vermögenspreisblasen gibt. Es wird im Folgenden zwischen dem kapitalmarkttheoretischen und dem verhaltensorientierten Ansatz unterschieden. Dem kapitalmarkttheoretischen Ansatz liegt die Effizienzmarkthypothese zugrunde, welche rationales Verhalten aller Akteure und effiziente Märkte unterstellt. Im Gegensatz dazu werden beim verhaltensorientierten Ansatz empirisch beobachtete Muster menschlichen Verhaltens zur Erklärung der Entstehung von Vermögenspreisblasen angewendet.

Eine Blase wird nicht entstehen, wenn allen Marktteilnehmern einerseits bekannt ist, dass der Handel mit dem betroffenen Vermögenswert ab einem bestimmten Zeitpunkt in der Zukunft nicht mehr möglich ist und der Preis des Vermögenswertes dann seinem fundamentalen Wert entspricht. Andererseits ist eine Vermögenspreisblase unmöglich, wenn das Angebot der Vermögenswerte im Zeitablauf permanent zunimmt, aber die Aufnahmekapazität des Marktes

[1] Vgl. zu rationalen Blasen unter anderem Ackert und Hunter (1999), Adam und Szafarz (1992), Allen und Gorton (1993), Blanchard (1979), Blanchard und Watson (1982), Conrad (2002), Cuñado et al. (2005), Diba und Grossman (1988), Evans (1991), Flood und Garber (1980), Froot und Obstfeld (1991), Fukuta (2002), Jarchow (2003), Scheinkman und Xiong (2003) sowie Stiglitz (1990).

[2] Vgl. dazu unter anderem die Ausführungen von Beck und Prinz (2000), Conrad (2002), Conrad und Stahl (2003) sowie Keynes (1936).

begrenzt ist. Folglich können Vermögenspreisblasen nach Binswanger (1999) nur entstehen, wenn das Angebot eines Vermögenswertes begrenzt und der Handel mit diesem Vermögenswert zeitlich unbegrenzt möglich ist.

2.1.1 Kapitalmarkttheoretischer Ansatz

Vermögenspreisblasen entstehen entsprechend diesem Ansatz, wenn der Vermögenspreis von einem vorher definierten fundamentalen Preis abweicht. Die Märkte sind definitionsgemäß effizient und das Verhalten der Marktakteure wird als rational beschrieben.

Effiziente Märkte bestehen, wenn die Vermögenspreise sämtliche relevanten Informationen der Vergangenheit, Gegenwart und Zukunft enthalten.

Es werden verschiedene Grade an Effizienz unterschieden. Nach Shleifer (2000) sind die Märkte streng effizient, wenn die Preise sämtliche öffentlich verfügbaren und privaten Informationen enthalten. Die Anwendung von Fundamentalanalyse würde keinen zusätzlichen Ertrag bringen. Sind die Märkte hingegen halbstreng effizient, verändern sich die Preise aufgrund von neuen Informationen über die zukünftigen Ertragsaussichten des Vermögenswertes. Die Preisanpassung erfolgt durch die Bewertungen und das Handeln von Analysten. Sind die Märkte schwach effizient, reflektieren die Preise hingegen ausschließlich öffentlich verfügbare Informationen. Preisbewegungen sind voneinander unabhängig und folgen einem Zufallspfad.

Abweichungen des Vermögenspreises von seinem fundamentalen Wert führen zu Arbitrage, wodurch der fundamentale Preis nach Fama (1965) wieder hergestellt wird.[3] Preisänderungen können nur durch neue Informationen hervorgerufen werden.

Effiziente Märkte setzen nach Conrad (2002) voraus, dass das Verhalten der Marktakteure rational ist. Treffen Akteure keine vollständig rationalen Entscheidungen, entstehen Verluste, welche zum Marktaustritt führen. Rationale Marktakteure maximieren den erwarteten Nutzen, sind risikoavers und der Erwartungsbildungsprozess berücksichtigt sämtliche kursrelevanten Informationen. Unter vollständiger Rationalität können die Marktakteure nach De Bondt

[3] Arbitrage wird beispielsweise von Sharpe et al. (1998) als gleichzeitiger Kauf und Verkauf eines Vermögenswertes auf unterschiedlichen Märkten zu verschiedenen Preisen definiert. Folglich ist Arbitrage risikolos und führt zu einem Gewinn.

(2003) die Konsequenzen ihrer Handlungsmöglichkeiten einschätzen und wählen daraus die nutzenmaximierende Alternative aus. Rationale Akteure können außerdem die Handlungsalternativen aller anderen Akteure und deren Ergebnis einschätzen. Dies beinhaltet nach Brav und Heaton (2002) auch, dass die Akteure vollständiges Wissen bezüglich der fundamentalen Struktur der Wirtschaft besitzen und die zur Verfügung stehenden Informationen richtig und vollständig verarbeiten können.

Die Entstehung von Vermögenspreisblasen setzt voraus, dass der Vermögenspreis von seinem fundamentalen Niveau abweicht, welches durch den abdiskontierten zukünftig erwarteten Einkommensstrom bestimmt werden kann. Blasen entstehen folglich nicht, wenn der Vermögenspreis ausschließlich die Veränderung der Fundamentalfaktoren reflektiert.

Werden in Folge von Änderungen der Fundamentalfaktoren die Erwartungen der Akteure angepasst und führt das Handeln zur Erfüllung dieser Erwartungen, so wird nach Meltzer (2003) von rationalen Blasen gesprochen. Dies ist der Fall, wenn sich die Fundamentalfaktoren beispielsweise einmalig durch einen Schock verändern und dann konstant bleiben. Dies rechtfertigt die Anpassung der Erwartungen der Akteure und die Angleichung des tatsächlichen Vermögenspreises an das neue fundamentale Niveau. Erwarten die rational handelnden Akteure auch zukünftige Änderungen der Fundamentalfaktoren, werden sie schon heute den Vermögenswert verstärkt nachfragen und das neue erwartete fundamentale Niveau realisieren. Der tatsächliche Vermögenspreis übersteigt das gegenwärtig fundamentale Niveau und eine rationale Blase bildet sich. Es entstehen nach Filardo (2004) über die Dauer des Bestehens der Blase keine Erwartungsirrtümer und folglich keine Verluste für die Akteure.

Entsprechend dieses Erklärungsansatzes wissen die Marktakteure, dass die Kurse fundamental nicht mehr begründbar sind. Die Wahrscheinlichkeit des Platzens der Blase ist größer als die einer Fortsetzung des Preisanstiegs, aber die erwarteten Kursgewinne überkompensieren die Verluste im Fall des Zusammenbruchs. Jeder Marktakteur geht davon aus, vor allen anderen Akteuren den Markt verlassen zu können. Die Vermögenspreisblase platzt, wenn die erwarteten Kurssteigerungen gemäß Conrad und Stahl (2003) nicht mehr realisiert werden können.

Ein weiterer möglicher Grund für die Entstehung von Vermögenspreisblasen ist die Beschränkung der Arbitrage, die für die Anpassung des tatsächlichen

Vermögenspreises an den fundamentalen Preis notwendig ist. Die Arbitrage kann nach De Long et al. (1990a) eingeschränkt werden, wenn fundamentale Risiken bestehen, Risiken bei der Identifikation von Arbitrage-Möglichkeiten auftreten oder Akteure mit eingeschränkt rationalem Verhalten neben vollkommen rational handelnden Akteuren agieren.

Das fundamentale Risiko besteht darin, nicht sämtliche Informationen über die relevanten Fundamentalfaktoren in der Erwartungsbildung zu berücksichtigen. Dadurch wird Arbitrage möglicherweise bei einem fundamental richtig bewerteten Vermögenswert durchgeführt und Verluste entstehen.

Das Identifikationsrisiko hingegen bezieht sich auf die Gründe der Preisbewegung. Ist nicht eindeutig ermittelbar, ob fundamentale Faktoren oder eingeschränkt rationale Akteure für Preisbewegungen verantwortlich sind, würde die Durchführung von Arbitrage bei fundamentalen Bewegungen den Ablauf von Anpassungsprozessen verhindern.

Doch auch wenn die Gründe für die Preisbewegung eindeutig bestimmbar sind, kann entsprechend Binswanger (1999) effektive Arbitrage verhindert werden, wenn der Anteil eingeschränkt rational handelnder Akteure im Verhältnis zu rationalen Akteuren hoch ist. Der Effekt von Leerverkäufen zur Durchführung von Arbitrage von rationalen Akteuren wird durch das Verhalten der eingeschränkt rationalen Akteure dominiert und die Rückführung des Vermögenspreises auf sein fundamentales Niveau verhindert. Langfristig besteht dieses Risiko nicht und die Durchführung von Arbitrage ist für Akteure mit ausreichend langem Handlungshorizont vorteilhaft.

Die Berücksichtigung von eingeschränkt rational handelnden Akteuren neben vollkommen rational handelnden Akteuren ist von Relevanz, da beispielsweise De Long et al. (1990a) und Brock und Hommes (1998) gezeigt haben, dass ein bestimmter Anteil eingeschränkt rational handelnder Akteure nicht aus dem Markt gedrängt wird. Ein fester Anteil solcher Akteure hat einen im Durchschnitt höheren erwarteten Ertrag als rational handelnde Akteure und wird folglich auf dem Markt verbleiben. Dies widerspricht dem Argument von Friedman (1953), wonach das Handeln der rationalen Akteure zu Verlusten bei den eingeschränkt rational handelnden Akteuren führt und diese folglich aus dem Markt gedrängt werden.

Die Marktakteure können nach De Long et al. (1990a) und Brock und Hommes (1998) somit am besten als heterogen beschrieben werden, wonach ein Teil der

Akteure rational handelt und ein anderer Teil der Akteure eingeschränkt rational agiert.

Zusätzliche Gründe für die Beschränkung von Arbitrage sind der Anlagehorizont und die Abhängigkeit der Arbitrageure von anderen Marktakteuren. Entsprechend Dass et al. (2008) sowie Shleifer und Vishny (1997) erfolgt die Finanzierung der Arbitrageure durch Marktteilnehmer, die nicht vollkommen rational sein müssen und einen kurzen Anlagehorizont besitzen. Die Durchführung von Arbitrage und der Aufbau von Gegenpositionen zum Abbau bestehender Blasen würden bei kurzfristig weiter steigenden Preisen bedeuten, Verluste zu realisieren. Da diese allerdings zu Verlusten bei den Kapitalgebern und Kapitalabflüssen führen würden, besteht nach Liu und Longstaff (2004) sowie Stein (2005) ein Anreiz, keine Arbitrage zu betreiben sowie in überbewertete Vermögenswerte zu investieren und Blasen zu verstärken.

Ein weiterer Einflussfaktor auf die Durchführung von Arbitrage ist die Gestaltung der Verträge zwischen Kapitalgebern und den Marktakteuren als Agenten. Bestehen lineare Anreizverträge, führen Kapitalabflüsse zur Abnahme der Entlohnung der Agenten. Da mit dem Platzen von Blasen massive Preisrückgänge und dadurch Kapitalabflüsse verbunden sind, nimmt die Entlohnung linear ab. Folglich sind die Agenten an Kapitalerhaltung interessiert und investieren unterdurchschnittlich in überbewertete Vermögenswerte. Bestehen hingegen nicht lineare Anreizverträge und nimmt die Entlohnung mit steigendem verwaltetem Kapital degressiv zu, führen Kursverluste und Kapitalabflüsse zu einer unterdurchschnittlichen Partizipation der Agenten. Der Anreiz zu Investitionen in überbewertete Vermögenswerte nimmt zu.

Im Ergebnis ist die Performance beim Anwachsen der Blase bei Agenten mit linearen Anreizverträgen nach Dass et al. (2008) zwar geringer als die der Konkurrenten, aber entsprechend nach dem Platzen der Blase höher. Der positive Effekt überwiegt und der Nettokapitalzufluss ist positiv. Dadurch ist die Entlohnung der Agenten mit linearen Anreizverträgen insgesamt höher als bei Agenten mit nicht-linearen Anreizverträgen, da der Nettokapitalzufluss aufgrund der Investition in überbewertete Vermögenswerte bei Agenten mit nicht-linearen Anreizverträgen nach dem Platzen der Blase negativ ist.

Dies bestätigen Untersuchungen von Griffin et al. (2009), wonach bespielsweise Hedge Fonds als erfahrene Marktteilnehmer nach linearen Anreizverträgen arbeiten und in der Internetblase von 1999-2000 aktiv Gegenpositionen zu den

Überbewertungen eingingen und diese nicht durch ihr Verhalten verstärkten. Im Gegensatz dazu führten Discount-Broker und institutionelle Anleger mit sehr kurzem Anlagehorizont bzw. nicht linearen Anreizverträgen eher zur Verstärkung der Blase und begannen erst an deren Höhepunkt Positionen abzubauen.[4] Damit sind die Ergebnisse konsistent mit Untersuchungen anderer Autoren wie Abreu und Brunnermeier (2003) oder De Long et al. (1990b), wonach Blasen aktiv durch erfahrene Kapitalmarktakteure unterstützt werden.

Ein weiterer Grund für das Unterlassen von Arbitrage und die Verstärkung von Blasen durch erfahrene Marktakteure ist das Synchronisationsrisiko. Nach Abreu und Brunnermeier (2003) besteht das Risiko darin, durch mangelhafte Koordination der Maßnahmen zur Arbitrage keinen Effekt auf das Platzen einer Blase ausüben zu können. Dabei wird die Annahme getroffen, dass die Marktmacht einzelner Akteure nicht ausreicht, um die Blase zum Platzen zu bringen. Damit Arbitrage wirksam ist, müssen unterschiedliche Akteure zur gleichen Zeit ähnliche Maßnahmen durchführen. Besteht allerdings Unsicherheit über die Identifikation einer Blase oder scheitert die Synchronisation aufgrund anderer Ursachen, führt die Durchführung von Arbitrage zu Verlusten und die Verstärkung von Blasen ist eine rationale Strategie. Empirisch belegen dies die Arbeiten von Brunnermeier und Nagel (2004) oder auch Temin und Voth (2004).

Zusammenfassend entstehen Vermögenspreisblasen im Rahmen des kapitalmarkttheoretischen Ansatzes aus folgenden Gründen. Bei fundamentalen Schocks und rational handelnden Akteuren führt die Erwartungsanpassung zur heutigen Veränderung des Vermögenspreises. Dadurch weicht der tatsächliche Vermögenspreis von seinem fundamentalem Niveau ab und eine Blase entsteht. Die Blasenbildung kann dabei durch das fundamentale Risiko und das Identifikationsrisiko noch weiter verstärkt werden. Handeln neben rationalen Akteuren eingeschränkt rationale Akteure, können sich durch nicht fundamental begründbare Erwartungen der eingeschränkt rational handelnden Akteure und Beschränkungen in der Arbitrage der rationalen Akteure Blasen entwickeln. Auslöser für Blasen können auch hier Schocks sein, die allerdings nicht fundamental begründbar sein müssen. Durch die Abhängigkeit der Arbitrageure von anderen Marktakteuren, das Synchronisationsrisiko sowie die Ausgestaltung von Anreizverträgen kann Arbitrage durch die rational handelnden Akteure eingeschränkt werden

[4] Vgl. zur Verstärkung von Blasen durch institutionelle Akteure auch Grinblatt et al. (1995), Wermers (1999) sowie Lakonishok et al. (1992).

und die Dynamik der Blasen durch das Verhalten der eingeschränkt rational handelnden Akteure verstärkt werden. Werden neben rationalen Akteuren auch eingeschränkt rationale Akteure in die Betrachtung einbezogen, kann Arbitrage somit unter Umständen zurückgehen. Gleichzeitig kann es rational sein, keine Arbitrage zu betreiben und die Preisbewegungen zu verstärken.

Vorteil des kapitalmarkttheoretischen Ansatzes ist die einheitliche allgemein gültige Modellkonzeption sowie die situationsunabhängige Überprüfbarkeit. Weiterhin wird zwischen fundamentaler und nicht-fundamentaler Komponente eines Vermögenspreises unterschieden. Nachteil ist nach Vogel (2010) allerdings der mangelhafte Erklärungswert in Situationen mit außergewöhnlichen Preisbewegungen, wozu auch Vermögenspreisblasen zu zählen sind. Weiterhin wird das Verhalten der Marktakteure durch ein theoretisches Konzept beschrieben, was keine situationsbezogenen Abweichungen von diesem Verhalten zulässt und in empirischen Untersuchungen beobachtet werden konnte.

2.1.2 Verhaltensorientierter Ansatz

Da Modelle, die auf der Effizienzmarkthypothese beruhen, die Verläufe der Vermögenspreise in der Praxis nur unzureichend erklären konnten, entwickelte sich neben dem kapitalmarkttheoretischen Ansatz nach Conrad und Stahl (2003) der verhaltensorientierte Ansatz.[5]

Beim verhaltensorientierten Ansatz haben die Akteure nach Thaler (1993) verzerrte Wahrnehmungen und können die verfügbaren Informationen nicht vollkommen rational verarbeiten. Es werden nach De Bondt (2003) nicht alle zur Verfügung stehenden Informationen vollständig und richtig verarbeitet. Brav und Heaton (2002) konkretisieren weiter, dass die Akteure allerdings durchaus ein wesentliches, aber nicht vollkommenes Wissen über die fundamentale Struktur der Wirtschaft besitzen können.

[5] Zu diesen Phänomenen gehören beispielsweise die durch Fundamentalfaktoren nicht erklärbare Volatilität von Vermögenspreisen, höhere Abweichungen der Renditen zwischen Aktien und Bonds als durch die Risikoaufschläge erklärbar sind oder auch die unterdurchschnittliche Preisentwicklung von Vermögenswerten, die in der Vergangenheit eine überdurchschnittliche Preisentwicklung zeigten. Zur Beschreibung dieser durch die Effizienzmarkthypothese nicht erklärbaren Beobachtungen siehe unter anderem die Ausführungen von Akerlof (2002), De Bondt und Thaler (1985) sowie Kocherlakota (1996).

Die unvollkommene Verarbeitung von Informationen kann durchaus rational begründet werden. Die Selektion von Informationen einerseits ist beispielsweise auf die Beschränkung von Suchkosten zurückzuführen und die verzerrte Verarbeitung der Informationen andererseits kann durch die Unsicherheit auf den Finanzmärkten begründet werden. Somit impliziert das Verhalten der Marktakteure eine mögliche Anpassung an die vorherrschende Unsicherheitssituation an den Finanzmärkten.

Je höher das Maß an Lern- und Erfahrungswissen der Marktteilnehmer ist, desto eher kann das Verhalten als rational bezeichnet werden. Die Anleger kennen die wirtschaftlichen Strukturen und Prozesse und können dadurch die Unsicherheit über zukünftige Preisentwicklungen reduzieren und korrekte Erwartungen bilden.

Ist das Maß an Lern- und Erfahrungswissen der Marktteilnehmer hingegen gering, lassen sich die Akteure von Stimmungen leiten und projezieren Preisentwicklungen der Vergangenheit in die Zukunft. Die Erwartungen über die zukünftigen Erträge eines Unternehmens werden verzerrt, wodurch der fundamental begründbare Preis falsch eingeschätzt wird.[6] Nach Shiller (2005) führen Preisanstiege unter diesen Bedingungen zu sogenannten „feedback loops". Die Kursanstiege erhöhen die Nachfrage nach dem Vermögenswert durch weniger erfahrene Marktakteure, wodurch der Preis weiter steigt. Der Preisanstieg führt wiederum zu erhöhter Nachfrage und der Preis steigt weiter. Durch diesen Mechanismus wird der Preisanstieg gegenüber dem ursprünglichen Preisanstieg verstärkt, der durchaus fundamental begründbar gewesen sein kann. Diese selbsterfüllenden Erwartungen führen bei adaptivem Verhalten zu erhöhtem Vertrauen der Anleger in weiter steigende Preise. Der Vermögenswert wird entsprechend Keynes (1936) aus rein spekulativen Motiven gehalten. Fundamentale Gründe sind nicht entscheidend. Keynes (1936) spricht in diesem Zusammenhang auch von sogenannten „animal spirits", die zur Verstärkung der Preisbewegung führen. Grundlage dieses Herdenverhaltens sind die Gewinne einzelner Akteure, durch die andere Akteure auf den Vermögenswert aufmerksam werden. Dadurch erhöht sich die Nachfrage und der Preis steigt an.

[6] Das hier beschriebene Verhalten kann mit dem im vorherigen Abschnitt dargestellten eingeschränkt rationalen Verhalten verglichen werden.

Die Bildung verzerrter Erwartungen und die Berücksichtigung beobachteter Abweichungen des tatsächlichen Verhaltens der Marktteilnehmer vom theoretischen Konzept rationalen Verhaltens bei der Bildung von Vermögenspreisen wird ausführlich von der „Behavioral Finance"-Literatur beschrieben.

Im Folgenden werden daher nur einige ausgewählte Aspekte erläutert.[7] Shiller (2005) beschreibt diese mit den Begriffen „Anchoring", „Intuitive Judgment", „Overconfidence" und Herdenverhalten. Beim „Anchoring" wird die Bildung quantitativer Einschätzungen nach Shiller (2002) durch Vorschläge anderer Marktakteure beeinflusst. Da die Beurteilungen in ihrer Komplexität die Fähigkeiten der meisten Marktteilnehmer übersteigen, lehnen diese sich an die Meinungen und Beurteilungen anderer Akteure an. Dieses Verhalten ist durchaus rational und dient der Komplexitätsreduzierung. Fraglich ist allerdings, inwieweit Akteure mit geringer Kapitalmarkterfahrung die Fähigkeiten anderer Akteure einschätzen können.

Neben Fehlern bei der Gewichtung von Informationen können auch Fehler bei der Einbeziehung von Informationen in die Erwartungsbildung auftreten. Nach Shiller (1999) bedeutet dies, kritische Informationen möglicherweise zu vernachlässigen oder nicht relevante Informationen in den Erwartungsbildungsprozess mit einzubeziehen.

De Bondt (2003) konkretisiert die Ausführungen von Shiller (2002) weiter und fasst die beschriebenen Aspekte unter den Begriffen „mental frames" und Heuristiken zusammen. Die Anwendung von „mental frames" bedeutet, eine vereinfachte Perspektive bezüglich eines komplexen Problems zu schaffen. Der Marktakteur entwickelt ein subjektives Modell der komplexen Umwelt. Der „frame" definiert dabei, wie das Problem wahrgenommen wird und wie Aktionen und deren Ergebnisse im Vergleich zu Zielwerten eingeschätzt werden.

Heuristiken hingegen stellen Vereinfachungen im Umgang mit neuen Informationen dar. Sie dienen der Reduzierung der komplexen Realität und der schnellen Entscheidungsfindung. Bei der Anwendung von Heuristiken werden nicht alle zur Verfügung stehenden Informationen verarbeitet, wodurch es zu Fehlern bei

---

[7] Einen umfassenden Überblick zu den Arbeitsgebieten und Ergebnissen der „Behavioral Finance" geben Thaler (1993, 2005), Shefrin (2005) und Wärneryd (2001). Einzelarbeiten wurden unter anderem von Barberis und Thaler (2003), Barberis et al. (1998), Benartzi und Thaler (1995), Black (1986), Cutler et al. (1989), Daniel et al. (1998), De Long et al. (1990a), Lakonishok et al. (1994), Shiller et al. (1984) sowie Tversky und Kahneman (1974) zu diesem Thema angefertigt.

der Erwartungsbildung kommen kann. Die Anwendung setzt voraus, dass die Marktakteure unterschiedliche Heuristiken für verschiedene Situationen kennen und die passende Heuristik für die entsprechende Situation auswählen können.

Ähnlich verhält es sich nach Barberis et al. (1998) und Shiller (1999) bei „Overconfidence". Marktakteure neigen demnach dazu, die eigenen Fähigkeiten zur Beurteilung von Märkten und Vermögenswerten zu überschätzen. Dies betrifft einerseits die erwartete zukünftige Preisentwicklung und andererseits die entsprechenden Aktionen anderer Marktakteure. Die intuitiven Einschätzungen der Anleger können damit gemäß Shiller (2002) preisverstärkende Effekte verursachen.

Aus den beschriebenen Einschränkungen bei der Erwartungsbildung entstehen möglicherweise Blasen, deren Dynamik durch Herdenverhalten verstärkt werden kann. Nach Shiller (2006) ist die Dynamik von Blasen dabei stark von der Geschwindigkeit der Übertragung von Stimmungen zwischen den Marktteilnehmern abhängig.

Auslöser von Blasen können ebenso wie beim kapitalmarkttheoretischen Ansatz aufgetretene Schocks sein, die zu verzerrten Erwartungen führen. Voraussetzung nach Shiller (1999) ist jedoch, dass die Erwartungsbildung einer ausreichend großen Anzahl Marktakteure verzerrt sein muss, damit eine Blase entsteht. Mögliche Schocks als Auslöser kollektiver Verzerrungen können dabei nach Meltzer (2003) beispielweise die Entwicklung neuer Technologien oder strukturelle Neuerungen zur Erwirtschaftung von Erträgen sein. Vogel (2010) bestätigt dazu, dass Marktakteure gerade in extremen Situationen Entscheidungen selten isoliert, sondern entsprechend der Entscheidungen anderer Marktakteure treffen. Dies bezieht sich auch auf Situationen mit Schocks, deren Auswirkungen gewöhnlich unsicher sind.

Vorteil des verhaltensorientierten Ansatzes ist die explizite Berücksichtigung von realistischen Verhaltensmustern von Marktakteuren. Da der verhaltensorientierte Ansatz allerdings nicht deterministisch ist, ist der Nachteil das Fehlen einer einheitlichen allgemein gültigen Modellkonzeption und der Möglichkeit einer situationsunabhängigen exakten Überprüfbarkeit. Weiterhin ist nach Vogel (2010) nachteilig, dass eine Trennung zwischen der fundamentalen Komponente des Vermögenspreises und der nicht-fundamental begründbaren Komponente nicht vorgenommen und thematisiert wird.

2.1.3 Sonstige Ursachen

Bei den bisherigen Ausführungen wurde die Dynamik von Vermögenspreisblasen ausschließlich durch das Verhalten der Marktakteure beschrieben. Allerdings kann die Entstehung von Vermögenspreisblasen zusätzlich durch andere Faktoren begünstigt werden. Dazu gehören beispielsweise Anpassungen der Geldpolitik, die Liberalisierung von Finanzmärkten, Finanzinnovationen oder Regulierungsvorschriften.

Nach Borio und Shim (2007), Calomiris (2009) sowie Goodhart (2008) hat die amerikanische Zentralbank beispielsweise in den Jahren 2001 bis 2005 durch ihre expansive Geldpolitik die Kreditvergabe stimuliert und durch niedrige Zinssätze die Kapitalkosten der Unternehmen gesenkt. Dies führte nach Holt (2009) einerseits zur Vergabe von Hypothekenkrediten, die unter höheren Zinsen nicht vergeben worden wären und andererseits zur verstärkten Aufnahme von Krediten zur Investition in Anlageobjekte mit höherer erwarteter Rendite. Dadurch trug die Geldpolitik der amerikanischen Zentralbank zur Entstehung und Entwicklung der im Jahre 2007 geplatzten amerikanischen Hauspreisblase bei. Nach Schwartz (2009) hätte die Hauspreisblase in den USA durch eine restriktivere Geldpolitik vermieden werden können.

Untersuchungen von Cooper (2008) zur Geldpolitik in den USA zeigen zudem, dass die Zentralbank wiederholt und systematisch negative Blasen in der Vergangenheit bekämpft hat, aber passiv bei beschleunigtem Kreditangebot und Vermögenspreisen war. Folglich verhält sich Geldpolitik nach Cooper (2008) und Issing (2009) asymmetrisch in Gegenwart von Blasen. Durch dieses Verhalten haben Marktteilnehmer nach Altunbas et al. (2010) einen Anreiz, bei entstehenden positiven Blasen ihre Risikopositionen auszubauen und auf ein Eingreifen der Zentralbank bei einem Zusammenbruch der Blase zu vertrauen.[8] Das Eingreifen der Geldpolitik wirkt dabei wie eine Option auf fallende Preise und die Verstärkung von Vermögenspreisblasen ist nach Illing (2001) möglicherweise die Folge.

[8] Dieses Verhalten wird auch als „Moral Hazard" bezeichnet. Siehe dazu Goodhart und Huang (2005).

Ein weiterer Grund für die Begünstigung von Vermögenspreisblasen kann die Liberalisierung von Finanzmärkten sein. Diese kann zu Erleichterungen in der Kreditvergabe und Fehlallokationen bei Investitionsentscheidungen gemäß Allen und Gale (2000a) führen.

Nach Kindleberger und Aliber (2005) ist der Zyklus von Blasen mit einem prozyklischen Kreditangebot verbunden. In der Phase des Aufbaus der Blase nimmt das Kreditangebot mit steigenden Wachstumsraten zu und nach dem Platzen der Blase wird das Kreditangebot progressiv verknappt.

Dies stimmt mit den Ergebnissen von Stiglitz und Greenwald (2003) überein, wonach zunehmende Anstiege von Vermögenspreisen mit zunehmenden Ausweitungen des Kreditangebotes verbunden sind. Carmassi et al. (2009) bezeichnet ebenso wie Rapp (2009) die Veränderung des Kreditangebots während des Auftretens von Blasen als kritisches Element. Die übermäßige Verschuldung unterstützt den Aufbau der Blase und verschärft die negativen Effekte nach dem Platzen, da Banken ihre Risiken einschränken und Kredite restriktiver vergeben werden.

Verstärkt wird dieser Prozess durch die Entwicklung von innovativen Konzepten zur Kreditvergabe, wodurch Investitionen und Verschuldung zusätzlich erhöht werden. Diese innovativen Instrumente werden zumeist nicht reguliert und erhöhen die Erträge der Kapitalmarktakteure. Allerdings besteht durch die mangelhafte Regulierung die Gefahr der Destabilisierung des Finanzsystems. Finanzinnovationen können beispielsweise Kreditderivate oder auch strukturierte Produkte zur Neubündelung der Kreditrisiken sein, die durch Verbriefungstechniken marktfähig gemacht werden.[9]

Durch Verbriefungen entstehen nach Soros (2008) zusätzliche Spekulationsobjekte, die zur Verstärkung der Kreditvergabe führen können. Diese Geschäfte werden größtenteils außerhalb der Bankbilanzen in Zweckgesellschaften abgewickelt, welche nach Krugman (2009) keinerlei Regulierung unterliegen und zur Finanzierung von Blasen beitragen.[10] Durch die Verbriefung und den Verkauf von Krediten brauchen regulierte Finanzinstitute nach Altunbas et al. (2009),

[9] Zur Funktionsweise von Kreditderivaten siehe die Ausführungen von Duffee und Zhou (2001).

[10] Unter Zweckgesellschaften werden nach Krugman (2009) vor allem Investmentbanken, Hedge Fonds und strukturierte Investmentgesellschaften verstanden, welche ein sogenanntes „Schatten-Bankensystem" bildeten. Dieser Ausdruck bezieht sich auf die übernommenen Aufgaben dieser Gesellschaften, die allerdings nicht der üblichen Regulierung des Bankensystems unterliegen. Vgl. dazu die Ausführungen von Adrian und Shin (2009).

Calomiris und Wilson (2004) sowie Hirtle (2009) weniger Risikokapital zu halten und können neue Kredite vergeben. Zum gleichen Ergebnis kommt auch IWF (2008) und ergänzt dazu, dass die fehlenden Informationen bezüglich der langfristigen Auswirkungen von Finanzinnovationen auf das Finanzsystem und einzelne Marktakteure sowie die fehlende Regulierung problematisch sind.

Neben der Entwicklung von Finanzinnovationen können auch auftretende Informationsasymmetrien zwischen Kapitalgebern und Kapitalnehmern das Kreditangebot erhöhen und Blasen verstärken. Nach Allen und Gale (2002) werden dadurch verstärkt risikoreiche Projekte finanziert, was durch mangelhafte Bewertungen der Risiken noch verstärkt werden kann. Nach Calomiris (2009) ist dies auf Probleme in der Anwendung interner und externer Ratingansätze zurückzuführen. Durch Probleme bei der Anwendung interner Ratingansätze wird das Risiko bankintern unterschätzt und durch Probleme bei der Anwendung externer Ratingansätze im Rahmen der Regulierung, wird das für die Risiken zu unterlegende Eigenkapital zu gering ausgewiesen. Nach Schwartz (2009) ist dies besonders bei der Anwendung von Finanzinnovationen problematisch. Es werden Bewertungsmaßstäbe angewendet, die teilweise ungeeignet sein können und die zugrunde liegenden Risiken falsch einschätzen.

Ein weiteres Problem sind Vorschriften der Regulierung, wodurch die effiziente Durchführung von Arbitrage vermieden werden kann. Beispielsweise ist es bestimmten institutionellen Anlegern in den USA nicht gestattet, beliebig große Anteile eines Unternehmens zu halten oder auch in nicht erstklassig bewertete Vermögenswerte zu investieren.[11] Dadurch wird ein aktives Vorgehen gegen Fehlbewertungen und Vermögenspreisblasen behindert und die effiziente Durchführung von Arbitrage ist nicht uneingeschränkt möglich. Durch die Verbriefung von Krediten und deren tranchenweises Angebot am Kapitalmarkt wurden im Rahmen der jüngsten Hauspreisblase in den USA aus zweitklassig bewerteten Krediten erstklassig bewertete Investitionsobjekte, in die auch regulierte institutionelle Anleger investieren konnten. Dies führte nach Benmelech und Dlugosz (2009) zu einer verstärkten Nachfrage nach diesen Produkten und ermöglichte es den Banken, das Kreditangebot zu erhöhen bzw. das Risiko vergebener Kredite aus der Bilanz zu entfernen.

[11] Die hier als institutionelle Anleger bezeichneten Marktakteure sind unter anderem Pensionsfonds, Versicherungen und Banken.

Zusätzlich können nach Schwartz (2009) auch politische Vorgaben zur Entstehung oder zumindest zur Verstärkung von Blasen beitragen. Eine wesentliche Ursache für die Entstehung der jüngsten Hauspreisblase in den USA waren beispielsweise politische Vorgaben zur Stimulierung der Kreditvergabe zur Finanzierung von Immobilien. Demnach wurden staatlich abhängige Institutionen zur Finanzierung von Immobilien mit vorgegebenen Kriterien und Größenordnungen verpflichtet, um den Immobilienerwerb amerikanischer Haushalte zu fördern. Dabei galt die Vorgabe, vor allem den Erwerb von Eigenheimen durch Haushalte mit geringem und mittlerem Einkommen zu erhöhen. Zur Erreichung dieses Zieles wurden die Anforderungen an die Aufnahme von Krediten soweit gesenkt, bis im Extremfall Haushalte ohne jegliches Einkommen, Sicherheiten oder Beschäftigung Kredite zur Finanzierung von Immobilien erhalten konnten.

Abschließend beschreibt Bernanke (2009) neben inländischen Gründen für die Entstehung von Blasen auch den Zufluss ausländischen Kapitals als möglichen Entstehungsgrund und Verstärker bestehender Blasen.

2.1.4 Zusammenfassung

Wie die Ausführungen zeigen, können Vermögenspreisblasen sowohl bei ausschließlichem Handeln von rationalen Akteuren als auch bei zusätzlichem Handeln von eingeschränkt rationalen Akteuren entstehen. Handeln ausschließlich rationale Akteure ist der Auslöser der Blase ein fundamentaler Schock und die Dynamik wird durch selbsterfüllende Erwartungen der Akteure bestimmt. Es entstehen rationale Blasen. Handeln zudem eingeschränkt rationale Akteure werden Blasen durch Schocks oder neue Informationen ausgelöst, die nicht fundamental begründbar sein müssen. Die Dynamik der Blase wird durch das Verhalten der eingeschränkt rational handelnden Akteure und die Möglichkeiten zur Arbitrage durch rationale Akteure bestimmt. Einschränkungen der Arbitrage sind durch fundamentale Risiken, das Identifikationsrisiko und das Synchronisationsrisiko möglich. Darüber hinaus wurden alternative Erklärungsansätze zur Bestimmung der Dynamik von Blasen vorgestellt. Das Verhalten der Marktakteure wurde explizit berücksichtigt und unter anderem Herdenverhalten, Überschätzungen oder auch die Orientierung an anderen Marktteilnehmern als Gründe für die Bestimmung der Dynamik von Blasen erläutert.

Weiterhin haben die Ausführungen gezeigt, dass neben dem Verhalten der Marktakteure auch bestimmte Rahmenbedingungen für die Entstehung von Vermögenspreisblasen entscheidend sind. Dazu gehören die Ausweitung des Kreditangebots aufgrund von expansiver Geldpolitik und der Entwicklung innovativer Finanzinstrumente oder auch Beschränkungen der korrigierenden Marktkräfte durch Vorschriften der Regulierung sowie die zu starke Abhängigkeit der Regulierung von einzelnen Institutionen.

Die Erläuterung des Zusammenwirkens der unterschiedlichen Entstehungsursachen und deren Einfluss auf den Verlauf von Vermögenspreisblasen ist Gegenstand des folgenden Abschnitts.

2.2 Verlauf

Zur Beschreibung des empirisch beobachteten Verlaufes einer Vermögenspreisblase, erscheint die Einteilung in drei Phasen geeignet. Die erste Phase kann als Startphase bezeichnet werden und beinhaltet den Beginn der Vermögenspreisblase und deren anfängliche Entwicklung. Die zweite Phase ist vor allem durch die Akzeleration der Vermögenspreise gekennzeichnet und die dritte Phase beschreibt den Zusammenbruch.[12]

2.2.1 Startphase

Nach Minsky (1982) werden Blasen allgemein durch Schocks ausgelöst, die ausreichend groß sein müssen. Entsprechend Kindleberger (1996) sollte dieser Schock außerdem strukturelle Änderungen implizieren und außerhalb der Erfahrung der meisten Marktteilnehmer liegen. Ein solcher Schock kann entweder ein Ereignis sein, das die Geschäftsaussichten von Unternehmen plötzlich verbessert oder deren Finanzierungsmöglichkeiten stark erweitert. Durch das Auftreten eines solchen Schocks bewerten erfahrene Akteure den Vermögenswert nach De Grauwe und Grimaldi (2004) neu und fragen diesen bis zur Übereinstimmung von tatsächlichem und fundamentalem Preis nach. Je größer der resultierende Preisanstieg ist, desto höher wird die Nachfrageänderung durch unerfahrene

[12] Cohen (1997) unterteilt beispielsweise den Verlauf von Blasen in mehr als drei Phasen, aber die chronologische Reihenfolge der beschriebenen Ereignisse entspricht denen in der vorliegenden Arbeit.

Akteure sein, die aufgrund adaptiver Erwartungen von einer Fortsetzung des Preisanstieges ausgehen und aus rein spekulativen Gründen den Vermögenswert nachfragen. Der Preisanstieg zur Anpassung an das neue fundamentale Niveau wird übertrieben und es entsteht eine Blase.

Dies führt nach Kindleberger (1996) zur Erhöhung des Vertrauens der Anleger in einen Preisaufschwung, zu höherer Verschuldung und dem Einsatz spekulativer Finanzinstrumente. Im Ergebnis nimmt die Nachfrage nach dem Vermögenswert zu und die Blase beginnt sich aufzubauen. Der entstehende und sich verbreitende Optimismus resultiert in einsetzendem Herdenverhalten und führt zur Überleitung in die Akzelerationsphase.

2.2.2 Akzelerationsphase

Die Akzelerationsphase ist durch die Beschleunigung der Vermögenspreise und Verstärkungen der anfänglichen Preisbewegung gekennzeichnet. Nach Minsky (1982) kommt es durch den Schock, die zunehmende Verschuldung und die erhöhten Investitionen zu einer Beschleunigung des Wachstums. Weiterhin treten durch die verbesserten Gewinnaussichten neue Wettbewerber in den Markt ein, wodurch die Nachfrage nach Investitionsgütern weiter steigt. Anleger wollen von den verbesserten Gewinnaussichten der Unternehmen profitieren und fragen beispielsweise mehr Aktien nach. Die Gewinnprognose durch Analysten wird erhöht und die Nachfrage nimmt einerseits aus fundamentalen Gründen und andererseits aufgrund von spekulativen Motiven zu.

Zu Beginn der Akzelerationsphase erwarten erfahrene Akteure gemäß De Grauwe und Grimaldi (2004) sinkende Preise und unerfahrene Akteure erwarten die Fortsetzung des Preisanstieges der Vergangenheit. Entstehen ungewöhnlich hohe oder über einen längeren Zeitraum andauernde Preissteigerungen, so erzeugt dies positive Nachrichten, die von den Medien verbreitet werden und neue Akteure zur Nachfrage des Vermögenswertes anregen. Ob der Preisanstieg vollständig fundamental begründbar ist, ist dabei nicht relevant. Preisanstiege führen somit zu steigendem Optimismus der Anleger, was nach Shiller (2002) wiederum zu erhöhter Nachfrage und folglich weiter steigenden Preisen führt. Die Preisanstiege beschleunigen sich entsprechend Shiller (2005) und die Marktmacht der unerfahrenen Akteure nimmt zu. Die Preise steigen trotz der Arbitrage der erfahrenen Akteure weiter und ihnen entstehen Verluste. Es ist in dieser

Situation für erfahrene Marktakteure rational, die Aktien an Akteure mit adaptiven Erwartungen zu veräußern oder der gleichen Strategie zu folgen und die Preisanstiege auszunutzen. Erfahrene Marktakteure werden die Preisbewegung nach Guenster et al. (2008) zusätzlich verstärken, wenn der erwartete Ertrag bei Investition in die Blase höher als der erwartete Verlust bei Platzen der Blase ist.[13] Der für Blasen typische sich beschleunigende Kursverlauf entsteht.

Diese Entwicklungen werden nach Conrad und Stahl (2003) auch durch bestimmte Formen der Analyse von Vermögenswerten verstärkt. Dabei werden Preismuster der Vergangenheit als Anhaltspunkt für die zukünftige Preisentwicklung genutzt. Fundamentale Aspekte spielen dabei keine Rolle. Die Risikoaversion und die Fähigkeit zur Einschätzung fundamentaler Daten gehen im Verlauf der Akzelerationsphase immer mehr zurück und massenpsychologische Faktoren werden nach Kindleberger (1996) in dieser Phase immer wichtiger.

Die Nachfrage der erfahrenen Marktakteure nimmt am Ende der Akzelerationsphase und mit zunehmendem Engagement unerfahrener Akteure ab, da der erwartete Ertrag aus dem Eingehen von Gegenpositionen zum Preisanstieg nach Shiller (2005) höher als aus der Spekulation auf anhaltende Preisanstiege ist.[14] Binswanger (1999) bezeichnet dies als zunehmendes Preisrisiko, wonach die Gefahr besteht, den Vermögenswert nicht über dem Preis bei Erwerb veräußern zu können und Verluste zu realisieren.

2.2.3 Konsolidierungsphase

Die Akzeleration der Vermögenspreise wird sich so lange fortsetzen, bis ein Erwartungsirrtum über die Preisentwicklung entsteht oder nach Minsky (1982) das Angebot des Vermögenswertes dessen Nachfrage übersteigt.

In der Konsolidierungsphase findet der Preisanstieg seinen Höhepunkt und es kommt zum Platzen der Vermögenspreisblase. Die Abnahme der Nachfrage kann einerseits mit begrenzt zur Verfügung stehender Liquidität und andererseits mit dem Preisrisiko erklärt werden. Nach Allen und Gale (2000b) wird der Zusammenbruch in vielen Fällen durch eine Änderung realwirtschaftlicher Größen ausgelöst.

[13] Diese Ergebnisse werden auch von Abreu und Brunnermeier (2003), Brunnermeier und Nagel (2004), De Long et al. (1990b) sowie Temin und Voth (2004) bestätigt.

[14] Siehe zum Wechsel der Strategien die Ausführungen von Brock und Hommes (1998) sowie De Grauwe und Grimaldi (2006a).

Entsprechend den Ausführungen von Minsky (1982) ist für das Platzen einer Blase allgemein zumeist ein exogenes Ereignis verantwortlich. Dieses wird nicht erwartet und besitzt die Eigenschaften eines Schocks. Mögliche Schocks können beispielsweise die Insolvenz bedeutender Marktteilnehmer oder auch Betrugsfälle und Skandale sein. Entsprechend Ackermann (2008) wurde das Ende der jüngsten Hauspreisblase in den USA beispielsweise durch einen Wechsel der Geldpolitik ausgelöst, wonach die Zentralbank schrittweise die Zinssätze erhöhte.

Solche Ereignisse führen nach Cohen (1997) zu Zweifeln an der Nachhaltigkeit der Preisentwicklung und zu einem Stimmungswechsel bei den Marktakteuren. Der Zusammenbruch von Blasen führt nach Müller (2000) somit zu einer negativen Marktstimmung, die vor allem das Verhalten der unerfahrenen Akteure beeinflusst und möglicherweise durch eine plötzliche Verknappung des Kreditangebotes verstärkt werden kann. Werden die Erwartungen über die Kursentwicklung nicht mehr erfüllt, kommt es zur Veräußerung der Vermögenswerte und die Preise sinken. Dies führt ebenso wie der Preisanstieg bei adaptivem Verhalten der Akteure zur Erwartung weiterer Preisrückgänge. Negative Kursentwicklungen erzeugen darüber hinaus negative Nachrichten und dies führt zum Verkauf durch andere unerfahrene Marktteilnehmer. Der Preisverfall wird wie beim Preisanstieg beschleunigt und endet nach Kindleberger und Aliber (2005) in Panikverkäufen.

Die Preisrückgänge werden sich so lange fortsetzen, bis das Angebot wieder durch die Nachfrage nach dem Vermögenswert gedeckt ist. Anbieter sind bei einem Zusammenbruch der Blase vor allem unerfahrene Akteure und Nachfrager erfahrene Akteure. Diese erkennen die Unterbewertung des Vermögenswertes und beginnen diesen nachzufragen. Unerfahrene Akteure realisieren Verluste und treten aus dem Markt aus. Am Ende der Blase agieren wie zu Beginn der Blase überwiegend erfahrene Akteure.

2.2.4 Zusammenfassung

Der Verlauf von Blasen wurde in die Startphase, die Akzelerationsphase und die Konsolidierungsphase unterteilt. In der Startphase tritt ein außergewöhnliches Ereignis auf, dass die fundamentale Höherbewertung des Vermögenswertes rechtfertigt. Erfahrene Akteure erkennen dies und passen den Vermögenspreis an das neue fundamentale Niveau an. In der Akzelerationsphase beschleunigt sich die Kursbewegung aufgrund des zunehmenden Handelns unerfahrener Akteure und dem gleichgerichteten Verhalten erfahrener Akteure. Entscheidend für die Akzeleration der Preisbewegung ist der Marktzutritt neuer unerfahrener Akteure und der Wechsel der Strategie erfahrener Akteure. Arbitrage wird nicht mehr durchgeführt und die Preisbewegungen werden durch das Handeln der unerfahrenen Akteure weiter verstärkt. In der Konsolidierungsphase erreicht die Preisbewegung ihren Höhepunkt und die Blase platzt. Dies kann durch exogene Ereignisse ausgelöst werden, die zu Zweifeln an der Nachhaltigkeit der Preisbewegung führen. Andere Einteilungen der Phasen von Vermögenspreisblasen sind möglich, wie die folgende Abbildung am Beispiel der Technologie-Blase in den USA zeigt.

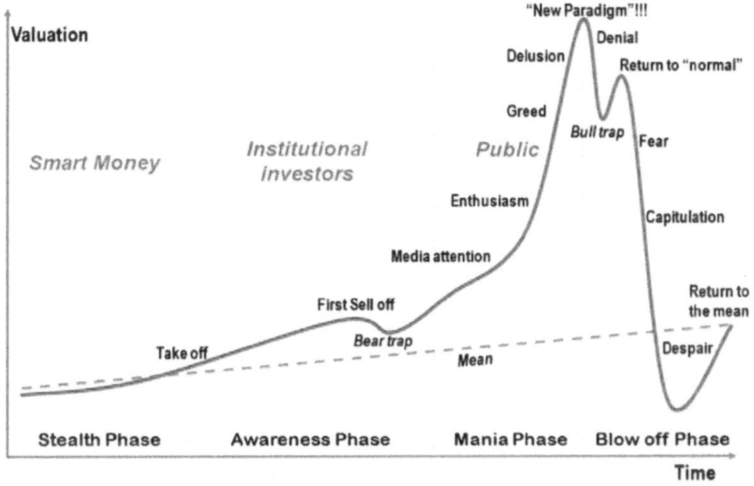

Abbildung 2.1: Aktienkursblase Nasdaq 1995-2000
Quelle: Jean-Paul Rodrigue, Hofstra University

Hierbei wird der Verlauf in eine Stealth-Phase, Awareness-Phase, Mania-Phase und Blow-off-Phase eingeteilt.

Im folgenden Abschnitt werden einerseits mögliche Folgen von Vermögenspreisblasen beschrieben und andererseits die Transmission auf die Realwirtschaft erläutert.

2.3 Folgen

Vermögenspreisblasen führen zu unterschiedlichen Auswirkungen. Es wird das Konsumverhalten von Haushalten, die Kapitalkosten von Unternehmen und darüber hinaus die Nachfrage nach Gütern und das Angebot beeinflusst. Neben der Produktion entstehen möglicherweise Effekte auf die Beschäftigung sowie die Inflation. Diese Effekte werden als Folgen auf die Realwirtschaft beschrieben. Darüber hinaus können Vermögenspreisblasen aber auch den Bankensektor und die Finanzstabilität insgesamt beeinflussen. Diese Aspekte sind Gegenstand der folgenden Abschnitte.

2.3.1 Realwirtschaft

Vermögenspreisblasen werden vor allem durch den Vermögenseffekt und den Kapitalkosteneffekt auf die Realwirtschaft übertragen. Nach Filardo (2004) beeinflusst der Vermögenseffekt den Konsum und über den Kapitalkosteneffekt wird die externe Finanzierung von Unternehmen beeinflusst.

Der Vermögenseffekt besagt, dass durch den Anstieg der Vermögenspreise nach Bernanke und Gertler (1999) das Vermögen der privaten Haushalte an Wert gewinnt und dieser Vermögenszuwachs den Konsum und die aggregierte Nachfrage beeinflusst.

Nach Poterba (2000) wirkt der Vermögenseffekt allerdings asymmetrisch. Nimmt das Vermögen der Haushalte zu, ergeben sich daraus geringere Konsumeffekte, als wenn dieses zurückgeht. Dieser Effekt wird durch unerwartete Änderungen des Vermögens verstärkt. Ein möglicher Grund für die geringen Auswirkungen des Vermögenseffekts auf den Konsum sind nach Illing und Klüh (2005) die Substitutionsmöglichkeiten verschiedener Vermögensklassen. Können Preisrückgänge bei einer Vermögensklasse durch Preisanstiege bei einer anderen Vermögensklasse ausgeglichen werden, wird kein signifikanter Effekt auf den Konsum entstehen.

Außerdem ist die Stärke des Vermögenseffekts nach Borio und Lowe (2002) vom Anteil der betroffenen Vermögensklasse am Gesamtvermögen abhängig. Halten Haushalte beispielsweise vor allem Immobilienvermögen, wird sich eine Preisblase am Aktienmarkt kaum auf die aggregierte Nachfrage auswirken, wenn die Immobilienpreise nicht betroffen sind.

Aufgrund der beschriebenen Argumente wird dem Vermögenseffekt eine geringere Bedeutung als dem Kapitalkosteneffekt zugemessen.

Die Veränderung der Vermögenspreise wirkt beim Kapitalkosteneffekt über den sogenannten Bilanzkanal auf die Unternehmen. Vermögenswerte stellen Sicherheiten für aufgenommene Kredite dar und deren Bewertung beeinflusst die Bonität eines Unternehmens, wodurch Auswirkungen auf die Kapitalkosten bei externer Finanzierung entstehen. Steigen die Preise der jeweiligen Vermögenswerte, verbessert sich die Bonität der Unternehmen und die Kapitalkosten sinken. Bei fallenden Preisen ist es entsprechend umgekehrt. Die Aufnahme neuer Kredite wird dabei ebenso beeinflusst wie die Tilgung bereits bestehender Kredite.

Aufgrund der Beeinflussung der Finanzierungssituation und der Kapitalkosten verändern Schwankungen von Vermögenspreisen nach Bernanke und Gertler (1999) entsprechend auch die möglichen Investitionsausgaben der Unternehmen. Bei auftretenden Blasen können gemäß Conrad und Stahl (2003) somit Fehlallokationen volkswirtschaftlicher Ressourcen entstehen, wenn Unternehmen bei der Expansion der Blase neue Aktien oder Anleihen emittieren beziehungsweise Kredite aufnehmen und entsprechend investieren oder Kapitalanlagen durchführen.

Dabei werden die Auswirkungen von Blasen auf die Realwirtschaft nach Bernanke und Gertler (1999) durch einen sogenannten Finanzakzelerator zusätzlich beeinflusst. Demnach führen Veränderungen der Kapitalkosten zu Veränderungen von Investitionen und Produktion, was einen Einfluss auf die erwarteten Gewinne eines Unternehmens hat und auf die Bewertung eines Unternehmens wirkt. Dadurch werden die Kapitalkosten wiederum beeinflusst. Der Finanzakzelerator führt damit bei steigenden Vermögenspreisen zu weiter steigenden Preisen und bei sinkenden Preisen zur Beschleunigung des Preisverfalls. Dadurch werden auch die realwirtschaftlichen Auswirkungen auf Investitionen, Produktion und Preise verstärkt.

Gerade bei fallenden Vermögenspreisen kommt ein weiterer Effekt hinzu. Da das Kreditangebot eingeschränkt wird und die Kosten für die externe Finanzierung steigen, verkaufen sowohl Haushalte als auch Unternehmen Vermögenswerte, was den Preisdruck auf diese zusätzlich erhöht und wiederum zu einem Anstieg der Finanzierungskosten führt.[15]

Ist die Verschuldung der Wirtschaftssubjekte gering und die Ertragskraft von Unternehmen hoch, so ist die Anfälligkeit der Akteure gegenüber starken Preisschwankungen von Vermögenswerten gering. Allerdings sind diese beiden Kriterien bei auftretenden Vermögenspreisblasen nicht erfüllt. Die Unternehmen und Haushalte sind im Allgemeinen stark verschuldet und die Ertragskraft der Unternehmen beziehungsweise die Sicherheiten als Grundlage der aufgenommenen Kredite sind mangelhaft.

Folglich werden die positiven Effekte einer Blase auf die Realwirtschaft in der Phase des Aufbaus aufgrund der beschriebenen Verstärkungseffekte durch die negativen Auswirkungen beim Zusammenbruch der Blase dominiert. Diese wirken somit nicht symmetrisch auf die Realwirtschaft und ein negativer Nettoeffekt der Vermögenspreisblase auf die Realwirtschaft ist die Folge. Detken und Smets (2004) unterscheiden in diesem Zusammenhang zusätzlich zwischen expansiven Phasen mit hohen zu erwartenden Kosten in der kontraktiven Phase der Blase und expansiven Phasen mit niedrigen zu erwartenden Kosten während der Kontraktion der Blase.

Insgesamt führen Vermögenspreisblasen folglich zu Auswirkungen auf Output, Beschäftigung und Inflation, die durch die beschriebenen verstärkenden Effekte einer Blase beim Zusammenbruch größer als bei der Expansion der Blase sind. Ein Zusammenbruch von Vermögenspreisblasen kann über die beschriebenen Auswirkungen hinaus zu Problemen im Finanzsystem führen, wodurch die realen Effekte noch verstärkt werden können. Die entsprechenden Gründe werden im folgenden Abschnitt anhand des Platzens der jüngsten Hauspreisblase in den USA erläutert.

[15] Damit der Bilanzkanal wirkt, ist von der Annahme einer neoklassischen Modellumwelt zu abstrahieren. Die Kreditmärkte sind unvollkommen und es bestehen sowohl Informations- als auch Anreizprobleme. Aus den Unvollkommenheiten lässt sich ableiten, dass die Zahlungsströme der Unternehmen sowie der Zustand der Bilanzen bei der Vergabe und der Aufnahme von Krediten an Bedeutung gewinnen.

2.3.2 Finanzsystem

Ausgangspunkt der Betrachtungen der Auswirkungen von Vermögenspreisblasen auf das Finanzsystem ist das Platzen der Hauspreisblase in den USA zu Beginn des Jahres 2007. Auslöser waren nach Brunnermeier (2009) Ausfälle nicht erstklassig bewerteter Hypothekenkredite amerikanischer Haushalte.[16]

Das Platzen der Hauspreisblase führte zu direkten und indirekten Effekten auf das Finanzsystem. Zu den direkten Effekten zählten die Zahlungsausfälle der Kredite bei Hypothekenfinanzierern und Banken. Indirekte Effekte entstanden einerseits durch die Anwendung innovativer Konzepte zur Verbriefung und Verteilung der Risiken auf den Weltmärkten entsprechend der vergebenen amerikanischen Hypothekenkredite und andererseits durch die weit verbreiteten Abhängigkeiten der Akteure im Finanzsystem.

Durch das Platzen der Blase entstanden den Banken nach Brunnermeier (2009) ein Großteil notleidender Kredite, die abgeschrieben werden mussten und eine stärkere Verringerung der Marktbewertung der Banken verursachten.

Nach Goodhart (2008) führten Zwangsvollstreckungen neben den direkten Effekten auf Banken und Hypothekenfinanzierer zu Wertverlusten bei einem Teil der gehandelten verbrieften Kredite. Im Rahmen der Verbriefung wurden Kreditportfolios mit zweitklassigem Rating von Banken in Tranchen mit unterschiedlichem Risiko zerlegt und an verschiedene Marktakteure veräußert. Durch die Zahlungsausfälle und Zwangsvollstreckungen sank der Wert von Produkten, deren Sicherheiten Hypothekenkredite mit hoher Ausfallwahrscheinlichkeit waren. Da verstärkt Hedge Fonds diese Produkte erwarben, traten zuerst bei diesen Gesellschaften Verluste und Liquiditätsprobleme auf. Dies führte dann im Weiteren zu Problemen bei Investmentbanken, da diese entweder als Garantiegeber der Hedge Fonds auftraten oder Produkte an diese veräußerten. Als die Hedge Fonds ihre Verbindlichkeiten nicht mehr bedienen konnten, mussten entweder die Garantien durch die Investmentbanken erfüllt oder die Vermögenswerte der Hedge Fonds gepfändet werden. In der Folge waren Investmentbanken dadurch frühzeitig vom Platzen der Hauspreisblase betroffen. Weiterhin wurden nach Brunnermeier (2009) nun auch andere Produkte mit Besicherung durch Hypothekenkredite durch die Ratingagenturen herabgestuft, was den

[16] Es handelt sich dabei um sogenannte „subprime mortgages". Es werden darunter Hypothekenkredite verstanden, deren Nachfrager aus unterschiedlichen Gründen keine erstklassige Bonität haben.

Preisrückgang bei diesen Produkten verstärkte. Die Wertverluste bei hypothekenbesicherten Produkten sowie die Zahlungsausfälle bei Hypothekenkrediten resultierten in Gewinnrückgängen und im weiteren Verlauf der entstehenden Finanzkrise in der Insolvenz der größten amerikanischen Hypothekenfinanzierer.

Dies führte einerseits zur Abnahme des Vertrauens in die Bewertungen der Ratingagenturen und andererseits zu erhöhter Unsicherheit, ob auch Tranchen mit geringerem Risiko betroffen sein könnten. Diese Tranchen wurden vor allem von Investmentbanken und strukturierten Investmentgesellschaften gehalten, die allgemein in diesem Zusammenhang als Zweckgesellschaften bezeichnet worden sind. Deren Zweck war der Ankauf der Tranchen mit geringem Risiko von Banken und die Verbriefung und Weiterveräußerung an andere Marktakteure. Dabei wurde der Kauf der einzelnen Tranchen durch besicherte kurzfristige Schuldtitel finanziert, bis die Produkte verbrieft und weiterveräußert waren.

Durch die zunehmende Unsicherheit über das Risiko der einzelnen Tranchen aufgrund von Zahlungsausfällen und Zwangsvollstreckungen, waren Geldmarktfonds als Emittenten der kurzfristigen Schuldtitel nicht mehr bereit, die Refinanzierung der Zweckgesellschaften durchzuführen. Hinzu kam, dass die Zweckgesellschaften durch die Unsicherheit an den Märkten nicht mehr in der Lage waren, die verbrieften Kredite weiter zu veräußern. Liquiditätsprobleme waren die Folge. Die Zweckgesellschaften versuchten dieses Liquiditätsproblem einerseits durch den Verkauf anderer Produkte wie Aktien und Anleihen zu lösen und andererseits Kredite von Banken zu erhalten, die sich im Rahmen des Verkaufs der Tranchen bei Problemen der Zweckgesellschaften nach Ackermann (2008) dazu verpflichteten. Allerdings überstiegen diese Verpflichtungen das zur Verfügung stehende Kapital der Banken, weshalb auch bei diesen Liquiditätsprobleme auftraten und Aktien, Anleihen sowie andere Vermögenswerte verkauft wurden. Verstärkt wurde der Preisverfall bei anderen Vermögenswerten nach Brunnermeier (2009) durch Herabstufungen der Bonität von Versicherungsunternehmen, die sich während der Hauspreisblase zunehmend in der Absicherung von Zahlungsströmen aus strukturierten Produkten engagierten. Da diese Versicherungen allerdings auch die Zahlungsströme aus anderen Produkten wie kommunalen Anleihen und Unternehmensanleihen absicherten, war der Versicherungsschutz dieser Produkte durch die Herabstufungen nicht mehr vollständig gegeben. Dies führte dazu, dass vor allem Geldmarktfonds diese Vermögenswerte verkauften und den Preisrückgang bei anderen Vermögenswerten verstärkten.

Durch die Suche nach Liquidität und Abstufungen von Versicherungsunternehmen kam es somit zu Preisrückgängen bei Vermögenswerten, die mit der ursprünglichen Hauspreisblase nichts zu tun hatten. Es kam zu einer Ansteckung anderer Marktsegmente. Durch die Belastungen im Bankensektor und die mangelnde Transparenz der Abhängigkeiten im Finanzsystem entwickelte sich nach Ackermann (2008) neben der Liquiditätskrise nun auch eine Vertrauenskrise, die zu einer Bankenkrise führte. Die Kreditvergabe innerhalb des Bankensektors kam aufgrund des nicht einschätzbaren Kontrahentenrisikos zum Stillstand und der Interbankenmarkt brach zusammen.

2.3.3 Zusammenfassung

Abschließend bleibt festzuhalten, dass Vermögenspreisblasen die privaten Haushalte, den Unternehmenssektor, die Produktion, die Beschäftigung und die Inflation sowie den Finanzsektor beeinflussen. Vermögenspreisblasen führen bei privaten Haushalten zur Veränderung des Vermögens, erhöhter Verschuldung und zur Veränderung der Konsumstruktur. Weiterhin sinken die Kapitalkosten von Unternehmen bei externer Finanzierung. Dadurch nimmt wie bei den Haushalten die Verschuldung zu und die Nachfrage nach Investitionsgütern steigt. Dies führt zur Erhöhung der gesamtwirtschaftlichen Nachfrage und die Ausweitung von Produktion und Beschäftigung sind mögliche Folgen. Bei gleich bleibendem Angebot entstehen zudem Preiseffekte, die zur Beeinflussung der Inflation führen können. Entsprechend der verbesserten Gewinnaussichten der Unternehmen steigen die Vermögenspreise weiter, was die Kreditaufnahme verstärkt und zu zusätzlichen stimulierenden Effekten auf die Realwirtschaft führt. Durch die zunehmende Kreditvergabe profitiert der Bankensektor und andere Akteure des Finanzsystems.

Platzt die Vermögenspreisblase, werden die Banken ihre Kredite zurückfordern beziehungsweise neue Kredite restriktiv vergeben. Nach Kindleberger und Aliber (2005) wird der Kreditkanal gestört, was zu einer Verstärkung der realwirtschaftlichen Probleme führen kann. Schwierigkeiten bei Banken können nach Allen und Gale (2000a) durch die Fristigkeit von Forderungen und Verbindlichkeiten entstehen. Während Verbindlichkeiten kurzfristig zu begleichen sind, sind die Forderungen langfristig und nicht jederzeit liquidierbar. Liquiditätskrisen sind eine mögliche Folge. Nach Ackermann (2008) kann eine solche Liquiditätskrise durch Verbriefungstechniken und die Globalisierung weiter verstärkt und vor allem weltweit übertragen werden. Als Konsequenz entstehen Ansteckungseffekte im Finanzsystem. Durch Verbriefungen können lokale Risiken marktfähig gemacht und weltweit verteilt werden. Die damit verbundenen Unsicherheiten über die Verteilung dieser Risiken und deren Auswirkungen können Vertrauenskrisen zwischen Banken verursachen, welche durch die vielfältigen und intransparenten Abhängigkeiten im Finanzsystem zusätzlich verstärkt werden können. Eine Folge von Vertrauenskrisen kann das Versagen des Interbankenmarktes sowie die Instabilität des Finanzsystems insgesamt sein.

Aufgrund der beschriebenen Aspekte führen Vermögenspreisblasen zu asymmetrischen Effekten auf die Realwirtschaft. Während die positiven Effekte von expansiven Blasen durch das Bankensystem finanziert werden, führen verschiedene Verstärkungseffekte in der kontraktiven Phase zu einer Erhöhung der negativen Folgen auf die Realwirtschaft.

2.4 Prävention

In diesem Abschnitt werden verschiedene Möglichkeiten zur Prävention von Vermögenspreisblasen beschrieben. Untersucht werden sowohl geldpolitische Möglichkeiten als auch aufsichtspolitische Maßnahmen. Im Rahmen der Aufsichtspolitik wird sowohl auf mikroprudentielle als auch auf makroprudentielle Regulierung eingegangen. Der Abschnitt beantwortet die Frage, ob Geldpolitik, Aufsichtspolitik oder eine Kombination aus beiden zur Prävention von Vermögenspreisblasen verwendet werden sollte.

2.4.1 Geldpolitik

Zur Prävention von Vermögenspreisblasen durch Geldpolitik sind vor allem folgende Aspekte zu betrachten. Einerseits die Beeinflussung der Erwartungsbildung der Marktakteure durch gezielte Informationen der Zentralbank und Verbesserungen der Berücksichtigung der Finanzmärkte in den von der Geldpolitik verwendeten Modellen sowie andererseits die Erweiterung des geldpolitischen Instrumentariums.

Die Entwicklung von Vermögenspreisblasen wird nach Conrad und Stahl (2003) hauptsächlich durch die Erwartungsbildung der Marktakteure bestimmt.

In diesem Rahmen werden auch Annahmen über die zukünftige Entwicklung der Geldpolitik berücksichtigt. Durch die gezielte Veröffentlichung von Informationen kann die Geldpolitik die Erwartungsbildung beeinflussen. Entscheidend ist die Transparenz des geldpolitischen Entscheidungsprozesses und die Kommunikation zukünftiger geldpolitischer Anpassungen. Kennen die Marktakteure die Zinsregeln der Zentralbank, wird die Unsicherheit über Zinsanpassungen verringert und sowohl die Erwartungsbildung der Marktakteure als auch die Vermögenspreise werden stabilisiert. Die Geldpolitik sollte dabei möglichst konstant sein, damit sich die Marktakteure darauf einstellen können.

Wadhwani (2008) empfiehlt beispielsweise eine transparente Reaktionsfunktion in der Geldpolitik zu verwenden, in der ein zusätzlicher Term die Entwicklung von Vermögenspreisblasen reflektiert. Weiterhin sollte die Zentralbank den Kapitalmärkten im Rahmen ihrer Informationspolitik nach Kindleberger und Aliber (2005) signalisieren, wenn Überbewertungen vorliegen und Vermögenspreisblasen entstehen. Durch diese Strategie kann den Märkten die Identifikation von Blasen durch die Zentralbank angezeigt werden. Im Rahmen der präventiven Strategie ist darüber hinaus die Ankündigung von Aktionen gegen die Entstehung von Vermögenspreisblasen möglich. Dadurch könnte die Spekulation der Marktakteure auf weiter steigende Preise unterbunden, die Größe bestehender Blasen beschränkt und die Stabilität des Finanzsystems erhöht werden.

Bei der gezielten Veröffentlichung von Informationen zur Beeinflussung der Erwartungsbildung ist die Wahl des richtigen Zeitpunkts entscheidend. Dieser sollte so gewählt werden, dass spekulatives Verhalten rechtzeitig unterbunden werden kann und die Glaubwürdigkeit der Zentralbank erhalten bleibt. Weiterhin müssen die veröffentlichten Informationen zuverlässig und nachprüfbar sein. Ist dies nicht der Fall, sinkt die Glaubwürdigkeit der Geldpolitik und die effiziente Beeinflussung der Erwartungsbildung der Marktakteure ist nicht möglich.

Durch die gezielte Beeinflussung der Erwartungen kann die Zentralbank einen zusätzlichen Transmissionskanal etablieren, der beispielsweise von Adrian und Shin (2009) als Erwartungskanal bezeichnet wird. Durch die Vermittlung des Pfades der zukünftigen kurzfristigen Zinssätze kann die Zentralbank die langfristigen Zinssätze und dadurch Investitionen und Konsum beeinflussen.[17]

Damit Vermögenspreisblasen mit Hilfe des Erwartungskanals verhindert wer-

[17]Vgl. zur Erläuterung des Erwartungskanals die Ausführungen von Bernanke (2004) sowie Woodford (2003, 2005).

den können, müssen nach Adrian und Shin (2009) in den bisher verwendeten geldpolitischen Modellen Finanzmärkte und der Bankensektor stärker berücksichtigt werden, um zuverlässige Informationen über nicht fundamental gerechtfertigte Preisbewegungen und deren Gründe veröffentlichen zu können.

Kohn (2009) stimmt dem zu und empfiehlt Zentralbanken, ihr Verständnis über die Funktionsweise der Finanzmärkte und deren Auswirkungen auf die Realwirtschaft zu verbessern. Zudem sollten die Auswirkungen von Finanzinnovationen weiter erforscht werden, da diese beispielsweise durch die Förderung zusätzlicher Verschuldung und Kreditaufnahme zur Förderung destabilisierender Prozesse beitragen. Zusätzlich sollten auch internationale Verflechtungen auf den Kapitalmärkten näher untersucht werden, um Abhängigkeiten zu erkennen und deren möglichen Folgen zu berücksichtigen. Abschließend sollten nach Kohn (2009) die Bedeutung des Kreditkanals und des von Bernanke und Gertler (1999) eingeführten Finanzakzelerators aufgrund möglicher Verstärkungseffekte zwischen Finanzsystem und Realwirtschaft weiter erforscht werden.

Palley (2008) schlägt zur Prävention von Vermögenspreisblasen vor, das Instrumentarium der Zentralbanken zu erweitern und einen sogenannten Asset-Based-Reserve-Requirements (ABRR) Regulierungsrahmen einzurichten. Die in diesem Zusammenhang angewendeten Instrumente können direkt auf Vermögenspreise ausgerichtet werden, ohne realwirtschaftliche Größen wie bei der Anwendung des Zinsinstrumentes zu beeinflussen. Entsprechend Palley (2008) sollten Finanzintermediäre demnach Liquiditätsreserven entsprechend der Bewertung ihrer Vermögenswerte bilden. Dadurch werden Vermögenspreisblasen in der expansiven Phase durch höhere Liquiditätsreserven gebremst und die Folgen durch geringere Liquiditätsreserven in der kontraktiven Phase verringert. Dieses System sollte zur Vermeidung von Regulierungsarbitrage für alle Finanzintermediäre gelten.[18]

Der Vorteil dieses Systems ist, dass die Anforderungen an die Liquiditätsreserven von der Zentralbank flexibel angepasst und zielgerichtet auf bestimmte Vermögenswerte angewendet werden können. Dadurch steigen die Aufwendungen

[18]Im Rahmen von Regulierungsarbitrage werden Risiken von hoch regulierten Banken an nicht regulierte Zweckgesellschaften übertragen, wodurch die aufsichtsrechtlich verlangte Eigenmittelunterlegung von Risiken bei Banken gesenkt werden kann und neue Risiken aufgenommen werden können. Durch Garantieverpflichtungen zwischen Banken und Zweckgesellschaften verbleiben die übertragenen Risiken allerdings trotzdem bei den Banken, wodurch deren Gesamtrisiko ansteigt.

für die Vergabe oder die bilanzielle Berücksichtigung dieser Produkte und deren Profitabilität nimmt ab. Ein weiterer Vorteil ist die Zyklizität dieses Instrumentes. Steigen die Vermögenspreise an, müssen mehr Reserven gehalten werden. Sinken die Vermögenspreise, nehmen die Reserveanforderungen ab. Dadurch entfallen Verstärkungseffekte beim Platzen von Blasen.

Die Ausführungen zeigen, dass Geldpolitik vor allem über die Beeinflussung der Erwartungsbildung der Marktakteure zur Prävention von Vermögenspreisblasen beitragen kann und unter Umständen auch durch die Übernahme von regulatorischen Aufgaben.

2.4.2 Aufsichtspolitik

Die Verwendung von Aufsichtspolitik zur Prävention von Vermögenspreisblasen beinhaltet vor allem die Stabilisierung des Bankensystems. Bestehende Risiken sollen stärker mit Kapital unterlegt und die Aufnahme neuer Risiken begrenzt werden. Dadurch soll einerseits die Finanzierung von Blasen eingeschränkt und andererseits die Stabilität des Finanzsystems bei platzenden Blasen gewährleistet werden. Die im Rahmen der Aufsichtspolitik diskutierten Aspekte zur Gewährleistung von Stabilität des Bankensystems sind die Reformierung mikroprudentieller Ansätze, der verstärkte Einsatz makroprudentieller Instrumente, die Ausweitung der Regulierung auf bisher nicht regulierte Finanzmarktakteure und die Verringerung der Abhängigkeit der Regulierung von externen Ratings.

2.4.2.1 Mikroprudentielle Regulierung

Im Rahmen der mikroprudentiellen Regulierung werden die Risikoaggregation und das Risikomanagement von Kreditinstituten reguliert und überwacht. Ziel ist die adäquate Kapitalunterlegung von Risiken und die Gewährleistung der Solvabilität.

Nach Calomiris (2009) bedeutet dies, Risiken angemessen zu bewerten und mit Kapital als Schutz gegen mögliche Verluste zu unterlegen. Durch die Überwachung der Kapitalunterlegung, Stresstests von Portfolios, verbesserte Transparenz der Rechnungslegungs- und Veröffentlichungsvorschriften und größere Aufmerksamkeit im Prozess der Finanzintermediation kann die zielgerichtete Vermeidung von Vermögenspreisblasen entsprechend Bernanke (2002) erreicht werden.

Carmichael und Esho (2003) erweitern diese Maßnahmen um Anpassungen in der Bildung von Rückstellungen. Durch die Variation der Rückstellungshöhe können Kreditinstitute Liquidität für erwartete Verluste vorhalten, wohingegen das Eigenkapital zum Ausgleich unerwarteter Verluste dient. Die Bildung solcher Rückstellungen und die Anwendung von Stresstests erscheint effizient und verursacht im Gegensatz zu Anpassungen der Vorschriften zur Kapitalunterlegung oder Beschränkungen von Portfolios geringere Kosten und ist in der Anwendung präziser. Die Durchführung von Stresstests kann dabei die Vorschriften zur Bildung von Rückstellungen erheblich verbessern. Es werden verschiedene Techniken angewendet, um die potentiellen Aufwendungen bei seltenen, aber durchaus wahrscheinlichen Ereignissen zu messen.

Die Aggregation dieser Ergebnisse über den gesamten Bankensektor liefert Aufsichtsbehörden eine Einschätzung darüber, wie entstehende und platzende Vermögenspreisblasen auf den Bankensektor wirken. Wird ein Zusammenhang zwischen Vermögenspreisblasen und Bankensektor nachgewiesen, kann die Aufsicht durch Anpassung der Regulierungsvorschriften direkt auf den Bankensektor und die weitere Entwicklung von Blasen Einfluss nehmen. Nach BIZ (2009) sollten im Rahmen der Durchführung von Stresstests Szenarien betrachtet werden, die auf das gesamte Unternehmen und nicht nur auf ausgewählte Bereiche wirken. Die Regulierer sollten dabei zudem sicherstellen, dass sie die Fähigkeiten und Kapazitäten besitzen, um die Bewertung der Stresstests von Banken durchführen zu können.

Die Anwendung von Stresstests führt zu folgenden Problemen. Die Risiken im Bankensektor werden einerseits identifiziert, ohne diese zu kontrollieren und andererseits ist die Reaktion der Regulierung auf diese Risiken von den verwendeten Bewertungsmodellen abhängig. Entstehen Fehler bei der Bewertung, kann die effiziente Regulierung nicht durchgeführt werden. Die Reaktion der Regulierung kann nur so gut sein, wie es die im Rahmen von Stresstests angewendeten Risikomodelle sind. Weiterhin verursacht die Anzahl verschiedener zu untersuchender Szenarien hohe Kosten und ist zeitintensiv. Trotz dieser Einschränkungen ist die Anwendung von Stresstests zur Bestimmung der Auswirkungen von Vermögenspreisblasen auf den Bankensektor nach Carmichael und Esho (2003) die effektivste Möglichkeit.

Probleme bei der Risikobewertung sind neben Stresstests vor allem bei der Bestimmung des Risikokapitals relevant. Eine Unterbewertung dieser Risiken verursacht die zu geringe Unterlegung mit Eigenkapital und Instabilitäten sind die mögliche Folge.

Da die Bewertung dieser Risiken vielfach durch Ratingagenturen durchgeführt wird, entstehen an dieser Stelle Abhängigkeiten zwischen Regulierung und Ratingagenturen. Werden die Bewertungsmodelle der Agenturen bei innovativen Produkten wie im Rahmen der jüngsten Hauspreisblase in den USA nicht adäquat angepasst, werden die Risiken nicht korrekt ermittelt und die Regulierung verliert an Effizienz.

Nach Benmelech und Dlugosz (2009) wurden beispielsweise während der jüngsten Hauspreisblase in den USA für Kreditportfolios von Banken durchschnittliche Ratings vergeben. Allerdings wird dadurch keine Aussage über die Verteilung der Risiken innerhalb der Portfolios getroffen und die Vergleichbarkeit zwischen mehreren Portfolios ist nicht gegeben. In diesem Zusammenhang empfiehlt Calomiris (2009) die bisherige Verwendung von Buchstaben zur Bewertung durch numerische Ausdrücke für die Ausfallwahrscheinlichkeit und den zu erwartenden Verlust bei Ausfall zu verwenden. Dadurch ist eine Objektivierung der Bewertung sowie der Vergleich verschiedener Produkte besser gewährleistet als durch die Anwendung von Buchstaben.

Ein weiteres Problem bei der Bestimmung des Risikokapitals ist die Prozyklität. In der Phase des Aufbaus von Blasen nimmt der Wert von Sicherheiten zur Aufnahme von Krediten zu, das Risiko sinkt, das zu unterlegende Kapital nimmt ab und das Kreditangebot steigt. Dadurch wird der Aufbau von Blasen verstärkt und beim Platzen deren Folgen erhöht. Nach Barrell und Davis (2008) sollte folglich das Problem der Prozyklität der Regulierungsvorschriften gelöst werden.

Kent und Lowe (1997) empfehlen weiter, die Attraktivität der Kreditvergabe während des Aufbaus von Vermögenspreisblasen zu senken, wenn das Risiko von Instabilitäten besteht. Da dies allein durch aufsichtspolitische Regelungen schwierig erscheint, verbleibt weiterer Handlungsbedarf bei der Geldpolitik. Daher schlussfolgern Kent und Lowe (1997), dass die Stabilität der Finanzmärkte durch Regulierung und Überwachung von Kapitalmarktakteuren verbessert, aber nicht allein durch diese Maßnahmen erreicht werden kann.

2.4.2.2 Makroprudentielle Regulierung

Im Rahmen der makroprudentiellen Regulierung wird die Risikokapitalbildung nicht an operationelle oder marktspezifische Risiken, sondern an systemrelevante Risiken gebunden. Ziel ist folglich die adäquate Kapitalunterlegung von systemischen Risiken.

Nach Calomiris (2009) bedeutet dies, die Unterlegung von Kapital und Liquiditätsanforderungen an die entsprechenden makroökonomischen Bedingungen anzupassen. Zudem wird empfohlen, Institutionen mit signifikantem Einfluss auf das Systemrisiko stärker zu regulieren beziehungsweise dieses Risiko mit zusätzlichem Kapital zu unterlegen. Weiterhin empfiehlt Yellen (2009) die Regulierung von systemrelevanten Institutionen prozyklisch anzupassen. Die Kapitalanforderungen würden dann in Phasen wirtschaftlichen Aufschwungs erhöht und in Rezessionsphasen gesenkt werden. Dadurch ließen sich das Finanzsystem insgesamt stabilisieren und auftretende Finanzkrisen abschwächen. Systemische Risiken sind nach Weltbank und IWF (2005) unter anderem Ansteckungsrisiken, mögliche Verstärkungsmechanismen von Krisen oder auch die gleiche Portfoliostruktur verschiedener Finanzmarktakteure. Weiterhin werden systemische Risiken durch überdurchschnittliche Kreditausweitung und Vermögenspreisblasen erhöht. Durch die Reaktion auf das systemische Risiko würde entsprechend den Ausführungen in expansiven Phasen von Blasen zusätzliches Kapital und in kontraktiven Phasen weniger Kapital unterlegt werden.

Hauptproblem bei der makroprudentiellen Regulierung ist die Bewertung systemischer Risiken. Durch die Einrichtung einer Institution zur Identifikation und Bewertung dieser Risiken könnte nach Yellen (2009) dieses Problem gelöst werden. Zur Ermittlung systemischer Risiken sind entsprechend den Ausführungen von Weltbank und IWF (2005) Makro-Stresstests das quantitative Hauptinstrument. Allerdings ist auch die Anwendung von Finanzstabilitätsindikatoren denkbar. Nach Cecchetti et al. (2009) ist bei der Durchführung von Makro-Stresstests die angemessene Berücksichtigung des Finanzsystems entscheidend. Dies bezieht sich vor allem auf Abhängigkeiten innerhalb des Finanzsystems und sogenannte Rückkopplungseffekte.[19]

Auch bei der makroprudentiellen Analyse soll durch die Kommunikation systemischer Risiken die Erwartungsbildung der Marktakteure beeinflusst und

[19]Vgl. zu Stresstests auch die Ausführungen von Jones et al. (2004).

damit die weitere Zunahme der Risiken verhindert werden. Dies erfordert bei der Anwendung von Makro-Stresstests zur Ermittlung dieser Risiken nach Drehmann (2008) möglichst exakte Ergebnisse, um die Entscheidungsfindung der Finanzmarktakteure zur Stabilisierung des Finanzsystems beeinflussen zu können.

Nach Calomiris (2009) ist die makroprudentielle Regulierung ideal zur Begrenzung von Blasen geeignet, da übermäßige Kreditausweitung ein Hauptmerkmal historischer Blasen war und Regulierung das Kreditangebot durch Erhöhung der Kapitalunterlegung oder Erhöhung der Liquiditätsanforderungen einschränken kann. Dies ist der direkteste und schnellste Weg, auf Vermögenspreisblasen zu reagieren. Nach Borio und Drehmann (2009) könnten die zur Anwendung makroprudentieller Maßnahmen notwendigen Informationen der Etablierung eines Frühwarnsystems dienen. Die Verwendung von Kreditwachstum und Vermögenspreisanstieg erscheinen als geeignete Indikatoren dafür. Der Regulierung würde durch die Einrichtung eines solchen Systems genügend Zeit zur Anpassung der Regulierungsstandards verbleiben.

2.4.2.3 Sonstiges

Entsprechend der Ausführungen von Yellen (2009) war eines der Hauptprobleme während der jüngsten Hauspreisblase in den USA die Durchführung von Regulierungsarbitrage. Risiken wurden von regulierten Institutionen in nicht regulierte Institutionen übertragen und durch Garantien der übertragenden Institution abgesichert. Die Risiken wurden dadurch aus den Bilanzen der regulierten Institutionen entfernt, verblieben aber tatsächlich über die gewährten Garantien bei diesen Gesellschaften. Da für diese Garantien allerdings kein Eigenkapital unterlegt werden musste, konnten über die Garantierisiken hinaus neue Risiken eingegangen werden. Als Folge sollte die Regulierung auf sämtliche systemrelevanten Institutionen ausgeweitet und durch eine Institution überwacht werden. Die Systemrelevanz ist danach durch ausgewählte Merkmale zu definieren. Dazu gehören unter anderem die Größe und der Verschuldungsgrad von Institutionen, die Verlässlichkeit kurzfristiger Refinanzierung und insbesondere Verknüpfungen zu anderen Institutionen im Finanzsystem.

Zum gleichen Ergebnis kommen auch Conrad und Stahl (2003) und empfehlen weiter, neben der Anpassung von Maßnahmen der Bankenaufsicht, auch die

Börsenaufsicht stärker zu berücksichtigen. Beispielsweise empfehlen sie die Erhöhung von Einschussleistungen zur Durchführung derivativer Geschäfte. Dadurch könnte der für gewöhnlich hohe Hebel dieser Produkte gesenkt und die Wirkung dieser Produkte beschränkt werden.

Carmichael und Esho (2003) schlussfolgern zur Verwendung von aufsichtspolitischen Maßnahmen zur Prävention von Vermögenspreisblasen, dass eine stabile Beziehung zwischen der Entwicklung von Blasen und dem Bankensystem bestehen muss und die Regulierung ohne unerwünschte Nebeneffekte für die Wirtschaft durchgeführt werden kann.

2.4.3 Zusammenfassung

Ziel dieses Abschnitts war die Erläuterung möglicher geldpolitischer und aufsichtspolitischer Maßnahmen zur Prävention von Vermögenspreisblasen. Die Ausführungen haben gezeigt, dass weder Geldpolitik noch Aufsichtspolitik isoliert am besten dazu geeignet ist. Am sinnvollsten erscheint eine Kombination beider Ansätze. Die Geldpolitik könnte die Wirkung aufsichtspolitischer Maßnahmen erhöhen und die Aufsichtspolitik könnte die mangelnde Präzision geldpolitischer Maßnahmen ausgleichen. Diese Ansicht vertritt auch IWF (2009), wonach Geldpolitik und makroprudentielle Regulierung koordiniert werden sollten.

Die Bank für internationalen Zahlungsausgleich (BIZ (2005)) fasst mögliche Maßnahmen der Geld- und Aufsichtspolitik zur Vermeidung von Vermögenspreisblasen noch einmal wie folgt zusammen.

Die Aufsichtspolitik sollte so gestaltet werden, dass Kapitalreserven während Phasen wirtschaftlicher Expansion erhöht und während rezessiver Phasen verringert werden. Dadurch würde die Kreditausweitung zur Finanzierung von Blasen in der Aufbauphase begrenzt werden und in der Phase des Platzens zum Ausgleich möglicher Verluste verwendet werden können. Eine systemische Aufsichtspolitik könnte zudem diskrete Maßnahmen bei Erhöhung des Systemrisikos durchführen und beispielsweise Liquiditätsquoten, Beleihungsquoten, Anforderungen an Sicherheiten oder Tilgungsfristen anpassen. Besteht Unsicherheit über die Zunahme des Systemrisikos, wie es bei auftretenden Vermögenspreisblasen der Fall ist, sollten aussagekräftige Indikatoren betrachtet werden.

Überschreiten beispielsweise Kreditwachstum oder Vermögenspreisbewegungen definierte kritische Werte, können die Bildung von Rückstellungen, der Aufbau von Eigenkapital oder die Vergaberichtlinien von Krediten beeinflusst werden.

Die Geldpolitik sollte diese Maßnahmen nach Prüfung des Einzelfalls unter Umständen unterstützen und während der Entstehungsphase von Blasen durch restriktive Geldpolitik die Kreditvergabe und den Anstieg der Vermögenspreise verlangsamen. Auch für die Geldpolitik sind dabei die Anwendung diskreter Maßnahmen oder die Verwendung von Indikatoren vorstellbar.

Die Ausführungen dieses Abschnitts haben weiterhin gezeigt, dass sowohl die Geldpolitik als auch die Aufsichtspolitik die Beeinflussung der Erwartungsbildung der Marktakteure als Möglichkeit zur Prävention von Vermögenspreisblasen betrachten. Durch die Veröffentlichung der Informationen aus der geldpolitischen Analyse in Finanzstabilitätsberichten sowie anderen Publikationen und der Durchführung von Stresstests im Rahmen der Aufsichtspolitik ist dies möglich. Die Erwartungsbildung sollte dabei frühzeitig beeinflusst werden, um die Entwicklung von Blasen zu beschränken. Dazu sollten verschiedene Indikatoren zur Bildung eines Frühwarnsystems verwendet werden. Darunter zählen unter anderem die Verschuldung von Haushalten und Unternehmen, das Kreditangebot und der Anstieg der Vermögenspreise.

Ziel ist sowohl durch geldpolitische als auch aufsichtspolitische Maßnahmen das Verhalten der Marktteilnehmer zu beeinflussen und die Finanzierung von Blasen durch die Kreditvergabe zu erschweren. Zudem sollten die Wirkungen von innovativen Finanzprodukten und die Verflechtungen innerhalb des Finanzsystems besser in die Betrachtung einbezogen werden, um systemische Risiken zu ermitteln und Maßnahmen dagegen zu ergreifen.

Neben den beschriebenen Möglichkeiten der Geldpolitik und der Aufsichtspolitik können Vermögenspreisblasen auch direkt durch die Erhöhung der Effizienz der Finanzmärkte verhindert werden. Dies bedeutet Arbitrage zu stärken und destabilisierende Faktoren zu schwächen. Möglich wäre dies durch die Verlängerung des Planungshorizontes der Arbitrageure, die Verringerung der Abhängigkeit von kurzfristig orientierten Kapitalgebern, der Verbesserung der Identifikation von Arbitragemöglichkeiten und durch Verbesserungen der Koordination zur Durchführung von Arbitrage.[20]

[20] Siehe dazu unter anderem die Arbeiten von Brav und Heaton (2002) sowie Shleifer und Vishny (1997).

2.5 Fazit

Ziel dieses Kapitels war die Beschreibung der Entstehungsursachen, des Verlaufs und der möglichen Folgen sowie möglicher Maßnahmen zur Prävention von Vermögenspreisblasen.

Die Entstehung von Blasen wurde durch den kapitalmarkttheoretischen und den verhaltensorientierten Ansatz erklärt. In beiden Ansätzen ist ein Primärimpuls der Auslöser von Blasen. Dieser kann ein Schock auf den fundamentalen Vermögenspreis, den tatsächlichen Vermögenspreis oder eine spontane Veränderung des Verhaltens der Marktakteure sein. Allerdings führt der Primärimpuls nicht zwingend zur dauerhaften Abweichung des Vermögenspreises von seinem fundamentalen Niveau. Vorausssetzung ist die Verarbeitung dieses Impulses im Verhalten der Marktakteure. Die Verhaltensanpassungen bestimmen dann die Dynamik der Blase. Handeln zudem verschiedene Akteursgruppen, beeinflusst das Verhältnis dieser Gruppen zueinander bei unterschiedlichen Einschätzungen des zukünftigen Vermögenspreises die Dynamik. Die Entwicklung von Blasen kann dabei durch Einschränkungen bei der Durchführung von Arbitrage und durch wirtschaftliche Rahmenbedingungen begünstigt werden. Hierbei sind beispielsweise die Geldpolitik der Zentralbanken, Vorschriften zur Regulierung, die Entwicklung von Finanzinnovationen oder auch politische Vorgaben zu nennen.

Vermögenspreisblasen führen sowohl zur Beeinflussung des Verhaltens der Haushalte und der Unternehmen als auch zur Beeinflussung von Produktion, Beschäftigung und Inflation. Die wichtigsten Mechanismen hierbei sind der Vermögenseffekt sowie der Kapitalkosteneffekt. Weiterhin sind Liquiditätskrisen, Bankenkrisen und Instabilitäten des Finanzsystems weitere mögliche Folgen des Platzens von Blasen. Probleme im Finanzsystem entstehen hierbei jedoch vorrangig beim Platzen der Blase und können über wechselseitige Abhängigkeiten im Finanzsystem zu Ansteckungseffekten führen, die die Folgen einer Blase verstärken können.

Die Ausführungen haben gezeigt, dass die Folgen von Vermögenspreisblasen asymmetrisch sind. Während der Aufbau von Blasen zur Verbesserung von Produktion und Beschäftigung führt und durch expansive Kreditvergabe des Finanzsektors mitfinanziert wird, führt das Platzen der Blase zum Rückgang der realwirtschaftlichen Größen und möglichen Problemen im Finanzsystem. Da diese Probleme über Ansteckungseffekte noch verstärkt werden können und dies letztlich auf die Realwirtschaft zurückwirkt, ist eine negativer Nettoeffekt von Blasen wahrscheinlich. Der negative Gesamteffekt wird dabei von der Stärke der gegenseitigen Abhängigkeiten im Finanzsystem bestimmt.

Zur Prävention von Vermögenspreisblasen wurden Maßnahmen der Geldpolitik und der Aufsichtspolitik betrachtet. Es hat sich gezeigt, dass Geldpolitik die Wirkung aufsichtsrechtlicher Maßnahmen erhöhen und Aufsichtspolitik die mangelnde Präzision geldpolitischer Maßnahmen ausgleichen kann. Die Kombination von Geldpolitik und Aufsichtspolitik erscheint folglich zur Prävention von Blasen sinnvoll. Ob allerdings die Durchführung präventiver Maßnahmen stets die optimale Strategie bei auftretenden Blasen ist, konnten die bisherigen Ausführungen nicht zeigen.

Dazu werden in den folgenden Kapiteln mögliche geldpolitische Handlungsalternativen bei auftretenden Vermögenspreisblasen diskutiert, eine modelltheoretische Darstellung vorgenommen und Simulationstechniken zum Vergleich der einzelnen geldpolitischen Strategien angewendet. Maßnahmen der Aufsichtspolitik bei auftretenden Blasen werden im Folgenden nicht weiter betrachtet.

3 Geldpolitik

Zentrales Element dieses Kapitels ist die Frage nach den Handlungsalternativen der Geldpolitik bei auftretenden Vermögenspreisblasen. Es werden die in der Literatur diskutierten Alternativen vorgestellt und deren Vor- und Nachteile beschrieben. Weiterhin werden mögliche Probleme bei der Anwendung der dargestellten geldpolitischen Strategien aufgezeigt und Lösungsansätze zur Identifikation von Vermögenspreisblasen ausführlich diskutiert. Das Kapitel wird mit einem Fazit beendet, in dem noch einmal die wichtigsten Aspekte zusammengefasst werden.

3.1 Handlungsalternativen

In der Literatur werden vorrangig drei Ansätze zur Berücksichtigung von Vermögenspreisen in der Geldpolitik diskutiert. Bezieht die Geldpolitik Vermögenspreise in ihre Zinsentscheidung ein, wird zwischen reaktiver und präventiver Geldpolitik entsprechend der Reaktion auf Vermögenspreisblasen unterschieden. Werden Vermögenspreise in der Geldpolitik nicht berücksichtigt, sieht die Zentralbank auch bei auftretenden Vermögenspreisblasen keinen Handlungsbedarf. Vermögenspreise enthalten demnach keine Informationen, die über die Aussagen realwirtschaftlicher Größen hinausgehen. Im Rahmen der reaktiven und präventiven Strategie wird hingegen angenommen, dass Vermögenspreise Informationen zur zukünftigen Entwicklung von Output und Inflation enthalten und folglich wie andere Indikatoren der Geldpolitik behandelt werden sollten.

Eine Reaktion auf Vermögenspreisblasen erfolgt entsprechend der reaktiven Strategie, wenn der Output oder die Inflation als Zielgrößen der Zentralbank tatsächlich beeinflusst werden. Die Zentralbank versucht nicht, Vermögenspreisblasen mit dem Zinsinstrument zu beeinflussen oder die erwartete Veränderung in ihrer Zinssetzung zu berücksichtigen. Hauptvertreter dieses Ansatzes sind Batini und Nelson (2000), Bernanke und Gertler (1999) sowie Greenspan (2002).

Im Rahmen der präventiven Strategie werden die Eigenschaften von Vermögenspreisblasen sowie deren erwartete Entwicklung direkt in der Zinssetzung der Zentralbank berücksichtigt. Dadurch reagiert die Geldpolitik nicht nur auf die tatsächlichen Auswirkungen von Blasen auf Output und Inflation, sondern auch auf die erwarteten Effekte der Blase auf diese Größen. Hauptvertreter der präventiven Strategie sind Bordo und Jeanne (2002b), Cecchetti et al. (2003), Filardo (2004), Kent und Lowe (1997) sowie Kontonikas und Montagnoli (2006).

3.1.1 Reaktive Strategie

Im Rahmen der reaktiven Strategie handelt die Geldpolitik bei auftretenen Vermögenspreisblasen, wenn diese zu tatsächlichen Auswirkungen auf Output und Inflation führen. In der Phase des Aufbaus der Blase nimmt die aggregierte Nachfrage aufgrund des Vermögens- und Kapitalkosteneffektes zu und der Output steigt. Zeitverzögert nimmt entsprechend die Inflation zu. Da diese Veränderungen von Output und Inflation nicht fundamental begründet werden können, ist eine Zinserhöhung der Geldpolitik die Folge. In der kontraktiven Phase der Blase wird die aggregierte Nachfrage sinken und folglich werden Output und Inflation abnehmen. Die Geldpolitik wird entsprechend die Zinsen senken.

Steigen die Vermögenspreise aufgrund fundamentaler Gründe an, erhöht sich die aggregierte Nachfrage und entsprechend der Output. Allerdings nimmt zusätzlich der gleichgewichtige Output zu und es entsteht keine Abweichung zwischen dem tatsächlichen und dem gleichgewichtigen Output. Eine Anpassung der Zinssätze durch die Zentralbank ist nach Kontonikas und Montagnoli (2006) nicht notwendig. Hauptmerkmal der reaktiven Strategie ist die Vernachlässigung der Eigenschaften von Vermögenspreisblasen in der Zinsanpassung. Die erwartete Entwicklung der Blase und entsprechend die erwarteten Auswirkungen auf Output und Inflation werden nicht berücksichtigt.

Nach Bernanke und Gertler (1999) führt die Fokussierung auf Preisniveaustabilität und Stabilisierung der aggregierten Nachfrage zur gleichzeitigen Stabilisierung der Finanzmärkte, wodurch eine zusätzliche Berücksichtigung der Finanzmärkte in der Zinsanpassung nicht notwendig ist. Die Zentralbank sollte folglich Vermögenspreisbewegungen in ihrer Zinsentscheidung ignorieren, die keinen Effekt auf Output und Inflation haben. Sowohl Borio und Lowe (2002) als auch Cogley (1999), Gertler et al. (1998) oder Kohn (2009) begründen weiter, dass Geldpolitik nicht zur frühzeitigen Erkennung finanzieller Ungleichgewichte in der Lage ist und diese auch nicht ohne unerwünschte Nebenwirkungen beseitigen kann. Da Geldpolitik Vermögenspreisblasen wegen bestehender Informationsasymmetrien nicht rechtzeitig und hinreichend verlässlich nachweisen kann, führt die Berücksichtigung in der Zinssetzung möglicherweise zu destabilisierenden Effekten auf die Realwirtschaft und das Finanzsystem. Es wird angenommen, dass Kapitalmarktakteure über bessere Informationen als die Zentralbank verfügen und diese effizienter verarbeiten können. Begründet wird dies mit dem unterschiedlichen Fokus von Kapitalmarktteilnehmern und Zentralbanken. Während Kapitalmarktakteure vor allem an der Bewertung und Auswahl von Vermögenswerten interessiert sind, liegt der Fokus von Zentralbanken vor allem auf der Stabilisierung der Konsumentenpreise und des Outputs. Durch diese Unterschiede haben Kapitalmarktteilnehmer gegenüber der Zentralbank einen Spezialisierungsvorteil in der Bewertung der Vermögenswerte und der Identifikation von Fehlbewertungen. Nach Bernanke und Gertler (1999) ist es für Zentralbanken somit unmöglich herauszufinden, ob die Bewegung von Vermögenspreisen auf fundamentale, nicht-fundamentale oder beide Faktoren zurückzuführen ist. Konzentriert sich die Geldpolitik auf die Folgen einer Vermögenspreisblase, entfällt die notwendige Unterscheidung in fundamental und nicht-fundamental begründbare Preisbewegungen.

Ein weiteres Argument gegen die direkte Berücksichtigung von Vermögenspreisblasen in der Geldpolitik ist die Auswirkung auf andere Vermögenswerte und die Realwirtschaft. Durch Reaktionen auf die Vermögenspreisblase bei einer Vermögensklasse können gleichzeitig Verwerfungen bei anderen Vermögensklassen und nach Bernanke (2002) auch in der Realwirtschaft auftreten. Damit ist es nach Kohn (2009) wahrscheinlich, dass die Nachteile der Beeinflussung von Vermögenspreisblasen die möglichen Vorteile übersteigen.

Zusammenfassend wird die direkte Beeinflussung von Vermögenspreisblasen mit dem Zinsinstrument abgelehnt, weil Zentralbanken Blasen nicht rechtzeitig und verlässlich identifizieren können, die Kosten eines solchen Vorgehens nicht kalkulierbar sind und der Zins zur Beeinflussung von Blasen nicht das geeignete Instrument darstellt. Im Umkehrschluss bedeutet dies allerdings, dass bei einer Überwindung dieser Probleme der präventive Eingriff der Zentralbank bei auftretenden Vermögenspreisblasen nicht ausgeschlossen wird.

Allerdings ist auch die Durchführung der reaktiven Strategie im Vergleich zur präventiven Strategie nicht unproblematisch. Die ausschließliche Reaktion der Geldpolitik auf die Konsequenzen von Vermögenspreisblasen führt nach Wadhwani (2008) zu folgenden Schwierigkeiten. Der Zunahme der Blase wird nicht entgegengewirkt, wodurch diese größer als bei Anwendung präventiver Geldpolitik wird und die Effekte auf Output und Inflation höher sind. Durch mögliche Verstärkungseffekte beim Platzen der Blase können schwer zu beseitigende Folgen für die Stabilität der makroökonomischen Zielgrößen und der Stabilität des Finanzsystems auftreten. Dies erhöht den gesellschaftlichen Nutzenverlust und kann zu Einschränkungen der geldpolitischen Handlungsfähigkeit führen. Durch die geldpolitische Vernachlässigung der Vermögenspreisblase in der expansiven Phase und der Zinsreaktion in der kontraktiven Phase, handelt die Zentralbank bei auftretenden Blasen asymmetrisch. Dies kann zur verstärkten Risikoakkumulation der Wirtschaftssubjekte in der expansiven Phase führen, was die Folgen auf die makroökonomischen Zielgrößen und die Finanzstabilität in der kontraktiven Phase verstärken kann sowie die Glaubwürdigkeit der Geldpolitik beeinträchtigt.

Das Platzen der jüngsten Hauspreisblase in den USA und die darauf folgende Finanzkrise verdeutlichen die Probleme der Anwendung der reaktiven Strategie. Die Zentralbanken senkten in mehreren Schritten den Refinanzierungszins auf historisch niedrige Niveaus. Dies führte allerdings nicht zur Überwindung des Marktversagens auf dem Interbankenmarkt und die Zentralbanken waren gezwungen, dessen Funktion zu übernehmen. Dazu wurden nach Brunnermeier (2009) mittel- bis längerfristige Refinanzierungsgeschäfte zu außergewöhnlichen Bedingungen durchgeführt. In Folge dieser und anderer Operationen verdoppelte sich die Bilanz der U.S.-amerikanischen Zentralbank nach dem Platzen der Hauspreisblase innerhalb eines Jahres. Neben der Durchführung klassischer Refinanzierungsgeschäfte für Geschäftsbanken übernahm die Zentralbank die Funktion des Interbankenmarktes und teilweise die Funktion des Kreditmarktes. Nach Yellen (2009) dominierte vor dem Platzen der Hauspreisblase und den Folgen für die Stabilität des Finanzsystems unter Geldpolitikern die Ansicht, diese nicht zu beeinflussen und ausschließlich deren Folgen mit dem Zinsinstrument zu beseitigen. Allerdings hat dieses Ereignis gezeigt, dass das Platzen von Vermögenspreisblasen viel schneller und stärker auf die Wirtschaft wirken kann, als eine Anpassung der Zinssätze als Reaktion möglich ist.

3.1.2 Präventive Strategie

Im Rahmen der präventiven Strategie reagiert die Geldpolitik nicht nur auf die tatsächlichen Folgen von Vermögenspreisblasen auf Output und Inflation, sondern auch auf die erwarteten Folgen. Dazu wird in der Zinsanpassung die Blase explizit berücksichtigt. Dadurch sollen nach Cecchetti et al. (2003) langfristig negative Effekte auf Output und Inflation verringert und die makroökonomische Stabilität soll erhöht werden.

Vorteil der präventiven Strategie ist die Verminderung der makroökonomischen Auswirkungen von Vermögenspreisblasen. Während des Aufbaus der Blase wird der Zins höher als in der reaktiven Strategie gesetzt und damit die Zunahme der Blase verringert. Vor dem Platzen der Blase wird der Zins im Gegensatz zur reaktiven Strategie gesenkt. Dadurch wird die Wirtschaft auf deren Folgen vorbereitet und die negativen Auswirkungen können verringert werden. Durch die Beeinflussung und Stabilisierung von Vermögenspreisblasen können gleichzeitig die makroökonomischen Zielgrößen der Zentralbank nach Akram et al. (2006) und Wadhwani (2008) stabilisiert werden. Daher sollte die Zentralbank nach Borio und Shim (2007), De Grauwe und Gros (2009) sowie EZB (2005) ihre Instrumente zur Beeinflussung von Vermögenspreisblasen verwenden. Durch die Zinsanpassung während des Aufbaus von Blasen wird auch die Kreditvergabe und Verschuldung begrenzt, wodurch gleichzeitig die Finanzierung von Vermögenspreisblasen limitiert wird.

Die Wirkung der Geldpolitik erfolgt nach Bernanke und Gertler (1995) sowohl über den Bilanzkanal als auch über den Kreditkanal.

Entsprechend dem Bilanzkanal führt die Erhöhung der Zinsen bei sich aufbauenden Vermögenspreisblasen zu erhöhten Zinsaufwendungen der Unternehmen für Kredite mit flexibler Verzinsung und dem Rückgang von Vermögenspreisen, die als Sicherheiten für neu aufgenommene Kredite dienen. Die Bonität der Kreditnehmer sinkt, die Kapitalkosten steigen und die Kreditaufnahme sowie die Verschuldung zur Finanzierung von Blasen sinken.[1]

Weiterhin führen Zinserhöhungen zu gestiegenen Refinanzierungskosten der Geschäftsbanken, wodurch das Kreditangebot entsprechend dem Kreditkanal eingeschränkt wird. Eine Verringerung des Kreditangebotes führt zur Erhöhung

[1] Vermögenspreise werden durch erhöhte Zinssätze verringert, da die erwarteten zukünftigen Zahlungsströme einerseits durch erhöhte Kapitalkosten geringer eingeschätzt werden und andererseits die Diskontierung der zukünftig erwarteten Zahlungsströme gestiegen ist.

der Kapitalkosten für Kreditnehmer und die Finanzierung von Vermögenspreisblasen wird erschwert. Da die Kreditzinsen allerdings vorwiegend langfristig und Geldpolitik auf die kurzfristigen Zinsen wirkt, ist die Beeinflussung der langfristigen Kapitalmarktzinsen die Voraussetzung für die Wirksamkeit von Bilanz- und Kreditkanal. Blanchard (2000), Cook und Hahn (1989) sowie De Bondt (2005) kommen zu dem Ergebnis, dass sich die kurz- und langfristigen Zinssätze in die gleiche Richtung entwickeln. Nach Roley und Sellon (1995) ist die Stärke der Anpassung dabei von der Einschätzung der zukünftigen Zinsentwicklung abhängig. Werden die Zinsanpassungen der Zentralbank von den Marktakteuren als permanent oder als Beginn einer Reihe weiterer Zinsreaktionen eingeschätzt, werden die langfristigen Zinssätze die Änderungen im kurzfristigen Zinssatz vollständig reflektieren. Werden die Zinsanpassungen hingegen als temporär bewertet, werden die langfristigen Zinssätze darauf kaum reagieren.

Folglich wird von Cecchetti et al. (2003) empfohlen, neben Output und Inflation auch auf Vermögenspreise zur Stabilisierung der Realwirtschaft zu reagieren und dadurch die negativen Folgen von Vermögenspreisblasen zu verringern.[2] Ein zusätzlicher Vorteil ist die mögliche Beeinflussung der Erwartungen der Marktteilnehmer entsprechend den Ausführungen von Berger et al. (2007). Wissen die Marktakteure, dass die Zentralbank auf Vermögenspreisblasen symmetrisch reagiert und dem Aufbau entgegenwirkt, sinkt die Wahrscheinlichkeit der Entstehung von Blasen. Weiterhin kann durch präventive Geldpolitik das Kreditwachstum während des Aufbaus der Blase nach Yellen (2009) gesenkt werden, wodurch Verstärkungseffekte beim Platzen der Blase begrenzt werden können. Daher kann neben der Stabilisierung der makroökonomischen Zielgrößen auch das Finanzsystem stabilisiert werden.

Voraussetzung zur Durchführung der präventiven Strategie ist die verlässliche und rechtzeitige Identifikation von Vermögenspreisblasen. Ist die verlässliche Identifikation nicht möglich, treten Verzerrungen bei der Zinsanpassung auf und Verwerfungen bei Output und Inflation sind die Folge. Zu niedrige Zinsen senken nach Borio und Lowe (2002) die Glaubwürdigkeit der Zentralbank und zu hohe Zinsen erhöhen die Gefahr einer Rezession. Ist die Identifikation

[2] Cecchetti et al. (2003) distanzieren sich sowohl von der Definition von Vermögenswerten als Zielgrößen für die Zentralbank als auch der Berücksichtigung von Vermögenspreisen in einem Preisindex, dessen Stabilisierung von der Zentralbank angestrebt wird. Zur Einbeziehung von Vermögenspreisen in einen Preisindex siehe Alchian und Klein (1973) sowie Goodhart (2001).

verlässlich, aber nicht rechtzeitig möglich, führen geldpolitische Anpassungen ebenfalls eher zu destabilisierenden Effekten, als zur Stabilisierung von Realwirtschaft und Finanzsystem beizutragen. Cecchetti et al. (2003) empfehlen die Verwendung von Indikatoren, die auf das Vorliegen von Blasen hindeuten. Die Geldpolitik sollte auf Vermögenspreise oberhalb definierter Schwellenwerte systematisch mit Zinsanhebungen reagieren. Liegt der Vermögenspreis unterhalb des Schwellenwertes, gilt der umgekehrte Fall. Eine systematische Reaktion auf Vermögenspreisblasen bedeutet allerdings nicht, stets gleich zu reagieren. Da die Bewegungen von Vermögenspreisen nach Bean (2003) und Yellen (2009) aufgrund einer Vielzahl von Gründen erfolgen und diese sehr komplex sein können, ist die Einzelfallbetrachtung von Vermögenspreisblasen notwendig.[3] Würde die Zentralbank auf alle Vermögenspreisblasen gleich reagieren, könnten nach Gruen et al. (2003) unkalkulierbare Effekte auf die Realwirtschaft entstehen.

Nach Cecchetti et al. (2003) sollten Vermögenspreisblasen nur dann in der Geldpolitik berücksichtigt werden, wenn deren Eigenschaften ermittelt werden können. Liegen keine ausreichenden Informationen über Quelle und Entwicklungseigenschaften vor, ist es besser diese nicht aktiv zu beeinflussen und entsprechend des reaktiven Ansatzes nur die Folgen zu neutralisieren.

Schwierigkeiten und Unsicherheiten bei der Ermittlung der Entstehungsgründe und Eigenschaften von Blasen sind für Cecchetti et al. (2003) allerdings kein Anlass, Vermögenspreise in der Geldpolitik generell nicht zu berücksichtigen. Auch bei der Anwendung reaktiver Geldpolitik bestehen Unsicherheiten, die die Zinssetzung beeinflussen können. Dazu zählen nach Filardo (2004) beispielsweise die Bestimmung des Vollbeschäftigungsoutputs zur Bestimmung der Outputlücke oder auch die Ermittlung des gleichgewichtigen Realzinses. Ebenso kann das Argument der Vertreter reaktiver Geldpolitik bezüglich Informationsbeschränkungen der Zentralbank nach Kontonikas und Montagnoli (2006) nicht gelten. Kapitalmarktteilnehmer haben zwar einen höheren finanziellen Anreiz zur Beschaffung von Informationen über die Bedingungen an den Finanzmärkten, aber die Annahme von Informationsbeschränkungen kann bei modernen Zentralbanken nicht gelten.

[3] Auch Bordo und Jeanne (2002a), Wadhwani (2008) sowie Yellen (2009) empfehlen Einzelfallbetrachtungen von Vermögenspreisbewegungen.

Ein erhöhter Interpretationsaufwand ist für Cecchetti et al. (2003), Filardo (2004) sowie Kent und Lowe (1997) kein Grund, Vermögenspreisblasen in der Geldpolitik zu vernachlässigen.[4]

Neben dem unter anderem von Cecchetti et al. (2003) vertretenen Ansatz, Vermögenspreisblasen durch einen zusätzlichen Term in der geldpolitischen Reaktionsfunktion zu berücksichtigen, entwickelten sich noch andere Ansätze. Nach Bordo und Jeanne (2002b) ist die optimale geldpolitische Anpassung nicht durch eine einfache Regel beschreibbar. Bei außergewöhnlichen Entwicklungen an den Finanzmärkten sollte die Geldpolitik von den üblicherweise genutzten Regeln abweichen. Auch Gruen et al. (2003) stellen fest, dass es keine allgemeingültige Regel beim Auftreten von Blasen gibt und die Betrachtung des gesamten Entwicklungsprozesses über die Einbeziehung in die Zinsanpassung entscheidet.

Bei der Anwendung des präventiven Ansatzes können neben den bisher beschriebenen Problemen folgende weitere Schwierigkeiten auftreten. Durch die Berücksichtigung der erwarteten Entwicklungseigenschaften der Blase bei der Zinssetzung, können Fehler bei deren Beurteilung zu verzerrten Zinsanpassungen führen. Dadurch können Abweichungen von Output und Inflation von den entsprechenden Zielwerten auftreten, welche den gesellschaftlichen Nutzenverlust erhöhen.

Zur Lösung dieses Problems schlägt beispielsweise Dupor (2005) vor, bei unvollkommenen Informationen über die Entwicklungseigenschaften von Blasen weniger stark auf diese mit dem Zinsinstrument zu reagieren, als wenn alle Informationen vorliegen würden.

Präventive Geldpolitik führt nach Campbell und Vuolteenaho (2004) weiterhin zur Beeinflussung der Erwartungsbildung der Marktteilnehmer. Werden die Zinsen in Zeiten stabiler Preise angepasst, könnten die Marktakteure einen Anstieg der Inflation erwarten. Um sich davor zu schützen, ist der Erwerb von Vermögenswerten nach Boudoukh und Richardson (1993) eine mögliche Folge, was zur Verstärkung beziehungsweise Entstehung von Fehlbepreisungen führen kann.

---

[4] Kent und Lowe (1997) nehmen im Gegensatz zu Cecchetti et al. (2003) asymmetrische Effekte bei steigenden und fallenden Vermögenspreisen an. Fallende Vermögenspreise haben stärkere Effekte auf Output und Inflation, da in diesem Fall zusätzlich die Finanzintermediation gestört werden kann.

Die Berücksichtigung von Vermögenspreisblasen im Rahmen präventiver Geldpolitik ist so lange optimal, wie die kurzfristigen realwirtschaftlichen Verwerfungen durch langfristig geringere realwirtschaftliche Effekte als bei reaktiver Geldpolitik dominiert werden. Dies wird mit den im Vergleich zu reaktiver Geldpolitik höheren Zinsen beim Aufbau der Blase und Zinssenkungen vor dem Platzen der Blase begründet.

Zur Lösung dieses Abwägungsproblems ermitteln Bordo und Jeanne (2002a) beispielsweise einen Zinsoberwert, bei dem präventive und reaktive Geldpolitik zum gleichen Nutzenverlust führen würden. Die Beeinflussung einer Vermögenspreisblase ist demnach optimal, wenn die Gefahr realwirtschaftlicher Verwerfungen beim Platzen hoch ist und die durch den Eingriff entstehenden Kosten relativ gering sind. Sind diese Bedingungen nicht erfüllt, sollte die Zentralbank besser reaktiv handeln und ausschließlich die Folgen von Vermögenspreisblasen neutralisieren.

Die Bedingungen zur Anwendung präventiver Geldpolitik lassen sich nach Rudebusch (2005) zusammengefasst wie folgt darstellen.

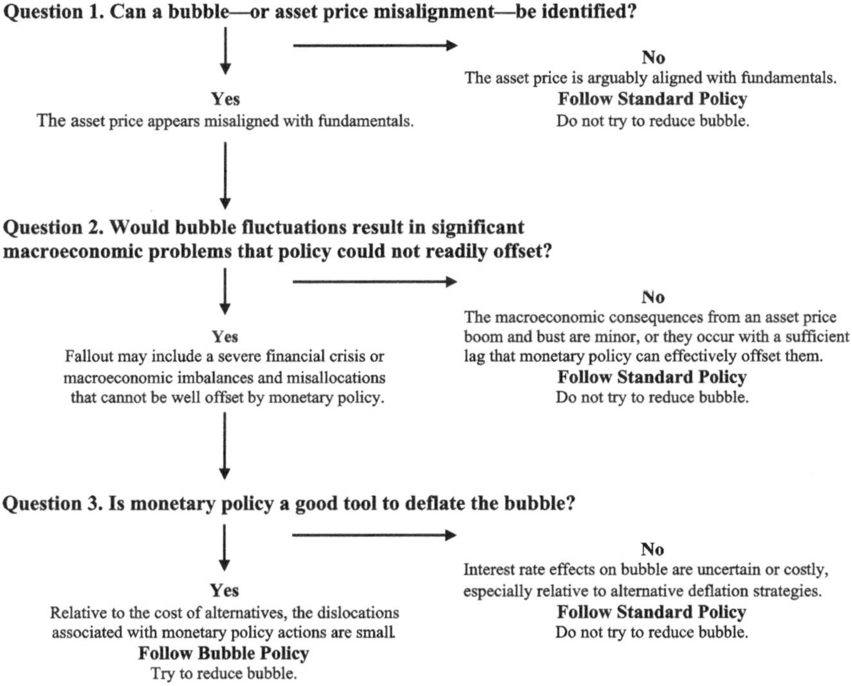

Abbildung 3.1: Entscheidungsbaum Geldpolitik
Quelle: Rudebusch (2005), S. 2.

Abbildung 3.1 zeigt, dass folgende Voraussetzungen zur Anwendung präventiver Geldpolitik erfüllt sein müssen. Die Vermögenspreisblase muss zuverlässig identifiziert werden können und die makroökonomischen Zielgrößen müssen durch die Blase signifikant beeinflusst werden. Zudem müssen die entstehenden Kosten eines Eingriffs kleiner als der dadurch entstehende Nutzen sein. Kohn (2009) konkretisiert weiter, dass Vermögenspreisblasen nicht nur zuverlässig, sondern auch rechtzeitig erkannt werden müssen. Zudem muss gewährleistet sein, dass die Zentralbank die Blase durch das Zinsinstrument beeinflussen kann und die realwirtschaftlichen Auswirkungen ausreichend groß sind.

Somit erfordert nicht jede Vermögenspreisblase nach Kohn (2009) die Anwendung präventiver Geldpolitik.

Sind diese Bedingungen erfüllt, sollte die Zentralbank die präventive Strategie der reaktiven Strategie vorziehen und mit dem Zinsinstrument die Entwicklung von Vermögenspreisblasen versuchen zu beeinflussen.

3.1.3 Zusammenfassung

Die bisherigen Ausführungen haben gezeigt, dass in der Literatur zwei Ansätze zur geldpolitischen Berücksichtigung von Vermögenspreisblasen diskutiert werden. Einerseits der reaktive Ansatz und andererseits der präventive Ansatz.

Der reaktive Ansatz berücksichtigt Vermögenspreisblasen in der Zinssetzung, wenn Effekte auf die makroökonomischen Zielgrößen der Zentralbank auftreten. Eine Berücksichtigung darüber hinaus wird nicht vorgenommen.

Der präventive Ansatz hingegen berücksichtigt explizit die Eigenschaften von Vermögenspreisblasen in der Zinssetzung. Somit erfolgt eine Reaktion auf Blasen, bevor diese zu tatsächlichen Änderungen der makroökonomischen Zielgrößen der Zentralbank führen. Vorteil der präventiven Strategie ist die Beeinflussung des Aufbaus der Blase und der damit verbundenen Folgen. Weiterhin kann die übermäßige Vergabe von Krediten und die Verschuldung während des Aufbaus von Vermögenspreisblasen gebremst werden, was mögliche Verstärkungseffekte und Instabilitäten des Finanzsystems beim Platzen von Blasen abschwächen oder vermeiden kann. Dadurch werden die Auswirkungen von Blasen auf Output und Inflation verringert und die makroökonomische Stabilität sowie die Stabilität des Finanzsystems werden gegenüber der Durchführung der reaktiven Strategie erhöht.

Die Anwendung der präventiven Strategie ist abhängig von der zuverlässigen und rechtzeitigen Identifikation von Vermögenspreisblasen, der Wirksamkeit des Zinsinstrumentes zur Beeinflussung der Blase und den möglicherweise ersparten Kosten gegenüber der Anwendung der reaktiven Strategie. Ist die Identifikation von Vermögenspreisblasen nicht möglich, die Folgen eines präventiven Vorgehens nicht kalkulierbar und die Kosten präventiver Geldpolitik größer als der damit verbundene Nutzen, sollte die reaktive Strategie durchgeführt werden.

Die Ausführungen zeigen, dass sowohl die Anwendung der reaktiven Strategie als auch der präventiven Strategie zu Problemen führen kann. Während präventive Geldpolitik durch Fehler bei der Bestimmung der Entwicklung von Blasen über deren gesamten Zyklus Kosten durch die Destabilisierung der Realwirtschaft und des Finanzsystems verursachen kann, führt reaktive Geldpolitik erst nach dem Platzen zu erhöhten Kosten. Sind Vermögenspreisblasen ausreichend groß und verursachen beim Platzen starke Verwerfungen bei Output und Inflation, kann präventive Geldpolitik trotz Fehler bei der Identifikation möglicherweise zu geringeren Kosten führen als die Anwendung reaktiver Geldpolitik. Somit sind Probleme bei der Anwendung präventiver Geldpolitik kein Grund, diese prinzipiell abzulehnen. Entscheidend sind die gesamten zu erwartenden Kosten der Blase, wenn erst nach dem Platzen reagiert wird und wenn über den gesamten Zyklus der Blase gehandelt wird.

Verschiedene empirische Untersuchungen zur Anwendung der vorgestellten geldpolitischen Strategien kommen zu dem Ergebnis, dass Zentralbanken weltweit der reaktiven Strategie folgen und auf Abweichungen des Outputs und der Inflation von vorgegebenen Zielwerten reagieren. Einen Überblick zu den Ergebnissen verschiedener empirischer Untersuchungen gibt Tabelle 3.1.

Autoren	Zeitraum	Land	Strategie
Bernanke und Gertler (1999)	Okt. 1979 - Dez. 1997	USA	reaktiv
Dupor und Conley (2004)	1979 - 2003	USA	reaktiv
Rigobon und Sack (2003)	Mar. 1985 - Dez. 1999	USA	reaktiv
Chadha et al. (2004)	Sept. 1979 - Dez. 2000	USA, GB, Japan	reaktiv
	in Einzelfällen Abweichung von reaktiver Strategie		
Cecchetti et al. (2003)	1990 - 2003	USA	reaktiv
	in Einzelfällen Abweichung von reaktiver Strategie		
Siklos et al. (2004)	1999-2002	Euroraum	reaktiv
	1978-1998	Deutschland	reaktiv
	1975-1998	Frankreich	reaktiv
	1980-1098	Italien	reaktiv
Wadhwani (2008)	2004 - 2005	Schweden	präventiv

Tabelle 3.1: Empirische Untersuchungen zur Anwendung geldpolitischer Strategien

Entsprechend den Arbeiten von Bernanke und Gertler (1999), Dupor und Conley (2004) sowie Rigobon und Sack (2003) wurde in den USA von der Zentralbank über die betrachteten Zeiträume reaktive Geldpolitik durchgeführt. Nach Chadha et al. (2004) und Cecchetti et al. (2003) gab es hingegen sowohl in den USA als auch in Japan und Großbritannien Zeiten, in denen die Geldpolitik von der rein reaktiven Strategie abwich und auf Vermögenspreise reagierte. Dies war dann der Fall, wenn verhältnismäßig große Ungleichgewichte an den Kapital- und Devisenmärkten vorlagen. Diese Ergebnisse unterstützen den Ansatz von Bordo und Jeanne (2002b), wonach die Zentralbank nichtlineare Zinsregeln verwendet und die Zinsanpassung situationsbezogen durchführt.

Aufgrund der erst kurzen Geschichte der Europäischen Zentralbank existieren im Gegensatz zur amerikanischen Geldpolitik weniger Untersuchungen zur Geldpolitik im Euroraum. Siklos et al. (2004) kommen in Untersuchungen zur Geldpolitik in verschiedenen Ländern des Euroraumes und der europäischen Geldpolitik insgesamt zu dem Ergebnis, dass es keine Anzeichen für die Anwendung präventiver Geldpolitik gibt. Vermögenspreise werden als Indikatoren zur Ermittlung zukünftiger Inflations- und Outputeffekte verwendet und beeinflussen damit die Zinsanpassung indirekt. Ein direkter Einfluss auf die Zinssetzung konnte nicht nachgewiesen werden. Ein Gegenbeispiel stellt hier nur Schweden dar, wo nach Wadhwani (2008) präventive Geldpolitik zeitweise explizit angewendet worden ist.

Die vorgestellten empirischen Untersuchungen zeigen, dass Zentralbanken keine Erreichung von Zielwerten für Vermögenspreise anstreben und auch nur in Ausnahmefällen auf Bedingungen an den Finanzmärkten reagieren. Liegt eine solche Ausnahmesituation nicht vor, reagieren Zentralbanken reaktiv und verwenden Vermögenspreise in der Geldpolitik ausschließlich als Indikator für zukünftige Inflations- und Outputeffekte.

3.2 Identifikation von Blasen

Die folgenden Ausführungen sollen zeigen, wie eine Identifikation von Vermögenspreisblasen durchgeführt werden kann. Ziel ist die Bestimmung einer Methode, die Vermögenspreisblasen zuverlässig identifiziert, einfach konstruiert ist und auf Blasen bei unterschiedlichen Vermögenswerten angewendet werden kann. Zu unterscheiden ist die Identifikation von Vermögenspreisblasen auf Basis eines

Modells und auf Basis von Indikatoren.

Entsprechend des modellbasierten Ansatzes wird zwischen fundamentaler und nicht-fundamentaler Komponente des Vermögenspreises unterschieden und der Einfluss relevanter Faktoren auf beide Komponenten theoretisch dargestellt. Die Hauptprobleme dieses Ansatzes sind einerseits die Trennung zwischen fundamentaler und nicht-fundamentaler Komponente des Vermögenspreises und andererseits die korrekte Spezifikation des Modells.

Entsprechend des indikatorbasierten Ansatzes werden Kennzahlen verwendet, die auf das Vorliegen von Vermögenspreisblasen hindeuten und in der Vergangenheit mit deren Entwicklung verbunden waren. Es werden in diesem Zusammenhang Referenz- und Schwellenwerte ermittelt, deren Über- oder Unterschreiten auf das Vorliegen von Blasen hindeuten. Hauptprobleme bei diesem Ansatz sind die Bestimmung von verlässlichen Indikatoren, die zweckmäßige Bestimmung von Schwellenwerten sowie die Vergangenheitsorientierung der gewählten Größen.

3.2.1 Modellbasierter Ansatz

Unter Verwendung eines Modells zur Identifikation von Vermögenspreisblasen muss die Trennung zwischen fundamentaler und nicht-fundamentaler Komponente des Vermögenspreises ermöglicht und das verwendete Modell richtig spezifiziert werden.

Zur Ermittlung des fundamentalen Vermögenspreises werden zumeist Barwertmodelle verwendet. Die Ermittlung des fundamentalen Aktienkurses wird beispielsweise durch das von Williams (1938) entwickelte und von Gordon (1959) angepasste Dividendendiskontierungsmodell durchgeführt. Dabei wird der Fundamentalwert über die Diskontierung der für die Zukunft erwarteten Dividenden bestimmt. Der Diskontierungszins setzt sich aus dem risikofreien Zinssatz und einem wertpapierspezifischen Risikoaufschlag zusammen. Die Erwartungsbildung der Marktakteure wird als rational angenommen und sämtliche zum Zeitpunkt der Erwartungsbildung vorliegenden Informationen werden berücksichtigt. Hauptprobleme bei der Anwendung des Dividendendiskontierungsmodells sind die Bestimmung des Diskontierungszinssatzes und des Dividendenwachstums zur Bestimmung der zukünftig erwarteten fundamental begründeten Zahlungsströme.

Zur Ermittlung des Diskontierungszinssatzes kann nach EZB (2005) die Rendite von Staatsanleihen zur Bestimmung des risikofreien Zinssatzes verwendet werden und Risikoaufschläge können nach Stowe et al. (2007) über Gleichgewichtsmodelle oder empirische Zusammenhänge bestimmt werden.[5]

Zur Schätzung der Risikoaufschläge über Gleichgewichtsmodelle werden in der Praxis weitverbreitet historische Durchschnitte der Abweichungen zwischen Renditen an Aktienmärkten und Renditen von Staatsanleihen benutzt. Die Anwendung dieser Modelle kann zu Problemen führen, wenn Fehler bei der Spezifikation des Modells auftreten, Unsicherheit über die in das Modell einbezogenen Faktoren besteht und die Wirkung der Faktoren nicht korrekt bestimmt wird.

Bei der Berücksichtigung empirischer Erfahrungen zur Bestimmung des Risikoaufschlags werden Unternehmensanleihen des zu bewertenden Unternehmens betrachtet. Es wird die Effektivverzinsung der Anleihe verwendet und ein zusätzlicher Aufschlag einbezogen. Die Effektivverzinsung reflektiert unter anderem das Verzugsrisiko und die Verschuldung des Unternehmens und bildet das Risiko somit hinreichend ab.

Zur Bestimmung des Dividendenwachstums kann nach EZB (2005) beispielsweise das durch Wertpapieranalysten erwartete und veröffentlichte Ertragswachstum herangezogen werden. Allerdings besteht hier ebenso wie bei den Erwartungen anderer Marktakteure die Gefahr, dass diese bei der Entwicklung von Vermögenspreisblasen verzerrt sein können.

Durch die Bestimmung des fundamentalen Aktienkurses kann durch den Vergleich mit dem tatsächlichen Aktienkurs das Vorliegen von Aktienkursblasen überprüft werden. Nach Calverley (2005) könnte dies auch ein sogenanntes Asset-Valuation-Committee übernehmen, dessen Aufgabe die Bewertung von Märkten und die Identifikation von Blasen ist. Durch die Einrichtung einer solchen Institution könnte ein Hauptkritikpunkt der Vertreter des reaktiven Ansatzes entkräftet werden, wonach die Zentralbank nicht über das notwendige Wissen zur Durchführung präventiver Geldpolitik verfügt.

Nach Abreu und Brunnermeier (2003) können Vermögenspreisblasen auch

[5] Zu Gleichgewichtsmodellen gehören nach Stowe et al. (2007) das sogenannte Capital-Asset-Pricing-Model (CAPM) oder auch die Arbitrage-Pricing-Theory (APT). Vgl. dazu unter anderem die Ausführungen von Campbell (2000, 1993), Lintner (1965), Merton (1973), Mossin (1966), Ross (1976) sowie Sharpe (1964).

ohne explizite Zerlegung des Vermögenspreises in eine fundamental und eine nicht-fundamental begründete Komponente identifiziert werden, wenn die Wachstumsraten der Fundamentalfaktoren und des tatsächlichen Aktienkurses verglichen werden. Ist die Wachstumsrate des tatsächlichen Vermögenspreises größer als die der Fundamentalfaktoren und beschleunigt sich die Wachstumsrate des tatsächlichen Vermögenspreises, liegt eine Vermögenspreisblase vor. Die Schätzung der fundamentalen Wachstumsrate kann dabei über die beschriebenen Gleichgewichtsmodelle oder über Faktorenmodelle ermittelt werden. Zu unterscheiden sind das 3-Faktoren Modell nach Fama und French (1993) und das 4-Faktoren Modell nach Carhart (1997). Zur Messung der plötzlichen Beschleunigung sind nach Guenster et al. (2008) Strukturbruchtests durchzuführen.

Die Anwendung dieser Methode setzt allerdings voraus, die relevanten Fundamentalfaktoren zu kennen und deren Beeinflussung des Vermögenspreises korrekt bestimmen zu können.

In der Realität verändern sich gerade zu Beginn einer Blase entsprechend Bernanke und Gertler (1999) sowohl die fundamentale als auch die nicht-fundamentale Komponente und die Einschätzung der fundamentalen Rechtfertigung der Preisbewegung ist kompliziert.

Dies bestätigt auch Kohn (2009), wonach rückblickend auf die jüngste Hauspreisblase in den USA kein Konsens über das Vorliegen einer Blase bestand, da die angewendeten Modelle widersprüchliche Ergebnisse zeigten. Auch Wadhwani (2008) sieht in den verwendeteten Modellen ein Hauptproblem bei der Identifikation von Blasen. Ein Grund dafür ist der angenommene Zeithorizont dieser Modelle. Die Orientierung ist langfristig, wodurch bei der Identifikation kurz- und mittelfristig fundamental nicht gerechtfertigter Preisbewegungen Probleme entstehen können. Die Konzentration auf einen kürzeren Zeithorizont könnte dieses Problem lösen und die Identifikation von Blasen verbessern. Zudem ist die Güte der angewendeten Strukturmodelle nach Filardo (2004) von dem zur Verfügung stehenden Datenmaterial abhängig. Ist dieses nicht ausreichend oder sind die abgebildeten Zusammenhänge im verwendeten Modell nicht zutreffend, können Fehler bei der Identifikation von Blasen auftreten und somit Verzerrungen bei der Zinsanpassung der Zentralbank entstehen.

Da Veränderungen von Vermögenspreisen komplexen Prozessen unterliegen und diese für unterschiedliche Vermögenswerte nicht einheitlich sind, ist die modelltheoretische Abbildung sehr aufwendig und fehleranfällig. Dadurch wird die Identifikation von Vermögenspreisblasen über Modelle erschwert. Dies ist gerade dann der Fall, wenn sich die Fundamentalfaktoren und der tatsächliche Vermögenspreis gleichzeitig verändern und Schocks aufgetreten sind. Die daraus folgende Unsicherheitssituation für die Entwicklung der Vermögenspreise und deren Einflussgrößen erschwert die Anwendung der Modelle zusätzlich.

Eine alternative Möglichkeit zur Identifikation von Vermögenspreisblasen ist die Anwendung von Indikatoren, welche im folgenden Abschnitt beschrieben werden.

3.2.2 Indikatorenbasierter Ansatz

Bei der Anwendung von Indikatoren zur Identifikation von Vermögenspreisblasen, kann zwischen Marktindikatoren und makroökonomischen Indikatoren unterschieden werden. Marktindikatoren sind meist Bewertungsrelationen und makroökonomische Indikatoren betrachten bestimmte auf Blasen wirkende Einflussfaktoren.

Bei der Anwendung von Marktindikatoren werden Schwellenwerte für verschiedene Bewertungsrelationen aufgrund von historischen Erfahrungen festgelegt. Werden diese Schwellenwerte über- oder unterschritten, wird vom Vorliegen einer Blase ausgegangen. Mögliche Bewertungsrelationen bei Aktien sind beispielsweise das Kurs-Gewinn-Verhältnis (KGV) oder die Dividendenrendite. Dass et al. (2008) nutzen darüber hinaus das Kurs-Umsatz-Verhältnis oder das Verhältnis von Marktwert zu Buchwert eines Unternehmens.

Neben Bewertungsrelationen können auch sogenannte Preismaße zur Identifikation von Blasen verwendet werden. Bordo und Jeanne (2002b) vergleichen dazu beispielsweise einen gleitenden Durchschnitt der Wachstumsraten von Vermögenspreisen mit einem langfristigen historischen Durchschnitt. Liegt die ermittelte Wachstumsrate über dem Durchschnittswert unter Berücksichtigung der Preisvolatilität, liegt eine Überbewertung vor. Liegt die Wachstumsrate hingegen unter dem Durchschnittswert, besteht eine Unterbewertung.

Ebenso wie Bordo und Jeanne (2002b) verwenden auch Detken und Smets (2004) Preismaße zur Identifikation von Vermögenspreisblasen. Sie definieren eine Überbewertung der Vermögenspreise als positive Abweichung eines aggregierten Vermögenspreisindex von einem rekursiv geschätzten Trend um einen vorher definierten Wert.

Der Vermögenspreisindex fasst dabei Eigenkapital sowie privates und kommerziell genutztes Immobilienvermögen zusammen.[6]

Der Vorteil des Index ist die mögliche schnelle Schätzung von Vermögensänderungen. Die Hauptschwäche ist allerdings die Heterogenität der enthaltenen Komponenten.

Trichet (2005) empfiehlt die Verwendung von Marktindikatoren in Verbindung mit makroökonomischen Indikatoren, um die Wahrscheinlichkeit zur erfolgreichen Identifikation von Blasen erhöhen zu können. Es wird dabei zur Betrachtung der Kreditvergabe und speziell zur Verwendung des Verhältnisses von aufgenommenen Krediten zum Einkommen geraten. Dadurch wird die Verschuldung von Haushalten und Unternehmen im Verhältnis zum laufenden Einkommen betrachtet.

Die Analyse des Kreditangebotes empfehlen auch Borio und Drehmann (2009). Eine Ausweitung mit gleichzeitig starkem Anstieg verschiedener Vermögenspreise weist auf die Entstehung von Blasen hin, deren Platzen mit starken Rezessionen verbunden ist.[7] Nach Soros (2008) steigt die Wahrscheinlichkeit bestehender Blasen, je größer beispielsweise die Höhe aufgenommener Kredite im Verhältnis zum Wert der unterlegten Sicherheiten ist oder auch die Gesamtkreditvergabe zur Wertschöpfung einer Volkswirtschaft ist. IWF (2009) konkretisiert weiter, dass auch die Verhältnisse von Leistungsbilanz zu Wertschöpfung und inländische Investitionen zu Wertschöpfung betrachtet werden könnten. Demnach deuten die Indikatoren auf Vermögenspreisblasen hin, wenn die auf Basis historischer Erfahrungen definierten Schwellenwerte signifikant überschritten oder unterschritten werden. Die Definition dieser Schwellenwerte sollte dabei so gewählt werden, dass sie als Frühwarnsystem dienen. Der Geldpolitik muss genug Zeit zur Reaktion unter Berücksichtigung der Transmissionsdauer ihrer Maßnahmen bleiben.

Nach Borio und Lowe (2003) scheint eine Strategie unter Verwendung bestimmter Maße für die Kreditvergabe in Kombination mit Marktindikatoren zur Identifikation von Vermögenspreisblasen am besten geeignet. Je mehr Indikatoren betrachtet werden und je länger der Betrachtungshorizont ist, desto

---

[6] Ein solcher Index wird beispielsweise von der Bank für internationalen Zahlungsausgleich seit 1990 ermittelt.

[7] Zu den gleichen Ergebnissen kommen auch die Arbeiten von Adalid und Detken (2007), Alessi und Detken (2009), Borio und Lowe (2002), Gerdesmeier et al. (2009) sowie Stiglitz und Greenwald (2003).

zuverlässiger kann das Identifikationsproblem mit Hilfe von Indikatoren gelöst werden. Eine Zusammenfassung möglicher Indikatoren liefern die Arbeiten von Calverley (2004) und Cohen (1997). Entsprechend der unterschiedlichen Phasen von Vermögenspreisblasen sind nach Cohen (1997) unterschiedliche Merkmale zu beobachten, die in einem Fragenkatalog zusammengefasst werden können und durch Beantwortung dieser Fragen die Identifikation von Blasen erleichtern sollen.

Nach Calverley (2004) können typische Merkmale von Vermögenspreisblasen wie folgt zusammengefasst und als Indikatoren zur Lösung des Identifikationsproblems verwendet werden.

Punkt	Eigenschaft
1.	Schneller Preisanstieg
2.	Hohe Erwartung weiter steigender Preise
3.	Überbewertung verglichen mit historischen Durchschnitten
4.	Überbewertung verglichen mit begründbaren Niveaus
5.	Mehrere Jahre andauernder ökonomischer Aufschwung
6.	Fundamentale Gründe, die den Preisanstieg zumindest teilweise begründen
7.	Exogenes innovatives Ereignis auf dem jeweils betroffenen Markt
8.	Subjektiv empfundener Paradigmenwechsel
9.	Markteintritt neuer Investoren und Unternehmer
10.	Ansteigendes Interesse der Öffentlichkeit und der Medien
11.	Zunehmende Verschuldung und steigendes Kreditangebot
12.	Innovationen im Kapitalangebot
13.	Stabile Inflation der Konsumentenpreise
14.	Expansive Geldpolitik
15.	Verringerung der Sparquote der Haushalte

Tabelle 3.2: Eigenschaftenkatalog Blasen

Problematisch am indikatorbasierten Ansatz ist der Mangel theoretischer Fundierung. Die Ermittlung von Indikatoren wird aus der Vergangenheit abgeleitet. Die Anwendung auf zukünftige Blasen ist nur eingeschränkt möglich, da der Verlauf verschiedener Blasen nicht identisch ist. Die Komplexität der zugrunde liegenden Faktoren und geänderte Rahmenbedingungen können die Wirksamkeit bisher verwendeteter Indikatoren einschränken und die Definition neuer Indikatoren notwendig machen.

3.3 Fazit

Ziel dieses Kapitels war die Beschreibung und Bewertung möglicher geldpolitischer Strategien bei auftretenden Vermögenspreisblasen.

Diese können entweder indirekt oder direkt in der Geldpolitik verwendet werden. Die indirekte Verwendung bedeutet, ausschließlich auf die Folgen von Blasen in der Zinssetzung zu reagieren (reaktive Strategie). Hingegen werden bei der direkten Berücksichtigung Zinsanpassungen über die aufgetretenen Folgen hinaus und unter expliziter Einbeziehung der Eigenschaften von Blasen vorgenommen (präventive Strategie).

Vorteil der reaktiven Strategie ist die einfache Durchführung und die Vermeidung von Kosten während der Entstehung von Vermögenspreisblasen.[8] Aufwendungen zur Identifikation entstehen nicht und Verzerrungen der Zinsanpassung durch Fehler bei der Einschätzung der Eigenschaften von Blasen treten nicht auf.

Nachteil hingegen sind die Kosten nach dem Platzen der Vermögenspreisblase. Durch die Vermeidung von Maßnahmen zur Beschränkung der Größe und Dauer entstehen in der kontraktiven Phase der Blase höhere Abweichungen des Outputs und der Inflation von den angestrebten Niveaus als unter Anwendung der präventiven Strategie. Die Neutralisation der Folgen kann zu hohen Aufwendungen führen und die Zentralbank zu außergewöhnlichen Maßnahmen zwingen.

Vorteil der präventiven Strategie ist die aktive Beschränkung des Aufbaus der Blase und der damit verbundenen Folgen im Vergleich zur reaktiven Strategie. Zusätzlich werden mögliche Verstärkungseffekte, wie die zunehmende Verschuldung und Kreditvergabe, während der Entstehung der Blase limitiert. Die Möglichkeiten für Zinssenkungen nach dem Platzen der Blase sind bei präventiver Geldpolitik höher als unter Anwendung der reaktiven Strategie und

[8] Kosten bezeichnen hierbei Abweichungen der makroökonomischen Zielgrößen der Zentralbank von vorher definierten Niveaus.

die Wahrscheinlichkeit für die Anwendung außergewöhnlicher Maßnahmen ist geringer.

Nachteil sind mögliche Fehler bei der Identifikation oder Beurteilung der Entwicklung von Blasen, die zu verzerrten Zinsanpassungen und geldpolitisch verursachten Verwerfungen bei Output und Inflation über den Zeitraum des Bestehens der Blase führen. Zur Lösung des Identifikationsproblems können entweder theoretische Modelle oder Indikatoren verwendet werden. Bei der Anwendung eines Modells werden sämtliche Einflussgrößen auf die Vermögenspreise theoretisch abgebildet und fundamental begründbare sowie fundamental nichtbegründbare Preisbewegungen identifiziert. Bei der Anwendung von Indikatoren werden hingegen aus der Vergangenheit Faktoren bestimmt, deren Entwicklung im direkten Zusammenhang mit historischen Vermögenspreisblasen standen.

Insgesamt entscheidet der Vergleich zwischen den zu erwartenden Kosten der reaktiven und der präventiven Strategie über deren Anwendung. Bei lang andauernden Blasen mit hoher Verschuldung sind die Kosten der Neutralisation der Folgen mit der reaktiven Strategie unter Umständen höher als die Kosten möglicher Erwartungsirrtümer über die Entwicklung der Blase unter Anwendung der präventiven Strategie. Die Anwendung präventiver Geldpolitik wäre optimal. Ist die Dauer von Blasen im Vergleich zu historischen Erfahrungen kurz, wird präventive Geldpolitik aufgrund der Transmissionsdauer ihrer Maßnahmen unter Umständen keine Wirkung auf die Blase erreichen und die makroökonomischen Zielwerte destabilisieren. Die Neutralisation der Folgen der Blase und die Anwendung reaktiver Geldpolitik wäre optimal.

Die vorgestellten Untersuchungen zur Anwendung der erläuterten geldpolitischen Strategien in der Praxis haben ergeben, dass in der Vergangenheit nahezu ausschließlich reaktive Geldpolitik von verschiedenen Zentralbanken angewendet worden ist. Dies bestätigen auch die Ausführungen von Yellen (2009), wonach die meisten Geldpolitiker den Vorschlag einer präventiven Behandlung von Vermögenspreisblasen in der Geldpolitik bisher abgelehnt hätten.

Die Ausführungen zeigen, dass sowohl das Handeln während der Blase als auch das Abwarten und die nachträgliche Reaktion auf deren Folgen nicht ohne Risiken für die Zentralbank sind. Allerdings muss sich die Zentralbank bei entstehenden Vermögenspreisblasen für die Anwendung einer Strategie entscheiden.

Wovon diese Entscheidung abhängig ist und unter welchen Bedingungen es für die Zentralbank sinnvoll ist, der präventiven oder der reaktiven Strategie zu folgen, sollen die Ausführungen im folgenden Kapitel zeigen. Dazu werden die bisher erläuterten geldpolitischen Strategien in einem makroökonomischen Strukturmodell dargestellt und die Entwicklung von Vermögenspreisblasen am Beispiel einer Aktienkursblase explizit berücksichtigt.

4 Modellierung

In diesem Kapitel werden die bisherigen verbalen Ausführungen modelltheoretisch abgebildet. Es wird die Entstehung von Aktienkursblasen über einen verhaltensbasierten Ansatz modelliert. Weiterhin werden die Folgen von Aktienkursblasen in einem makroökonomischen Modell abgebildet. Anschließend wird Geldpolitik in diesem Modell explizit berücksichtigt. Die Zentralbank agiert mit einer Zinsregel präventiv, reaktiv oder verhält sich neutral. Ziel ist der Vergleich und die Ermittlung der optimalen geldpolitischen Strategie. Kriterium zur Beurteilung der Optimalität der geldpolitischen Regeln ist der erwartete Nutzenverlust der Zentralbank.

4.1 Literaturüberblick

Die realwirtschaftlichen Auswirkungen von Vermögenspreisen im Allgemeinen und Aktienkursen bzw. Aktienkursblasen im Besonderen sowie deren Berücksichtigung in der Zinssetzung der Zentralbank werden in der Literatur ausführlich diskutiert. Arbeiten zu diesem Thema wurden unter anderem von Berger et al. (2007), Bernanke und Gertler (1999), Bordo und Jeanne (2002b), Gruen et al. (2005), Haugh (2008), Kent und Lowe (1997), Kontonikas und Montagnoli (2006), Semmler und Zhang (2007) sowie Smets (1997) verfasst.[1]

Die Beeinflussung der Realwirtschaft wird über die aggregierte Nachfrage oder das aggregierte Angebot modelliert und die Zinssetzung erfolgt über Taylor-Regeln, in denen Blasen berücksichtigt werden. Im Rahmen der genannten Arbeiten werden Blasen und der Einfluss auf Blasen durch die Zentralbank höchst unterschiedlich behandelt.

[1] Vgl. zu diesem Thema außerdem die Arbeiten von Alexandre und Bação (2005), Bean (2004), Berger et al. (2007), Cecchetti et al. (2003), De Grauwe (2008), Filardo (2004), Kontonikas und Ioannidis (2005) sowie Mehra (1998).

Während Bernanke und Gertler (1999) beispielsweise rationale Blasen entsprechend Blanchard und Watson (1982) in der Modellierung verwenden und die Zentralbank keinen Einfluss auf die Blasen ausübt, abstrahieren unter anderem die Arbeiten von Filardo (2004), Gruen et al. (2005), Kontonikas und Montagnoli (2006) sowie Semmler und Zhang (2007) vom Konzept rationaler Blasen und unterstellen die Beeinflussung von Blasen durch das Zinsinstrument der Geldpolitik.[2] Am stärksten abstrahiert die Arbeit von Semmler und Zhang (2007) vom Konzept rationaler Blasen. Es wird entgegen Blanchard und Watson (1982) angenommen, dass Blasen nicht ausschließlich positiv sein müssen, der Zeitpunkt des Zusammenbrechens unbekannt ist, die Wachstumsrate nicht konstant ist und nach dem Abbau weitere Blasen entstehen können.

Bei den genannten Modellen wird außer bei De Grauwe (2008) von homogenen Akteuren ausgegangen. Dabei wird deren Verhalten entweder explizit als rational beschrieben oder implizit über die unterstellte Dynamik der Blase berücksichtigt. Daraus ergeben sich verschiedene Probleme. Wird das Verhalten der Akteure als rational beschrieben, gelten entsprechend den Ausführungen von Sargent (1994) gleichzeitig folgende Annahmen. Die Akteure bilden rationale Erwartungen, wonach die erwartete Größe ohne stochastische Impulse der tatsächlichen Realisation entspricht und systematische Erwartungsirrtümer ausgeschlossen werden.[3]

Weiterhin würden die Aktienmärkte unter dieser Annahme entsprechend der Definition von Fama (1965) effizient sein. Abweichungen des Aktienkurses von seinem fundamentalen Niveau würden die rationalen Akteure durch Arbitrage beseitigen und systematische Überschusserträge wären nicht realisierbar. Daraus folgt, dass Aktienkurse nicht prognostizierbar sind, da diese sämtliche relevanten Informationen bereits vollständig reflektieren und nur durch neue Informationen beeinflusst werden können. Untersuchungen zur Prognostizierbarkeit von Aktienkursen unter anderem von Campbell und Shiller (1987, 1988), Cutler et al. (1990), Fama und French (1988) sowie Summers (1986) haben allerdings gezeigt, dass zukünftige Aktienerträge durch aktuelle Aktienkurse prognostizier-

[2] Einen umfassenden Überblick zu Eigenschaften und Modellierung rationaler Blasen geben beispielsweise die Arbeiten von Adam und Szafarz (1992) sowie Santos und Woodford (1997). Lohnenswerte Einzelarbeiten zu diesem Thema wurden unter anderem von Blanchard (1979), Blanchard und Watson (1982), Diba und Grossman (1988), Obstfeld und Rogoff (1986) sowie Tirole (1982, 1985) verfasst.

[3] Vgl. zu rationalen Erwartungen die Ausführungen von Lucas (1972) und Muth (1961).

bar sind und offensichtlich nicht ausschließlich durch neue Informationen über die Fundamentalfaktoren beeinflusst werden. Untersuchungen von Cutler et al. (1989), LeRoy und Porter (1981) sowie Shiller (1981, 1989) zeigen weiterhin, dass Aktienkursveränderungen nicht ausschließlich durch die Veränderung der Fundamentalfaktoren zu erklären sind.
Werden Änderungen des Fundamentalwertes erwartet, reflektiert dies der aktuelle Aktienkurs ohne dass sich der Fundamentalwert geändert hat.

Da die in den empirischen Untersuchungen gefundenen Ergebnisse mit dem Verhalten rationaler homogener Akteure nicht hinreichend erklärt werden konnten, wurden Modelle mit heterogenen Akteuren und begrenzt rationalem Verhalten entwickelt. Für einen Überblick zu heterogenen Agenten in Finanzmarktmodellen sind die Arbeiten von Abreu und Brunnermeier (2003), Brock und Hommes (1997, 1998), Chiarella und He (2002), De Long et al. (1990a,b), Farmer und Joshi (2002), Frankel und Froot (1986), Gaunersdorfer (2000), Kirman (1991), LeBaron (2006), Lux (1995, 1997), Shleifer und Vishny (1997), Wang (1994) sowie Zeeman (1974) empfehlenswert.

In allen genannten Modellen agieren unterschiedliche Gruppen von Akteuren mit unterschiedlichen Erwartungen bzw. Einstellungen zur Funktionsweise der Finanzmärkte nebeneinander. Typischerweise werden die Akteure in rationale bzw. fundamental orientierte Akteure und sogenannte „Noise Trader" bzw. technisch orientierte Akteure unterteilt. Die erste Gruppe nimmt an, dass der Aktienkurs vollständig durch Fundamentalfaktoren erklärbar ist. Allerdings ist bekannt, dass das Handeln anderer Akteure die Anpassung des Aktienkurses an sein fundamentales Niveau verzögern kann. Daher erfolgt in den genannten Modellen entweder die explizite Berücksichtigung dieses Risikos oder die Vernachlässigung des Verhaltens der anderen Gruppe aufgrund der Annahme dominanter Marktmacht. Die zweite Gruppe hingegen geht nicht von der fundamentalen Bestimmung des Aktienkurses aus, sondern glaubt an die Bestimmung über technische Regeln, welche auf Preisen und Preismustern der Vergangenheit basieren.[4] Die Interaktion dieser Gruppen führt zur Entstehung von Aktienkursblasen, da Arbitrage durch die rationalen Akteure nicht effizient durchgeführt werden kann. Für die genauen Gründe sei auf die Arbeiten von Abreu und

[4] Die Bezeichnung „Noise Trader" geht zurück auf die Arbeiten von Black (1986) und Kyle (1985). Demnach werden damit Akteure bezeichnet, welche auf der Basis nicht-fundamental begründbarer Informationen handeln.

Brunnermeier (2003), De Long et al. (1990a,b) sowie Shleifer und Vishny (1997) verwiesen. Entscheidend für die Dynamik der Blasen ist dabei der Anteil rationaler Akteure an den Gesamtakteuren, da dieser die Stärke der Arbitrage und damit die Stabilisierung des Aktienmarktes bestimmt.

Die theoretische Einteilung der Gruppen in rationale Akteure und „Noise Trader" hat allerdings folgende Schwäche. Es wird nicht geklärt, warum einige Akteure rational sind und andere nicht, und wonach es sich entscheidet, ob ein Marktakteur rational oder „Noise Trader" ist. Weiterhin ist die Annahme der Rationalität nicht unproblematisch. Diese setzt vollkommene Informationen und vollkommene Fähigkeiten zur Verarbeitung dieser Informationen voraus. Grundlegende Untersuchungen unter anderem von Kahneman (2003), Kahneman und Tversky (1973), Simon (1957, 1979) sowie Tversky und Kahneman (1974) kommen allerdings zu dem Ergebnis, dass die Erwartungsbildung in der Realität eher durch einfache Regeln und Heuristiken durchgeführt wird.[5]

Die Umsetzung dieser Ergebnisse erfolgte durch heterogene Agentenmodelle mit eingeschränkt rationalen Akteuren.[6] Dabei verwenden sämtliche Akteure nur einen Teil der verfügbaren Informationen für die Erwartungsbildung. Es werden sämtliche subjektiv relevanten Informationen, aber nicht sämtliche objektiv relevanten Informationen für die Erwartungsbildung verwendet. Der Grund ist die Modellkomplexität und die fehlende Fähigkeit der Akteure, diese komplett zu verstehen. Folglich treffen die Akteure unter Berücksichtigung sämtlicher subjektiv relevanter Informationen rationale Entscheidungen mit Hilfe einfacher Regeln. Wechseln die Akteure die bisher angewandte Regel, so ist diese nicht länger optimal und es wird zukünftig eine andere angewendet. Wird hingegen nicht gewechselt, ist die bisher angewandte Regel weiterhin optimal. Vergleichskriterien zur Beurteilung der Optimalität einer Regel sind die realisierten Erträge, das erreichte Gesamtvermögen oder der erzielte Nutzen.[7] Modelle mit heterogenen und eingeschränkt rationalen Akteuren sind unter anderem bei Amilon (2008), Brock und Hommes (1997, 1998), Chiarella und He (2002), De Grauwe (2008), De Grauwe und Grimaldi (2006a), Gaunersdorfer (2000) sowie Hommes (2001) zu finden.

[5] Vgl. zu diesem Thema auch die Arbeiten von Allen und Taylor (1990), Brock et al. (1992), Frankel und Froot (1990a,b), Ito (1990), Lui und Mole (1998) sowie Menkhoff (1997, 1998).

[6] Für einen Überblick zu diesem Thema siehe die Ausführungen von Sargent (1994).

[7] Für die formale Umsetzung des Wechsels der Strategien siehe die Ausführungen von Anderson et al. (1993) sowie Manski und McFadden (1981).

4.2 Modellgestaltung

4.2.1 Notation

Im Folgenden bezeichnen Großbuchstaben die Niveaus von Variablen und Kleinbuchstaben stehen für die natürlichen Logarithmen der jeweiligen Größen. Sämtliche Variablen repräsentieren reale Werte. Griechische Buchstaben werden zur Beschreibung von Parametern verwendet. Perioden bezeichnen hier entsprechend Ball (1999) und Gruen et al. (2005) einen Zeitabschnitt von einem Jahr.[8]

4.2.2 Aktienkursblasen

Ausgangspunkt zur Bildung des Aktienkurses ist der gesamte reale Ertrag einer Aktie, die von t bis $t+1$ gehalten wird. Coakley und Fuertes (2006) definieren diesen wie folgt.[9]

$$\left(1 + R_{t+1}^{A}\right) \equiv \frac{S_{t+1} + D_{t+1}}{S_t} \tag{4.1}$$

Der periodische Aktienertrag wird durch die Veränderung des realen Aktienkurses $\frac{S_{t+1}}{S_t}$ sowie die reale Dividendenrendite $\frac{D_{t+1}}{S_t}$ bestimmt. R_{t+1}^{A} bezeichnet die Aktienrendite in Periode $t+1$. Da das im Laufe der Arbeit verwendete Makromodell in log-linearer Schreibweise notiert ist, wird auch der Aktienkurs und die Aktienkursblase entsprechend dargestellt. Dazu wird Gleichung (4.1) in log-linearer Schreibweise formuliert, wobei r_{t+1}^{A} den logarithmierten realen Aktienertrag bezeichnet.

$$r_{t+1}^{A} = \ln\left(1 + R_{t+1}^{A}\right) \equiv \ln\left(S_{t+1} + D_{t+1}\right) - \ln\left(S_t\right) \tag{4.2}$$

[8] Das Symbolverzeichnis zur Modellierung ist wie folgt aufgebaut. Zu Beginn werden sämtliche notwendigen Parameter dargestellt. Anschließend werden die exogenen Größen erläutert und dann die Exponenten beschrieben. Weiterhin werden die endogenen Variablen dargestellt und abschließend sonstige verwendete Größen erläutert.

[9] In der Literatur wird häufig zwischen sogenannten Brutto-Erträgen $(1 + R_{t+1})$ und Netto-Erträgen R_{t+1} unterschieden. Es werden hier Brutto-Erträge verwendet, um die Linearisierung entsprechend nach Campbell und Shiller (1988, 1989) durchführen zu können. Zur Anwendung von Brutto-Erträgen in anderen Arbeiten siehe beispielsweise Campbell (1999), Campbell et al. (1997), Cochrane (2001) und Hommes et al. (2005).

Gleichung (4.2) wird folgendermaßen umgeformt.

$$\begin{aligned} r_{t+1}^A &= \ln\left[S_{t+1}\cdot\left(1+\frac{D_{t+1}}{S_{t+1}}\right)\right]-s_t \\ &= \ln\left(S_{t+1}\right)+\ln\left(1+\frac{D_{t+1}}{S_{t+1}}\right)-s_t \\ &= s_{t+1}-s_t+\ln\left(1+e^{(d_{t+1}-s_{t+1})}\right) \end{aligned} \tag{4.3}$$

Unter Anwendung einer Taylor-Expansion erster Ordnung auf den letzten Term von Gleichung (4.3) in der Umgebung der gleichgewichtigen logarithmierten Dividendenrendite $\left(\overline{d-s}\right)$ entsprechend den Vorgaben von Campbell und Shiller (1988, 1989) kann der Ausdruck wie folgt approximiert werden.[10]

$$r_{t+1}^A \approx \alpha+\rho\cdot s_{t+1}+(1-\rho)\cdot d_{t+1}-s_t \tag{4.4}$$

Der Punkt $\left(\overline{d-s}\right)$ beschreibt dabei die gleichgewichtige logarithmierte Dividendenrendite, wobei $\bar{d}$ die logarithmierte gleichgewichtige Dividende und $\bar{s}$ den logarithmierten gleichgewichtigen Aktienkurs beschreibt. Die Konstanten $\alpha=-\ln(\rho)-(1-\rho)\cdot\ln(1/\rho-1)$ und $\rho=1/\left(1+\exp\left(\overline{d-s}\right)\right)$ entstehen bei der Approximation, wobei ein mit ρ gewichteter Durchschnitt aus logarithmiertem Aktienkurs s_{t+1} und logarithmierter Dividende d_{t+1} gebildet wird.[11]

Ausgehend vom logarithmierten Ertrag einer Aktie r_{t+1}^A wird im Folgenden der logarithmierte Aktienkurs s_t bestimmt, wobei folgende Anpassungen vorgenommen werden.[12]

Der Aktienkurs s_t wird entgegen den Vorgaben von Coakley und Fuertes (2006) nicht am Ende einer Periode, sondern entsprechend Campbell und Shiller (1989) zu Beginn ermittelt. Es besteht aufgrund der veränderten zeitlichen Konventionen ein Anspruch auf die Dividende in Periode t, weshalb d_t an Stelle von d_{t+1} verwendet wird. Dies impliziert außerdem, dass r_{t+1}^A durch r_t^A ersetzt

[10] Siehe zur Approximation auch die Ausführungen von Belke und Polleit (2009), Campbell et al. (1997), Cuthbertson et al. (1997) und Hollifield et al. (2003).

[11] Die Genauigkeit der Approximation ist entsprechend Campbell et al. (1997) sowie Coakley und Fuertes (2006) von der Stärke der Variation der Dividendenrendite abhängig. Sehr starke Variationen können zu Ungenauigkeiten führen, welche beispielsweise von Campbell et al. (1997) näher untersucht worden sind.

[12] Eine umfassende Erläuterung zur logarithmierten Darstellung von Aktienkursen geben Belke und Polleit (2009), Campbell und Shiller (1989) sowie Hollifield et al. (2003).

wird. In Periode t wird der Aktienkurs s_t wie folgt definiert, wobei $E_t s_{t+1}$ den zu Beginn von Periode t für Periode $t+1$ erwarteten logarithmierten realen Aktienkurs bezeichnet und $E_t r_t^A$ den zu Beginn von Periode t für diese Periode erwarteten logarithmierten realen Ertrag der Aktie darstellt.

$$s_t = \alpha + \rho \cdot E_t s_{t+1} + (1-\rho) \cdot E_t d_t - E_t r_t^A \tag{4.5}$$

Die zu Beginn von Periode t erwarteten logarithmierten realen Dividendenzahlungen werden mit $E_t d_t$ bezeichnet. Es wird angenommen, dass Marktakteure neben Aktien auch in risikolose Wertpapiere (Anleihen) investieren können. Anleihen haben eine Laufzeit von einer Periode und das Angebot ist unendlich elastisch.[13] Für den logarithmierten realen Ertrag von Anleihen gilt $r_t^B \equiv \ln\left(1 + R_t^B\right)$, wobei R_t^B der realen Verzinsung der Anleihe beziehungsweise deren Rendite entspricht.[14] Anleihen werden zu Beginn von Periode t mit der festen Verzinsung R_t^B aufgelegt und zu Beginn von Periode $t+1$ fällig. Es besteht keine Unsicherheit über den Ertrag der Anleihe und es gilt $E_t r_t^B = r_t^B$. Unter der Annahme arbitragefreier Märkte entspricht der erwartete Ertrag von Aktien dem erwarteten Ertrag von Anleihen und es gilt $E_t r_t^A = E_t r_t^B = r_t^B$.[15] Für den tatsächlichen Ertrag von Aktien folgt daraus $r_t^A = r_t^B$. Wird zur Vereinfachung angenommen, dass der Ertrag von Anleihen konstant ist $r_t^B = \bar{r}^B$, ergibt sich für den Aktienkurs der folgende Ausdruck.

$$s_t = \alpha + \rho \cdot E_t s_{t+1} + (1-\rho) \cdot E_t d_t - \bar{r}^B \tag{4.6}$$

Die Erwartungsbildung erfolgt bei Campbell und Shiller (1989) sowie Coakley und Fuertes (2006) rational und die Akteure sind homogen.

Diese Annahme wird im Folgenden aufgegeben und es werden heterogene

[13]Die Annahme eines unendlich elastischen Angebots von Anleihen wird in diesem Kontext beispielsweise auch von Boswijk et al. (2007), Brock und Hommes (1998), Hommes et al. (2005) sowie Verbic (2006) getroffen. Die Umsetzung erfolgt gemäß Mizrach und Occhino (2008) durch die Zentralbank, welche so viele Anleihen begibt wie nachgefragt werden. Zur Rolle der Zentralbank bei der Begebung von Staatsanleihen siehe Dupont und Sack (1999).

[14]Die Verwendung logarithmierter realer Erträge von Anleihen erfolgt beispielsweise auch durch Anderson et al. (2005), Campbell (1991, 1999), Campbell und Shiller (1988, 1989), Cecchetti et al. (2000), Gruen et al. (2005) und Lee (1995). Es werden zu diesem Zweck jeweils inflationsgeschützte Anleihen betrachtet.

[15]Vgl. dazu Campbell und Shiller (1989), Evans (1991) sowie Lee (1995).

Akteure betrachtet.[16] Die Marktakteure werden in Anlehnung an Brock und Hommes (1997) sowie De Grauwe und Grimaldi (2006a) in zwei Gruppen unterteilt. Es gibt erfahrene und unerfahrene Marktakteure, welche mit den Gewichten w^e und w^u an den Aktienmärkten agieren, wobei $w^e + w^u = 1$ gilt.[17] Entgegen den Ausführungen von Brock und Hommes (1997) sowie De Grauwe und Grimaldi (2006b) wird an dieser Stelle vereinfachend davon ausgegangen, dass die Akteure nicht zwischen den Gruppen wechseln können.

Erfahrene Marktakteure zeichnen sich dadurch aus, dass sie sich an einem Zielwert für den Aktienkurs $\bar{s}$ orientieren, von dem sie annehmen, dass dieser fundamental begründbar ist. Unerfahrene Marktakteure hingegen halten die Durchführung von Fundamentalanalyse zur Prognose der Aktienkursentwicklung für nicht möglich und wenden daher die technische Aktienanalyse an.[18]

Die Erwartungsbildung der erfahrenen und unerfahrenen Akteure erfolgt autoregressiv entsprechend den folgenden Regeln.

$$E_t^e s_{t+1} = s_{t-1} - \psi \cdot (s_{t-1} - \bar{s}) \tag{4.7}$$

$$E_t^u s_{t+1} = s_{t-1} + \beta \cdot (s_{t-1} - s_{t-2}) \tag{4.8}$$

$$E_t^e d_t = \bar{d} \tag{4.9}$$

$$E_t^u d_t = \bar{d} \tag{4.10}$$

Der Paramter ψ bezeichnet entsprechend den Vorgaben von De Grauwe und Grimaldi (2006a) die Effizienz von Arbitrage beziehungsweise die Geschwindigkeit des Abbaus von Aktienkursblasen $b_{t-1} = s_{t-1} - \bar{s}$ durch erfahrene Marktakteure. Der Parameter β gibt hingegen an, wie stark die Kursveränderung der Vorperiode $\hat{s}_{t-1} = s_{t-1} - s_{t-2}$ von den unerfahrenen Akteuren in die Zukunft fortgeschrieben wird. Es wird gemäß den Vorgaben von De Grauwe und Grimaldi (2004) angenommen, dass sowohl die erfahrenen Akteure als auch die unerfahrenen Akteure das Verhalten der jeweils anderen Gruppe in ihrer Erwartungsbildung

[16] Einen sehr guten Literaturüberblick zu Modellen mit heterogenen Agenten gibt beispielsweise Hommes (2006).

[17] Zur Unterteilung von Marktakteuren in verschiedene Gruppen siehe beispielsweise Cutler et al. (1990), Daniel et al. (1998), Frankel und Froot (1990a) sowie Griffin et al. (2009).

[18] Zur Unterscheidung von erfahrenen und unerfahrenen Akteuren und den damit verbundenen Auswirkungen auf Blasen siehe unter anderem die Ausführungen von Brennan (2004), Feng und Seasholes (2005), Greenwood und Nagel (2009), Haruvy et al. (2007), Hong et al. (2008), Hong et al. (2007), List (2003), Seru et al. (2010) sowie Smith et al. (1988).

nicht berücksichtigen.[19] Die Erwartung des Gesamtmarktes über den Aktienkurs $E_t^M s_{t+1}$ und die Dividende $E_t^M d_t$ wird unter der vereinfachenden Annahme $\psi = \beta = 1$ durch die nachfolgenden Gleichungen zusammengefasst.

$$\begin{aligned} E_t^M s_{t+1} &= w^e \cdot E_t^e s_{t+1} + w^u \cdot E_t^u s_{t+1} \\ &= s_{t-1} - w^e \cdot b_{t-1} + w^u \cdot \hat{s}_{t-1} \qquad (4.11) \\ E_t^M d_t &= \bar{d} \qquad (4.12) \end{aligned}$$

Erfahrene Akteure erwarten gemäß Gleichung (4.7), dass der Aktienkurs seinem Zielniveau $\bar{s}$ entspricht und bestehende Aktienkursblasen $b_{t-1} = s_{t-1} - \bar{s}$ abgebaut werden. Aktienkursblasen b_t werden als Abweichungen zwischen dem tatsächlichen Aktienkurs s_t und dem Zielwert $\bar{s}$ modelliert. Es sind folgende Situationen zu unterscheiden.

$$b_t > 0 \text{ positive Blase} \qquad (4.13)$$

$$b_t = 0 \text{ keine Blase} \qquad (4.14)$$

$$b_t < 0 \text{ negative Blase} \qquad (4.15)$$

Unerfahrene Akteure hingegen erwarten gemäß Gleichung (4.8), dass Kursveränderungen der Vorperiode $\hat{s}_{t-1} = s_{t-1} - s_{t-2}$ in die Zukunft fortgeschrieben werden. Gleichung (4.11) beschreibt die Erwartung des Gesamtmarktes über den Aktienkurs in Periode $t+1$ und berücksichtigt die Erwartungen erfahrener und unerfahrener Akteure entsprechend ihrem Anteil an den Gesamtakteuren w^e und w^u. Zur Erwartungsbildung wird nicht der aktuelle Aktienkurs in Periode t, sondern der Aktienkurs aus Periode $t-1$ verwendet, da der Aktienkurs in Periode t das Ergebnis der Erwartungsbildung darstellt.[20]

[19] Durch diese vereinfachende Annahme kann strategisches Verhalten der Akteure ausgeschlossen werden.

[20] Sowohl die Erwartungen der erfahrenen als auch der unerfahrenen Akteure basieren auf Informationen der Vergangenheit und sind somit entgegen den Vorgaben von Campbell und Shiller (1989) nicht rational. Coakley und Fuertes (2006) gehen bei der Abbildung des Aktienkurses ursprünglich auch von rationalen Erwartungen aus, erweitern die Modellierung aber um die Möglichkeit eingeschränkt rationaler Erwartungen.

Gleichung (4.12) beschreibt die Erwartung des Gesamtmarktes über die Dividende in Periode t.[21] Risikoaspekte werden an dieser Stelle nicht berücksichtigt und es wird Risikoneutralität der Akteure unterstellt.

Weiterhin wird angenommen, dass der Aktienkurs durch Schocks ζ_t beeinflusst werden kann, für die Folgendes gilt.

$$\zeta_t = \begin{cases} \epsilon & \text{für } t = \tilde{t} \\ 0 & \text{für } t \neq \tilde{t} \end{cases} \tag{4.16}$$

Der Schock repräsentiert sämtliche Informationen, die zum Zeitpunkt der Erwartungsbildung nicht zur Verfügung standen. Es wird angenommen, dass der Schock den Aktienkurs zum Zeitpunkt $t = \tilde{t}$ einmalig in Höhe von $\zeta_t = \epsilon$ beeinflusst.[22] Unter Berücksichtigung sämtlicher Anpassungen ergibt sich für Gleichung (4.5) der folgende Ausdruck.

$$s_t = \alpha + \rho \cdot (s_{t-1} - w^e \cdot b_{t-1} + w^u \cdot \hat{s}_{t-1}) + (1 - \rho) \cdot \bar{d} - \bar{r}^B + \zeta_t \tag{4.17}$$

Der Zielwert für den Aktienkurs $\bar{s}$ wird auf die gleiche Art ermittelt wie der logarithmierte Aktienkurs s_t. Dabei wird angenommen, dass $\bar{s}$ erreicht wird, wenn ausschließlich erfahrene Akteure am Markt handeln $w^e = 1$ und keine Schocks auftreten $\zeta_t = 0$.

$$\bar{s} = \alpha + \rho \cdot \bar{s} + (1 - \rho) \cdot \bar{d} - \bar{r}^B \tag{4.18}$$

Der hier verwendete Zielwert für den Aktienkurs $\bar{s}$ ist kein fundamentaler Kurs im herkömmlichen Sinne, da die Erwartungen zum Einen nicht rational gebildet werden und zum Anderen von den Akteuren keine klassische Fundamentalanalyse durchgeführt wird.[23]

Für die Bildung der logarithmierten Aktienkursblase b_t gilt unter Berücksich-

---

[21] Es werden entsprechend den Ausführungen von Amilon (2008) sowie Hommes (2006) unabhängig und identisch verteilte Dividenden mit konstantem Mittelwert $\bar{D}$ unterstellt, was entsprechend auch für die hier verwendeten logarithmierten Dividenden $\bar{d} = \ln\left(\bar{D}\right)$ gilt.

[22] Zur Berücksichtigung von Blasen in approximierten log-linearen Aktienkursen vom Campbell und Shiller (1989) Typ siehe entsprechend die Ausführungen von Balke und Wohar (2009), Bohl und Siklos (2004) sowie Coakley und Fuertes (2006).

[23] Entsprechend den Definitionen von Black (1986) und Kyle (1985) ist der fundamentale Aktienkurs der Preis, der sich ergibt, wenn nur rationale Akteure am Markt agieren.

tigung von Gleichung (4.17) und Gleichung (4.18) der folgende Ausdruck.

$$\begin{aligned} b_t &= \alpha + \rho \cdot (s_{t-1} - w^e \cdot b_{t-1} + w^u \cdot \hat{s}_{t-1}) + (1-\rho) \cdot \bar{d} - \bar{r}^B + \zeta_t \\ &\quad - \left(\alpha + \rho \cdot \bar{s} + (1-\rho) \cdot \bar{d} - \bar{r}^B\right) \\ &= \rho \cdot (b_{t-1} - w^e \cdot b_{t-1} + w^u \cdot \hat{s}_{t-1}) + \zeta_t \end{aligned} \tag{4.19}$$

Der Aktienkursschock ζ_t führt entsprechend Gleichung (4.19) zur Entstehung von Blasen. Für die Veränderung der Aktienkursblase $\hat{b}_t = b_t - b_{t-1}$ gilt abschließend Folgendes.

$$\hat{b}_t = \rho \cdot (b_{t-1} - w^e \cdot b_{t-1} + w^u \cdot \hat{s}_{t-1}) - b_{t-1} + \zeta_t \tag{4.20}$$

Gilt $w^e = 1$ und $\zeta_t = 0$, wird die Blase der Vorperiode b_{t-1} vollständig abgebaut und die Veränderung der Blase $\hat{b}_t$ entspricht b_{t-1}.

$$\hat{b}_{t|w^e=1} = -b_{t-1} \tag{4.21}$$

Gilt hingegen $w^u = 1$ und $\zeta_t = 0$, entspricht die Veränderung der Blase dem folgenden Ausdruck.

$$\hat{b}_{t|w^u=1} = -(1-\rho) \cdot b_{t-1} + \rho \cdot \hat{s}_{t-1} \tag{4.22}$$

Die Veränderung der Blase wird durch die bestehende Blase b_{t-1} und die Kursveränderung der Vorperiode $\hat{s}_{t-1}$ beeinflusst. Die Stärke des Einflusses ist von ρ abhängig. Gilt $w^e < 1$ und entsprechend $w^u > 0$, ist das Verhältnis zwischen erfahrenen und unerfahrenen Akteuren für die Entwicklung der Blase $\hat{b}_t$ verantwortlich.[24]

4.2.3 Geldpolitik

Die Geldpolitik hat die Möglichkeit präventiv (*pra*) oder reaktiv (*rea*) zu handeln, beziehungsweise neutral (*neu*) zu verbleiben. Präventives Handeln bedeutet, vor der tatsächlichen Veränderung einer Blase geldpolitisch darauf zu reagieren und die erwarteten Eigenschaften der Blase zu berücksichtigen. Reaktives Handeln hingegen heißt, genau zu dem Zeitpunkt auf Blasen zu reagieren, wenn ein Effekt

[24]Zur Berücksichtigung von Blasen im hier verwendeten Rahmen von Campbell und Shiller (1989) siehe die Ausführungen von Balke und Wohar (2009).

auf die Zielgrößen der Zentralbank (Outputlücke und Inflation) auftritt. Bei neutraler Geldpolitik wird der Zinssatz nicht verändert.[25]

Wie die Zentralbank die Aktienmärkte beeinflusst, welche Effekte Zinsanpassungen auf Outputlücke und Inflation haben, wie der Zins gesetzt wird und wonach die Zentralbank ihre geldpolitische Strategie wählt, sollen die folgenden Ausführungen zeigen.

4.2.3.1 Aktienmärkte

Ausgangspunkt der Betrachtung von Geldpolitik und Aktienkursen ist Gleichung (4.17).

$$s_t = \alpha + \rho \cdot (s_{t-1} - w^e \cdot b_{t-1} + w^u \cdot \hat{s}_{t-1}) + (1 - \rho) \cdot \bar{d} - \bar{r}^B + \zeta_t \qquad (4.23)$$

Die Darstellung zeigt, dass Geldpolitik in der bisherigen Form der Modellierung keinen Einfluss auf den Aktienkurs s_t ausübt.

Entsprechend Hildebrand (2006) beeinflusst die Zentralbank über die Zinssetzung allerdings einerseits den Diskontierungsfaktor im hier verwendeten Dividendendiskontierungsmodell (*DDM*) und andererseits die Erwartungen der Marktakteure über die zukünftigen Erträge und Dividenden. Es wird angenommen, dass die Zentralbank entsprechend den Ausführungen von Ball (1999) und Gruen et al. (2005) den Realzins anpasst, wobei die Zinssetzung ausführlich in Unterabschnitt 4.2.3.3 erläutert wird.

Welche Wirkungen ergeben sich aus der Zinssetzung der Zentralbank auf den Diskontierungsfaktor? Der Diskontierungsfaktor $\bar{r}^B$ beschreibt den logarithmierten realen Ertrag von Anleihen. Es wird unterstellt, dass es sich entsprechend Gruen et al. (2005) um Staatsanleihen mit einer Laufzeit von einem Jahr handelt.[26]

[25] Zur Unterscheidung geldpolitischer Strategien siehe Berger et al. (2007), Bordo und Jeanne (2002b), Gruen et al. (2005), Kohn (2009) sowie Kontonikas und Ioannidis (2005).

[26] Siehe unter anderem die Ausführungen von Campbell und Shiller (1989), Campbell und Vuolteenaho (2004) sowie Cecchetti et al. (2000) zur Bestimmung des Diskontierungsfaktors über die Betrachtung kurzfristiger Staatsschuldtitel.

Weiterhin wird angenommen, dass der logarithmierte reale Ertrag von Anleihen $\bar{r}^B$ dem gleichgewichtigen risikofreien Zins $\bar{r}^f$ entspricht.[27] Es wird zusätzlich unterstellt, dass der gleichgewichtige risikofreie Zins $\bar{r}^f$ dem in der Wirtschaft vorherrschenden gleichgewichtigen Realzins entspricht, welcher im Folgenden mit $\bar{r}$ bezeichnet wird.[28]

Abweichungen des Realzinses r_t^g von seinem gleichgewichtigen Niveau $\bar{r}$ entstehen durch Anpassungen der Zentralbank entsprechend Ball (1999) und Gruen et al. (2005). Für den tatsächlichen Realzins gilt $r_t = \bar{r} + r_t^g$, was entsprechend den vorherigen Ausführungen den logarithmierten realen Erträgen von Anleihen entspricht und somit zu einer Beeinflussung des Diskontierungsfaktors führt. Da die Zentralbank den Zins am Ende einer Periode setzt, wird der Diskontierungsfaktor erst für die Folgeperiode beeinflusst. Für die Bestimmung des Aktienkurses s_t wird folglich r_{t-1} und nicht wie bisher r_t verwendet. Der Aktienkurs kann unter Berücksichtigung des Einflusses der Zentralbank wie folgt geschrieben werden.

$$s_t = \alpha + \rho \cdot (s_{t-1} - w^e \cdot b_{t-1} + w^u \cdot \hat{s}_{t-1}) + (1-\rho) \cdot \bar{d} - r_{t-1} + \zeta_t \tag{4.24}$$

Nimmt der Zins r_{t-1} zu, nimmt die Attraktivität von Aktien ab und der Aktienkurs fällt. Die umgekehrte Argumentation gilt für sinkende Zinsen.

Der Zielwert für den Aktienkurs $\bar{s}$ wird nicht durch Geldpolitik beeinflusst und der logarithmierte Diskontierungsfaktor entspricht dem gleichgewichtigen Realzins $\bar{r}$.

$$\bar{s} = \alpha + \rho \cdot \bar{s} + (1-\rho) \cdot \bar{d} - \bar{r} \tag{4.25}$$

Es ist zu beachten, dass die Zentralbank den kurzfristigen Realzins setzt. Wird dieser allerdings wie hier angenommen über die betrachtete Zeitperiode von einem Jahr konstant gelassen, kann der Realzins gemäß Svensson (1997, 1999) als jährlicher Zins interpretiert werden. Geldpolitik beeinflusst folglich auch die

[27] Diese Annahme impliziert, dass der gleichgewichtige risikofreie Zins $\bar{r}^f$ von der Verzinsung von Anleihen $\bar{R}^B$ abweicht. Die Begründung dafür liegt in der Annahme reinvestierter Erträge, wodurch $\bar{R}^B$ als Effektivzins dargestellt wird. Diese Annahme ist bei der Linearisierung von Aktienkursen entsprechend dem *DDM* das Standardvorgehen, wie die Arbeiten von Ang und Bekaert (2007), Campbell (1991), Campbell et al. (1997), Coakley und Fuertes (2006), Cochrane (2001), Hollifield et al. (2003), Shiller und Campbell (1986) und Wu (1999) zeigen.

[28] Der gleichgewichtige Realzins entspricht seinem langfristigen Niveau und wird als exogen unterstellt. Somit wird auf die Bestimmungsgründe des langfristigen Realzinses nicht explizit eingegangen.

Blase b_t und deren Veränderung $\hat{b}_t$.

$$b_t = \rho \cdot (b_{t-1} - w^e \cdot b_{t-1} + w^u \cdot \hat{s}_{t-1}) - r^g_{t-1} + \zeta_t \quad (4.26)$$
$$\hat{b}_t = \rho \cdot (b_{t-1} - w^e \cdot b_{t-1} + w^u \cdot \hat{s}_{t-1}) - r^g_{t-1} - b_{t-1} + \zeta_t \quad (4.27)$$

Entsprechend den bisherigen Ausführungen hat Geldpolitik neben dem Diskontierungsfaktor keinen weiteren Einfluss auf den Aktienkurs s_t. Allerdings hat die Zentralbank gemäß Hildebrand (2006) auch einen Einfluss auf die Erwartungen der Akteure, was in den bisher verwendeten Erwartungsbildungsregeln von De Grauwe und Grimaldi (2004) und Brock und Hommes (1998) nicht berücksichtigt worden ist.[29]

Im Folgenden werden Zinsanpassungen in die Erwartungsbildung einbezogen. Erfahrene Akteure wissen, dass Zinsänderungen der Zentralbank in Periode $t-1$ den Aktienkurs in Periode t durch die Veränderung des Diskontierungsfaktors beeinflussen werden. Weiterhin ist bekannt, dass Zinsanpassungen in Periode t zu Effekten auf den Aktienkurs in Periode $t+1$ führen werden. Unerfahrene Akteure kennen diese Zusammenhänge hingegen nicht. Erwartungen über zukünftige Zinsanpassungen und deren Effekte auf den zukünftigen Aktienkurs und die zukünftige Dividende werden folglich nur von den erfahrenen Akteuren gebildet.

$$E^M_t s_{t+1} = s_{t-1} - w^e \cdot (b_{t-1} + E^e_t r^g_t) + w^u \cdot \hat{s}_{t-1} \quad (4.28)$$
$$E^M_t d_t = \bar{d} \quad (4.29)$$

Wird ein höherer als der gleichgewichtige Zins $\bar{r}$ erwartet, das heißt $E^e_t r^g_t > 0$, so wird von einer höheren Rendite für Anleihen in Periode $t+1$ ausgegangen, was die Nachfrage nach Aktien senkt und damit zu einem sinkenden Kurs s_{t+1} führt. Die erwartete Dividende $E^M_t d_t$ wird durch die Zinsanpassungen hingegen nicht beeinflusst.

Grundlage zur Bestimmung von $E^e_t r^g_t$ sind die Informationen der Vorperiode $t-1$. Erfahrene Akteure kennen die Blase der Vorperiode b_{t-1} und somit auch die Veränderung $\hat{b}_{t-1}$. Sie wissen, dass sich daraus Effekte auf die erwarteten geld-

[29] Bei Brock und Hommes (1998) sowie De Grauwe und Grimaldi (2004) bestand diese Notwendigkeit nicht, da der Diskontierungszins als konstant angenommen worden ist und Geldpolitik keine Rolle spielte. Dieser Spezialfall entspricht neutraler Geldpolitik in der vorliegenden Modellierung.

politischen Zielgrößen Outputlücke und Inflation ergeben und die Zentralbank entsprechend den Zins r^g_{t-1} angepasst hat.

Treten Abweichungen zwischen tatsächlichem Aktienkurs s_t und Zielkurs $\bar{s}$ auf, wird von den erfahrenen Akteuren erwartet, die entstandene Blase innerhalb einer Periode abbauen zu können. Zinsanpassungen der Zentralbank $r_t \neq \bar{r}$ wären unnötig und würden zur Destabilisierung des Aktienkurses und entsprechend zu Blasen führen. Folglich impliziert $r^g_{t-1} > 0$ für die erfahrenen Akteure einen erwarteten Rückgang von s_t und entsprechend eine erwartete negative Veränderung der Blase $\hat{b}_t < 0$, welche zu einer Zinssenkungserwartung führt. Die erfahrenen Akteure erwarten folglich, dass Zinserhöhungen in Periode $t-1$ Zinssenkungen mit gleicher Höhe in Periode t folgen werden.

$$E^e_t r^g_t = -r^g_{t-1} \tag{4.30}$$

Aufgrund der erwarteten Zinsveränderung der Zentralbank in Periode t steigt der von den erfahrenen Akteuren erwartete Aktienkurs $E^e_t s_{t+1}$.

Die Erwartungen der unerfahrenen Akteure bleiben von Zinsveränderungen unberührt, da sie die tatsächlichen Zusammenhänge zwischen Zinssetzung und Aktienkurs sowie Zinssetzung und Dividende nicht kennen. Die Erwartungsbildung kann wie folgt zusammengefasst werden.

$$E^M_t s_{t+1} = s_{t-1} - w^e \cdot (b_{t-1} - r^g_{t-1}) + w^u \cdot \hat{s}_{t-1} \tag{4.31}$$
$$E^M_t d_t = \bar{d} \tag{4.32}$$

Unter Berücksichtigung der angepassten Erwartungsbildung ergibt sich für Gleichung (4.24) der folgende Ausdruck.

$$s_t = \alpha + \rho \cdot (s_{t-1} - w^e \cdot (b_{t-1} - r^g_{t-1}) + w^u \cdot \hat{s}_{t-1}) + (1-\rho) \cdot \bar{d} - r_{t-1} + \zeta_t \tag{4.33}$$

Für die Bildung der Blase b_t und deren Veränderung $\hat{b}_t$ ergeben sich daraus die folgenden Ausdrücke.

$$b_t = \rho \cdot (b_{t-1} - w^e \cdot (b_{t-1} - r^g_{t-1}) + w^u \cdot \hat{s}_{t-1}) - r^g_{t-1} + \zeta_t \tag{4.34}$$
$$\hat{b}_t = \rho \cdot (b_{t-1} - w^e \cdot (b_{t-1} - r^g_{t-1}) + w^u \cdot \hat{s}_{t-1}) - r^g_{t-1} - b_{t-1} + \zeta_t \tag{4.35}$$

Agieren ausschließlich erfahrene Akteure $w^e = 1$, so führt die Zinsberücksichtigung in den Erwartungen zu einer Verringerung der durch die Zentralbank ausgelösten Verwerfungen an den Finanzmärkten. Einen kompletten Ausgleich der Abweichung zwischen tatsächlichem Aktienkurs und Zielkurs wird bei den hier unterstellten Erwartungen nicht erreicht, weil nur der erwartete Aktienkurs durch die erwartete Zinssetzung beeinflusst wird. Die für Periode t erwartete Dividende wird von der erwarteten Zinssetzung nicht beeinflusst.

$$
\begin{aligned}
s_t &= \alpha + \rho \cdot (\bar{s} + r^g_{t-1}) + (1-\rho) \cdot \bar{d} - r_{t-1} + \zeta_t && (4.36)\\
\bar{s} &= \alpha + \rho \cdot \bar{s} + (1-\rho) \cdot \bar{d} - \bar{r} && (4.37)\\
b_t &= -r_{t-1} + \rho \cdot r^g_{t-1} + \bar{r} + \zeta_t \\
&= -(1-\rho) \cdot r^g_{t-1} + \zeta_t && (4.38)
\end{aligned}
$$

Die erfahrenen Akteure antizipieren somit die Zinssetzung der Zentralbank und gehen davon aus, dass diese reaktiv auf Blasen reagiert. Verhält sich die Zentralbank neutral $r^g_{t-1} = 0$, stabilisiert sich der Aktienmarkt für $\zeta_t = 0$ selbst und es gilt $b_t = 0$. Agieren am Aktienmarkt ausschließlich unerfahrene Akteure $w^e = 0$, dann gelten für den Aktienkurs s_t und die Blase b_t die folgenden Ausdrücke.

$$
\begin{aligned}
s_t &= \alpha + \rho \cdot (s_{t-1} + \hat{s}_{t-1}) + (1-\rho) \cdot \bar{d} - r_{t-1} + \zeta_t && (4.39)\\
\bar{s} &= \alpha + \rho \cdot \bar{s} + (1-\rho) \cdot \bar{d} - \bar{r} && (4.40)\\
b_t &= \rho \cdot (b_{t-1} + \hat{s}_{t-1}) - r^g_{t-1} + \zeta_t && (4.41)
\end{aligned}
$$

Die Kursveränderung der Vorperiode wird in die Zukunft fortgeschrieben und die Blase nimmt zu.

4.2.3.2 Makroökonomische Effekte

Entsprechend dem Modell von Ball (1999) sowie Svensson (1997) wird die Wirtschaft durch die folgenden beiden Gleichungen beschrieben.

$$
\begin{aligned}
y_t &= -\phi \cdot r^g_{t-1} + \lambda \cdot y_{t-1} && (4.42)\\
\pi_t &= \pi_{t-1} + \kappa \cdot y_{t-1} && (4.43)
\end{aligned}
$$

Gleichung (4.42) ist eine dynamische IS-Kurve, wobei y_t die Outputlücke und r_t^g die Abweichung des Realzinses r_t von seinem gleichgewichtigen Niveau $\bar{r}$ darstellt. Die Outputlücke beschreibt entsprechend Svensson (1997) die Abweichung des logarithmierten Outputs von seinem gleichgewichtigen Niveau.

Gleichung (4.43) beschreibt eine Phillips-Kurve, wobei π_t die Abweichung der Inflation von einem Zielniveau $\bar{\pi}$ bezeichnet.[30] Es wird angenommen, dass $\bar{\pi} = 0$ gilt und π_t folglich die tatsächliche Inflation darstellt. Die Inflation π_t wird vom Wert der Vorperiode π_{t-1} sowie der Outputlücke der Vorperiode y_{t-1} bestimmt. Entsprechend den Ausführungen von Svensson (1997) gilt $\pi_t = p_t - p_{t-1}$, wobei p_t das logarithmierte Preisniveau repräsentiert.

Geldpolitik wirkt durch Zinsanpassungen zeitverzögert auf die Outputlücke sowie die Inflation. Es dauert eine Periode, bis die Outputlücke beeinflusst wird und eine weitere Periode, bis die Inflation auf Zinsanpassungen reagiert.[31]

In Periode $t = 0$ befinden sich sowohl der Output als auch die Inflation auf ihren Gleichgewichtswerten und es gilt $y_0 = \pi_0 = 0$.

Das Modell von Ball (1999) wird durch Gruen et al. (2005) wie folgt verändert.

$$y_t = -\phi \cdot r_{t-1}^g + \lambda \cdot y_{t-1} + \triangle a_t \quad (4.44)$$

$$\pi_t = \pi_{t-1} + \kappa \cdot y_{t-1} \quad (4.45)$$

Gruen et al. (2005) erweitern die IS-Kurve um einen Einfluss nicht fundamental begründbarer Finanzmarktbewegungen a_t auf die Outputlücke y_t. Ein direkter Einfluss auf die Inflation wird nicht angenommen. Allerdings wird nicht die gesamte Blase a_t, sondern lediglich deren Änderung $\triangle a_t$ in der IS-Kurve berücksichtigt. Der Grund liegt in der hier unterstellten Struktur des Modells. Da die aktuelle Outputlücke y_t durch die Outputlücke der Vorperiode y_{t-1} bestimmt wird, käme es bei einer Verwendung von a_t an Stelle von $\triangle a_t$ zu einer teilweisen Doppelberücksichtigung der Blase.

Die Auswirkungen der Blase auf die Outputlücke lassen sich wie beschrieben durch den Vermögenseffekt und den Kapitalkosteneffekt erklären. Platzt die Blase, sinkt das Vermögen der privaten Haushalte und die Nachfrage nach Konsumgütern geht zurück.

[30] Ball (1999) konkretisiert die Phillips-Kurve als „accelerationist Phillips curve".

[31] Diese Struktur repräsentiert das Ergebnis von McCallum (1995), wonach die Geldpolitik den Output schneller beeinflusst als die Inflation.

Die Kapitalkosten der Unternehmen steigen an und die Investitionsgüternachfrage sinkt. Da Gruen et al. (2005) exogene Blasen annehmen, wird im Folgenden das Konzept von modellendogenen Aktienkursblasen betrachtet. Unter Berücksichtigung der Notation aus Abschnitt 4.2.2 wird a_t durch b_t und $\triangle a_t$ durch $\hat{b}_t$ ersetzt. Daraus ergeben sich für die Darstellung der makroökonomischen Auswirkungen von Aktienkursblasen die folgenden Gleichungen.

$$y_t = -\phi \cdot r_{t-1}^g + \lambda \cdot y_{t-1} + \gamma \cdot \hat{b}_t \tag{4.46}$$

$$\pi_t = \pi_{t-1} + \kappa \cdot y_{t-1} \tag{4.47}$$

$$\hat{b}_t = \rho \cdot (b_{t-1} - w^e \cdot (b_{t-1} - r_{t-1}^g) + w^u \cdot \hat{s}_{t-1}) - r_{t-1}^g - b_{t-1} + \zeta_t \tag{4.48}$$

Die Parameter ϕ, λ und γ stellen Konstanten dar, wobei γ zusätzlich zur Modellierung von Gruen et al. (2005) eingeführt worden ist. Es gilt $0 \leq \phi \leq 1$, $0 \leq \lambda \leq 1$ sowie $0 \leq \gamma \leq 1$. Der Parameter κ bestimmt den Einfluss von y_{t-1} auf π_t und es gilt $0 \leq \kappa \leq 1$.

Die Gleichungen (4.46) - (4.48) sind wie folgt zu interpretieren. Im Modellgleichgewicht bestehen keine Abweichungen des Outputs und der Inflation von den entsprechenden Zielwerten und Blasen treten nicht auf. Eine geldpolitische Zinsanpassung ist nicht notwendig und es gilt $r_t = \bar{r}$.

$$y_t = \pi_t = \hat{b}_t = 0 \tag{4.49}$$

Tritt hingegen ein Aktienkursschock ζ_t auf, gelten für die Outputlücke, die Inflation und die Veränderung der Blase folgende Ausdrücke.

$$y_t = \gamma \cdot \hat{b}_t \tag{4.50}$$

$$\pi_t = 0 \tag{4.51}$$

$$\hat{b}_t = \zeta_t \tag{4.52}$$

Die Blase verändert sich genau in der Höhe des aufgetretenen Schocks und der Output weicht für $\gamma > 0$ von seinem gleichgewichtigen Niveau ab. Eine Outputlücke entsteht. Die Inflation wird in der Periode des Auftretens des Schocks aufgrund der in diesem Modell unterstellten Verzögerungen nicht betroffen. Weiterhin hat die Geldpolitik zum Zeitpunkt des Auftretens des Schocks keinen Einfluss auf die Veränderung der Blase oder die makroökonomischen Zielgrößen.

Sie nimmt folglich keinen Einfluss auf den Primäreffekt des Schocks. Weiterhin sind die Anteile der Marktakteure w^e und w^u an den Gesamtakteuren für den Primäreffekt irrelevant. Der Effekt des Schocks ζ_t auf die Veränderung der Blase $\hat{b}_t$ ist von den Gewichtungen der Akteure unabhängig. Die Zusammensetzung der Marktakteure und die Geldpolitik beeinflussen folglich ausschließlich die Dynamik der Blase nach dem Schock.

4.2.3.3 Zinssetzung

Entsprechend dem Modell von Ball (1999) wird unterstellt, dass die Geldpolitik anstatt der nominalen die realen Zinssätze r_t beeinflussen kann, wobei $r_t = \bar{r} + r_t^g$ gilt. Ball (1999) begründet diese Annahme damit, dass die Zentralbank in der Realität zwar die nominalen Zinsen setzt, aber unter Berücksichtigung der Inflation ein bestimmtes Niveau des Realzinses anstreben kann. Führt die Zentralbank keine Geldpolitik über das Zinsinstrument durch, befindet sich der Realzins auf seinem gleichgewichtigen Niveau $r_t = \bar{r}$ und es gilt $r_t^g = 0$. Es wird weiterhin angenommen, dass die Geldpolitik vor der Zinssetzung in Periode t die Blase b_t beobachten kann. Dies setzt eine mögliche Identifikation voraus.[32]

Aufgrund der unterstellten Verzögerungen in diesem Modell hat eine Zinsanpassung in Periode t erst in Periode $t+1$ einen Einfluss auf die Outputlücke und in Periode $t+2$ einen Einfluss auf die Inflation. Das zu lösende dynamische Optimierungsproblem der Zentralbank kann wie folgt formuliert werden.

$$\min_{r_t^g} E_t \sum_{j=1}^{\infty} \delta^j \cdot L(\pi_{t+j},\, y_{t+j}) \tag{4.53}$$

Ziel ist es, eine Folge von Zinssätzen r_t^g so zu wählen, dass die erwarteten periodischen Nutzenverluste $E_t L_{t+j}$ minimiert werden. Diese sind von der Inflation π_t und der Outputlücke y_t abhängig und werden mit δ auf den heutigen Zeitpunkt abdiskontiert, wobei $0 < \delta < 1$ gilt.[33] Die Gewichtung der Outputlücke in der Nutzenverlustfunktion erfolgt mit μ, wobei $0 \leq \mu < \infty$ gilt. Unter

[32] Wie die Identifikation erfolgt, wird von Ball (1999) und Gruen et al. (2005) nicht näher erläutert.

[33] Es werden ausschließlich die Nutzenverluste berücksichtigt, auf die die Zentralbank aufgrund der hier unterstellten Struktur einen Einfluss ausübt. Aus diesem Grund gilt $j = 1, \ldots, \infty$ und nicht wie von Svensson (1997) vorgegeben $j = 0, \ldots, \infty$.

Berücksichtigung von

$$L(\pi_{t+1}, y_{t+1}) = \pi_{t+1}^2 + \mu \cdot y_{t+1}^2 \tag{4.54}$$

$$\begin{aligned} y_{t+1} &= -\phi \cdot r_t^g + \lambda \cdot y_t + \gamma \cdot \hat{b}_{t+1} && (4.55)\\ \pi_{t+1} &= \pi_t + \kappa \cdot y_t && (4.56) \end{aligned}$$

beziehungsweise

$$\begin{aligned} E_t\pi_{t+2} &= \pi_{t+1} + \kappa \cdot E_t y_{t+1} && (4.57)\\ E_t y_{t+1} &= -\phi \cdot r_t^g + \lambda \cdot y_t + \gamma \cdot E_t\hat{b}_{t+1} && (4.58) \end{aligned}$$

erhält man die optimale Zinsregel der Zentralbank.

$$r_t^g = f_1 \cdot y_t + f_2 \cdot \pi_t + f_3 \cdot E_t\hat{b}_{t+1} \tag{4.59}$$

$$\begin{aligned} \Omega &= \frac{1}{2} \cdot \left(\left(1 - \frac{(1-\delta)\cdot\mu}{\delta\cdot\kappa^2}\right) + \sqrt{\left(1 + \frac{(1-\delta)\cdot\mu}{\delta\cdot\kappa^2}\right)^2 + \frac{4\cdot\mu}{\kappa^2}} \right) && (4.60)\\ f_1 &= \frac{1}{\phi} \cdot \left(\lambda + 1 - \frac{\mu}{\mu + \delta\cdot\Omega\cdot\kappa^2}\right) && (4.61)\\ f_2 &= \frac{1}{\phi} \cdot \left(\frac{\delta\cdot\Omega\cdot\kappa}{\mu + \delta\cdot\Omega\cdot\kappa^2}\right) && (4.62)\\ f_3 &= \frac{\gamma}{\phi} && (4.63) \end{aligned}$$

Die Unterscheidung zwischen präventiver und reaktiver Geldpolitik ergibt sich formal durch die Annahme über $E_t\hat{b}_{t+1}$. Bei reaktiver Geldpolitik gilt stets $E_t^{rea}\hat{b}_{t+1} = 0$, was bei präventiver Geldpolitik nicht der Fall ist. Unter Berücksichtigung von Gleichung (4.48) und Bildung der Erwartungen gilt für die erwartete Veränderung der Aktienkursblase bei präventiver Geldpolitik $E_t^{pra}\hat{b}_{t+1}$

der folgende Ausdruck.[34]

$$E_t^{pra}\hat{b}_{t+1} = \rho \cdot (b_t - E_t^{pra}w^e \cdot (b_t - r_t^g) + E_t^{pra}w^u \cdot \hat{s}_t) - r_t^g - b_t \qquad (4.64)$$

Es ergeben sich die folgenden geldpolitischen Regeln.

$$r_t^{g,pra} = f_1 \cdot y_t + f_2 \cdot \pi_t + f_3 \cdot E_t^{pra}\hat{b}_{t+1} \qquad (4.65)$$

$$r_t^{g,rea} = f_1 \cdot y_t + f_2 \cdot \pi_t \qquad (4.66)$$

$$r_t^{g,neu} = 0 \qquad (4.67)$$

Der Zins $r_t^{g,pra}$ ist bei präventiver Geldpolitik gemäß Gleichung (4.65) abhängig von der aktuellen Outputlücke y_t, der aktuell bestehenden Inflation π_t und der erwarteten Veränderung der Blase $E_t^{pra}\hat{b}_{t+1}$. Bei reaktiver Geldpolitik wird der Zins $r_t^{g,rea}$ gemäß Gleichung (4.66) ebenfalls durch die aktuelle Outputlücke y_t sowie die aktuelle Inflation π_t bestimmt, wobei zukünftige Entwicklungen der Blase nicht berücksichtigt werden. Neutrale Geldpolitik führt entsprechend Gleichung (4.67) zu keinerlei Anpassungen des Zinses $r_t^{g,neu}$. Die Reaktionsparameter f_1, f_2 und f_3 werden durch die Lösung des dynamischen Optimierungsproblems bestimmt.[35]

Befindet sich der logarithmierte Output auf seinem gleichgewichtigen Niveau $y_t = 0$ und gilt für die Inflation $\pi_t = 0$ sowie für die erwartete Veränderung der Blase $E_t^{pra}\hat{b}_{t+1} = 0$, dann gibt es keinerlei Unterschiede in der Zinssetzung bei präventiver, reaktiver und neutraler Geldpolitik.

4.2.3.4 Strategievergleich

Wovon ist es abhängig, welche geldpolitische Strategie die Zentralbank anwendet? Sie vergleicht zum Zeitpunkt des Auftretens des Schocks ζ_t den erwarteten Gesamtnutzenverlust $E_t^l LS_t$ bei präventiver, reaktiver und neutraler Geldpolitik mit $l = pra,\ rea,\ neu$ und wählt die Strategie mit dem geringsten Wert.

$$E_t^l LS_t = E_t^l \sum_{j=1}^{\infty} \delta^j \cdot L\left(\pi_{t+j},\ y_{t+j}\right) \qquad (4.68)$$

[34] Die sich im Rahmen der Zinssetzung bei präventiver Geldpolitik ergebenden Besonderheiten werden in A.2 näher erläutert.

[35] Die genaue Bestimmung der Zinsregel erfolgt in A.1, die Ermittlung des Sammelparameters Ω in A.3 und der Nachweis der Nichtnegativität der Reaktionsparameter in A.4.

Es werden die erwarteten periodischen Nutzenverluste $E_t^l L_{t+j} = E_t^l L(\pi_{t+j}, y_{t+j})$ mit $j = 1, \ldots, \infty$ kumuliert und mit δ^j abdiskontiert. Die periodischen Nutzenverluste L_{t+j}^l sind wie folgt zu ermitteln.

$$L_{t+j}^l = \left(\pi_{t+j}^l\right)^2 + \mu \cdot \left(y_{t+j}^l\right)^2 \tag{4.69}$$

Der periodenbezogene Nutzenverlust L_{t+j}^l wird durch die tatsächliche Inflation π_{t+j}^l sowie die tatsächliche Outputlücke y_{t+j}^l bestimmt, wobei die tatsächlichen Werte in erwartete Werte für die Inflation $E_{t+j-2}^l \pi_{t+j}$ und die Outputlücke $E_{t+j-1}^l y_{t+j}$ sowie Erwartungsirrtümer über die Inflation $EI_{t+j}^l \pi_{t+j}$ und die Outputlücke $EI_{t+j}^l y_{t+j}$ zerlegt werden können.

Diese sind bei präventiver und reaktiver Geldpolitik auf unterschiedliche Erwartungen über die Entwicklung der Blase zurückzuführen.

$$\begin{aligned} E_{t+j-1}^{pra} \hat{b}_{t+j} &= \rho \cdot \left(b_{t+j-1} - E_t^{pra} w^e \cdot \left(b_{t+j-1} - r_{t+j-1}^{g,pra}\right) + E_t^{pra} w^u \cdot \hat{s}_{t+j-1}\right) \\ &\quad - r_{t+j-1}^{g,pra} - b_{t+j-1} \end{aligned} \tag{4.70}$$

$$E_{t+j-1}^{rea} \hat{b}_{t+j} = 0 \tag{4.71}$$

Die erwartete Veränderung der Blase bei präventiver Geldpolitik $E_{t+j-1}^{pra} \hat{b}_{t+j}$ wird durch die Blase, die Zinssetzung und die Veränderung des Aktienkurses zum Zeitpunkt der Erwartungsbildung bestimmt. Darüber hinaus bildet die Zentralbank Erwartungen über das Gewicht der erfahrenen Akteure $E_t^{pra} w^e$ und der unerfahrenen Akteure $E_t^{pra} w^u$.[36] Entsprechend den Vorgaben von Gruen et al. (2005) nimmt reaktive Geldpolitik effiziente Märkte an, weshalb keine Änderungen von Blasen $E_{t+j-1}^{rea} \hat{b}_{t+j}$ erwartet werden. Sämtliche Abweichungen des Aktienkurses von seinem Zielniveau werden als zufällig betrachtet.

Ziel ist im Folgenden die Darstellung des periodischen Nutzenverlustes in Abhängigkeit von Erwartungsirrtümern über die Entwicklung der Blase $EI_{t+j} \hat{b}_{t+j} = \hat{b}_{t+j} - E_{t+j-1} \hat{b}_{t+j}$ bei der Anwendung präventiver und reaktiver Geldpolitik.

$$EI_{t+j}^{pra} \hat{b}_{t+j} = -\rho \cdot \left(w^e - E_t^{pra} w^e\right) \cdot \left(b_{t+j-1} - r_{t+j-1}^{g,pra} + \hat{s}_{t+j-1}\right) \tag{4.72}$$

$$EI_{t+j}^{rea} \hat{b}_{t+j} = \hat{b}_{t+j} \tag{4.73}$$

[36] Im Folgenden wird angenommen, dass die Zentralbank sich aufgrund von $w^e + w^u = 1$ ausschließlich Erwartungen über die Gewichtung der erfahrenen Akteure $E_t^{pra} w^e$ bildet.

Erwartungsirrtümer entstehen bei präventiver Geldpolitik entsprechend Gleichung (4.72), wenn die Gewichte der erfahrenen Akteure w^e falsch eingeschätzt werden und $w^e \neq E_t^{pra} w^e$ gilt. Bei reaktiver Geldpolitik entstehen Erwartungsirrtümer über die Veränderung von Blasen nach Gleichung (4.73), wenn $\hat{b}_{t+j} \neq 0$ gilt. Die Veränderung der Blase wird dabei gemäß Gleichung (4.48) durch das Verhältnis erfahrener Akteure w^e und unerfahrener Akteure w^u bestimmt.

Die Gewichte der Marktakteure w^e und w^u werden im Folgenden als konstant unterstellt und ein Wechsel der Akteure zwischen den Gruppen wird zur Vereinfachung nicht berücksichtigt.

Zum Zeitpunkt des Auftretens einer Blase $t = \tilde{t}$ aufgrund des Schocks ζ_t sind der Zentralbank die Gewichtungen der Akteure nicht bekannt. Zur Bestimmung der erwarteten Entwicklung der Blase bei präventiver Geldpolitik werden Erwartungen über die Gewichtung der erfahrenen Akteure $E_t^{pra} w^e$ gebildet. Zum Zeitpunkt $t+1$ sind die tatsächlichen Gewichte der Akteure bekannt und es gilt $E_t^{pra} w^e = w^e$. Es wird unterstellt, dass die Zentralbank die Gewichtungen innerhalb einer Periode lernt.[37]

$$E_t^{pra} w^e = \begin{cases} E_t^{pra} w^e & \text{für } t \leq \tilde{t} \\ w^e & \text{für } t > \tilde{t} \end{cases} \tag{4.74}$$

Die Erwartungsirrtümer über die Entwicklung der Blase beeinflussen die Erwartungsirrtümer über Inflation und Output sowie den periodischen Nutzenverlust wie folgt.

$$EI_{t+j}^{pra} \pi_{t+j} = \kappa \cdot \gamma \cdot \left(\hat{b}_{t+j-1} - E_{t+j-2}^{pra} \hat{b}_{t+j-1} \right) \tag{4.75}$$

$$EI_{t+j}^{rea} \pi_{t+j} = \kappa \cdot \gamma \cdot \hat{b}_{t+j-1} \tag{4.76}$$

$$EI_{t+j}^{neu} \pi_{t+j} = \pi_{t+j} - E_{t+j-2}^{neu} \pi_{t+j} \tag{4.77}$$

$$EI_{t+j}^{pra} y_{t+j} = \gamma \cdot \left(\hat{b}_{t+j} - E_{t+j-1}^{pra} \hat{b}_{t+j} \right) \tag{4.78}$$

$$EI_{t+j}^{rea} y_{t+j} = \gamma \cdot \hat{b}_{t+j} \tag{4.79}$$

$$EI_{t+j}^{neu} y_{t+j} = y_{t+j} - E_{t+j-1}^{neu} y_{t+j} \tag{4.80}$$

[37]In der Literatur wird das Thema Zentralbank und Lernen sehr vielfältig diskutiert. Vgl. dazu unter anderem die Arbeiten von Bertocchi und Spagat (1993), Ellison und Valla (2001), Tesfaselassie (2008) sowie Wieland (2000).

Während die Erwartungsirrtümer über die Entwicklung der Blase bei präventiver und reaktiver Geldpolitik die Inflation und die Outputlücke direkt beeinflussen, sind sie bei neutraler Geldpolitik irrelevant. Abschließend können die periodischen Nutzenverluste

$$L_{t+j}^{l} = \left(E_{t+j-2}^{l}\pi_{t+j} + EI_{t+j}^{l}\pi_{t+j}\right)^2 + \mu \cdot \left(E_{t+j-1}^{l}y_{t+j} + EI_{t+j}^{l}y_{t+j}\right)^2 \tag{4.81}$$

unter Berücksichtigung der Erwartungsirrtümer über die Entwicklung der Blase in Abhängigkeit von der angewendeten geldpolitischen Strategie wie folgt dargestellt werden.[38]

$$\begin{aligned} L_{t+j}^{pra} &= \left(E_{t+j-2}^{pra}\pi_{t+j} + \kappa \cdot \gamma \cdot \left(\hat{b}_{t+j-1} - E_{t+j-2}^{pra}\hat{b}_{t+j-1}\right)\right)^2 \\ &\quad + \mu \cdot \left(E_{t+j-1}^{pra}y_{t+j} + \gamma \cdot \left(\hat{b}_{t+j} - E_{t+j-1}^{pra}\hat{b}_{t+j}\right)\right)^2 \end{aligned} \tag{4.82}$$

$$\begin{aligned} L_{t+j}^{rea} &= \left(E_{t+j-2}^{rea}\pi_{t+j} + \kappa \cdot \gamma \cdot \hat{b}_{t+j-1}\right)^2 \\ &\quad + \mu \cdot \left(E_{t+j-1}^{rea}y_{t+j} + \gamma \cdot \hat{b}_{t+j}\right)^2 \end{aligned} \tag{4.83}$$

$$\begin{aligned} L_{t+j}^{neu} &= \left(\pi_{t+j-1} + \kappa \cdot \left(\lambda \cdot y_{t+j-2} + \gamma \cdot \hat{b}_{t+j-1}\right)\right)^2 \\ &\quad + \mu \cdot \left(\lambda \cdot y_{t+j-1} + \gamma \cdot \hat{b}_{t+j}\right)^2 \end{aligned} \tag{4.84}$$

Aufgrund der Abhängigkeit des periodischen Nutzenverlustes bei präventiver Geldpolitik L_{t+j}^{pra} von der tatsächlichen und erwarteten Veränderung der Blase, besteht eine Abhängigkeit vom tatsächlichen Gewicht der erfahrenen Akteure w^e und dem erwarteten Gewicht $E_t w^e$, wie Gleichung (4.72) zeigt.

Die periodischen Nutzenverluste bei reaktiver Geldpolitik L_{t+j}^{rea} und neutraler Geldpolitik L_{t+j}^{neu} sind hingegen nur von der tatsächlichen Veränderung der Blase abhängig und damit vom tatsächlichen Gewicht der erfahrenen Akteure w^e.

Zur Ermittlung der erwarteten Gesamtnutzenverluste $E_t^l LS_t$ werden die periodischen Nutzenverluste L_{t+j}^l für sämtliche möglichen Gewichtungen w^e simuliert und im Folgenden mit L_{t+j}^{l*} bezeichnet. Es ist zu unterscheiden, ob die Simulationen unter der Annahme eines festen Wertes für die Gewichtung der erfahrenen

[38] Zur einperiodigen Darstellung der Nutzenverluste in Abhängigkeit von Erwartungsirrtümern bei präventiver, reaktiver und neutraler Geldpolitik siehe die Ausführungen in A.5.

Akteure $E_t\bar{w}^e$ durchgeführt werden oder für sämtliche möglichen Kombinationen aus w^e und $E_t w^e$. Durch die Simulationen der periodischen Nutzenverluste $L_{t+j}^{l^*}$ werden die entsprechenden simulierten Gesamtnutzenverluste ermittelt, welche mit $LS_t^{l^*}$ bezeichnet werden. Die Erwartungswerte für die Gesamtnutzenverluste bei präventiver, reaktiver und neutraler Geldpolitik werden dann über die Durchschnittsbildung der simulierten Gesamtnutzenverluste $LS_t^{l^*}$ ermittelt und mit $E_t^l LS_t^*$ bezeichnet.

Werden die Simulationen unter der Annahme eines festen Wertes für $E_t\bar{w}^e$ durchgeführt, gilt für die Anzahl der zu simulierenden periodischen Nutzenverluste aufgrund von $0 \leq w^e \leq 1$ und $w_i^e = \frac{i-1}{100}$ mit $i = 1, \ldots, m$ folglich $m = 101$. Es wird angenommen, dass w^e in Schritten von einem Prozent variiert wird und zwischen null und eins gleichverteilt ist.

Die simulierten Nutzenverluste $L_{t+j}^{l^*}$ können wie folgt als simulierte Gesamtnutzenverluste $LS_t^{l^*}$ mit $t = \tilde{t}$ dargestellt werden.

$$LS_t^{pra^*}(E_t\bar{w}^e,\, w_i^e) = \sum_{j=1}^{\infty} \delta^j \cdot L_{t+j}^{pra^*}(E_t\bar{w}^e,\, w_i^e) \tag{4.85}$$

$$LS_t^{rea^*}(w_i^e) = \sum_{j=1}^{\infty} \delta^j \cdot L_{t+j}^{rea^*}(w_i^e) \tag{4.86}$$

$$LS_t^{neu^*}(w_i^e) = \sum_{j=1}^{\infty} \delta^j \cdot L_{t+j}^{neu^*}(w_i^e) \tag{4.87}$$

Die Zentralbank kann für jede mögliche Kombination $E_t\bar{w}^e$ und w^e den simulierten Nutzenverlust ermitteln und für präventive, reaktive und neutrale Geldpolitik vergleichen. Der erwartete gesamte Nutzenverlust $E_t^l LS_t^*$ über alle betrachteten Kombinationen von w^e und eines bestimmten Wertes für $E_t\bar{w}^e$ kann wie folgt dargestellt werden.

$$E_t^{pra} LS_t^*(E_t\bar{w}^e) = \frac{1}{m} \cdot \left(\sum_{i=1}^{m} \sum_{j=1}^{\infty} \delta^j \cdot L_{t+j}^{pra^*}\left(E_t\bar{w}^e,\, w_i^e\right) \right) \tag{4.88}$$

$$E_t^{rea} LS_t^* = \frac{1}{m} \cdot \left(\sum_{i=1}^{m} \sum_{j=1}^{\infty} \delta^j \cdot L_{t+j}^{rea^*}\left(w_i^e\right) \right) \tag{4.89}$$

$$E_t^{neu} LS_t^* = \frac{1}{m} \cdot \left(\sum_{i=1}^{m} \sum_{j=1}^{\infty} \delta^j \cdot L_{t+j}^{neu^*}\left(w_i^e\right) \right) \tag{4.90}$$

Der Vergleich präventiver, reaktiver und neutraler Geldpolitik gibt in diesem Fall an, wie hoch der jeweils erwartete gesamte Nutzenverlust ist, wenn sämtliche möglichen Ausprägungen von w^e unter Annahme eines festen $E_t\bar{w}^e$ in der Simulation berücksichtigt werden.

Wird von der Annahme $E_t\bar{w}^e$ abstrahiert, sind die Simulationen für sämtliche Kombinationen aus E_tw^e mit $0 \leq E_tw^e \leq 1$ sowie w^e mit $0 \leq w^e \leq 1$ durchzuführen. Für die Simulationen gilt $w_i^e = \frac{i-1}{100}$ mit $i = 1, \ldots, m$ und $E_tw_k^e = \frac{k-1}{100}$ mit $k = 1, \ldots, m$. Es wird angenommen, dass E_tw^e und w^e jeweils in Schritten von einem Prozent variiert werden und gleichverteilt sind.

$$E_t^{pra}LS_t^* = \frac{1}{m^2} \cdot \left(\sum_{k=1}^{m} \sum_{i=1}^{m} \sum_{j=1}^{\infty} \delta^j \cdot L_{t+j}^{pra^*}\left(E_tw_k^e, w_i^e\right) \right) \tag{4.91}$$

Der erwartete gesamte Nutzenverlust bei reaktiver Geldpolitik $E_t^{rea}LS_t^*$ und neutraler Geldpolitik $E_t^{neu}LS_t^*$ ist im Gegensatz zu $E_t^{pra}LS_t^*$ von E_tw^e unabhängig, weshalb keine Anpassungen von Gleichung (4.89) und Gleichung (4.90) notwendig sind. Der Vergleich präventiver, reaktiver und neutraler Geldpolitik gibt in diesem Fall an, wie hoch der jeweils erwartete gesamte Nutzenverlust ist, wenn sämtliche Kombinationen von E_tw^e und w^e in der Simulation berücksichtigt werden.

4.3 Makroökonomisches Modell

Im Folgenden wird das komplette makroökonomische Modell dargestellt und die wichtigsten Aspekte noch einmal erläutert. Die Gleichungen (4.92) - (4.102) beschreiben die Dynamik des Modells und die Gleichungen (4.103) - (4.108) zeigen die Bewertung der einzelnen geldpolitischen Strategien.

$$
\begin{aligned}
\pi_t &= \pi_{t-1} + \kappa \cdot y_{t-1} && (4.92)\\
y_t &= -\phi \cdot r_{t-1}^{g,l} + \lambda \cdot y_{t-1} + \gamma \cdot \hat{b}_t && (4.93)\\
\hat{b}_t &= \rho \cdot (b_{t-1} - w^e \cdot (b_{t-1} - r_{t-1}^{g,l}) + w^u \cdot \hat{s}_{t-1}) - r_{t-1}^{g,l} \\
&\quad -b_{t-1} + \zeta_t && (4.94)\\
b_t &= s_t - \bar{s} && (4.95)\\
s_t &= \alpha + \rho \cdot (s_{t-1} - w^e \cdot (b_{t-1} - r_{t-1}^{g,l}) + w^u \cdot \hat{s}_{t-1}) \\
&\quad +(1-\rho) \cdot \bar{d} - r_{t-1}^{l} + \zeta_t && (4.96)\\
\hat{s}_t &= s_t - s_{t-1} && (4.97)\\
r_t^l &= r_t^{g,l} + \bar{r} && (4.98)
\end{aligned}
$$

Die Zinssetzung bei neutraler, reaktiver und präventiver Geldpolitik $r_t^{g,l}$ mit $l = neu,\ rea,\ pra$ wird wie folgt durchgeführt.

$$
\begin{aligned}
r_t^{g,neu} &= 0 && (4.99)\\
r_t^{g,rea} &= f_1 \cdot y_t + f_2 \cdot \pi_t && (4.100)\\
r_t^{g,pra} &= f_1 \cdot y_t + f_2 \cdot \pi_t + f_3 \cdot E_t^{pra} \hat{b}_{t+1} && (4.101)\\
E_t^{pra} \hat{b}_{t+1} &= \rho \cdot (b_t - E_t^{pra} w^e \cdot (b_t - r_t^{g,pra}) + E_t^{pra} w^u \cdot \hat{s}_t) \\
&\quad -r_t^{g,pra} - b_t && (4.102)
\end{aligned}
$$

Die Bewertungen zur Auswahl der optimalen geldpolitischen Strategie werden mit Hilfe der folgenden Gleichungen vorgenommen.

$$
\begin{aligned}
E_t^{neu} LS_t^* &= \frac{1}{m} \cdot \left(\sum_{i=1}^{m} \sum_{j=1}^{\infty} \delta^j \cdot L_{t+j}^{neu^*} (w_i^e) \right) && (4.103)\\
E_t^{rea} LS_t^* &= \frac{1}{m} \cdot \left(\sum_{i=1}^{m} \sum_{j=1}^{\infty} \delta^j \cdot L_{t+j}^{rea^*} (w_i^e) \right) && (4.104)\\
E_t^{pra} LS_t^* &= \frac{1}{m^2} \cdot \left(\sum_{k=1}^{m} \sum_{i=1}^{m} \sum_{j=1}^{\infty} \delta^j \cdot L_{t+j}^{pra^*} (E_t w_k^e,\ w_i^e) \right) && (4.105)
\end{aligned}
$$

Die simulierten periodischen Nutzenverluste L_{t+j}^{l*} zur Bestimmung der erwarteten Gesamtnutzenverluste in den Gleichungen (4.103) - (4.105) werden in Abhängigkeit von der tatsächlichen Veränderung der Blase und der erwarteten

Veränderung der Blase abschließend wie folgt formuliert.

$$\begin{aligned} L_{t+j}^{neu^*} &= \left(\pi_{t+j-1} + \kappa \cdot \left(\lambda \cdot y_{t+j-2} + \gamma \cdot \hat{b}_{t+j-1}\right)\right)^2 \\ &\quad + \mu \cdot \left(\lambda \cdot y_{t+j-1} + \gamma \cdot \hat{b}_{t+j}\right)^2 \qquad (4.106) \\ L_{t+j}^{rea^*} &= \left(E_{t+j-2}^{rea}\pi_{t+j} + \kappa \cdot \gamma \cdot \left(\hat{b}_{t+j-1}\right)\right)^2 \\ &\quad + \mu \cdot \left(E_{t+j-1}^{rea} y_t + \gamma \cdot \left(\hat{b}_{t+j}\right)\right)^2 \qquad (4.107) \\ L_{t+j}^{pra^*} &= \left(E_{t+j-2}^{pra}\pi_{t+j} + \kappa \cdot \gamma \cdot \left(\hat{b}_{t+j-1} - E_{t+j-2}^{pra}\hat{b}_{t+j-1}\right)\right)^2 \\ &\quad + \mu \cdot \left(E_{t+j-1}^{pra} y_{t+j} + \gamma \cdot \left(\hat{b}_{t+j} - E_{t+j-1}^{pra}\hat{b}_{t+j}\right)\right)^2 \qquad (4.108) \end{aligned}$$

Das Modellgleichgewicht ist wie folgt charakterisiert. Es treten keine Schocks auf $\zeta_t = 0$. Der Primäreffekt zur Bildung von Blasen entsteht nicht und der tatsächliche Aktienkurs s_t weicht nicht von seinem Zielwert $\bar{s} = 0$ ab. Es bilden sich keine Blasen und es gilt $b_t = \hat{b}_t = 0$. Es entstehen keine makroökonomischen Verwerfungen. Die Inflation bleibt auf ihrem Zielwert, eine Outputlücke entsteht nicht und es gilt $\pi_t = y_t = 0$. Eine Zinsanpassung ist nicht notwendig und es gilt $r_t^{g,l} = 0$. Der Zins entspricht seinem gleichgewichtigen Niveau $r_t^l = \bar{r}$. Da keine Verwerfungen bei Outputlücke und Inflation auftreten, gilt für die simulierten periodischen Nutzenverluste $L_{t+j}^{l^*} = 0$ und somit für die erwarteten Gesamtnutzenverluste der folgende Ausdruck.

$$E_t^{neu} LS_t^* = E_t^{rea} LS_t^* = E_t^{pra} LS_t^* = 0 \qquad (4.109)$$

Im Gleichgewicht führen neutrale, reaktive und präventive Geldpolitik zum gleichen erwarteten Gesamtnutzenverlust $E_t^l LS_t^*$ und Unterschiede zwischen den geldpolitischen Strategien entstehen nicht.

Exogene Größen in dieser Modellierung sind der Aktienkursschock ζ_t, der Zielwert für den Aktienkurs $\bar{s}$, die Gewichtungen der erfahrenen und unerfahrenen Akteure w^e und w^u, die gleichgewichtige Dividende $\bar{d}$ sowie der gleichgewichtige Realzins $\bar{r}$.[39] Endogen bestimmt werden der Aktienkurs s_t und deren Veränderung $\hat{s}_t$, die Blase b_t und deren Veränderung $\hat{b}_t$, die Inflation π_t, die Outputlücke

[39] Siehe zur numerischen Bestimmung von $\bar{d}$ die Ausführungen in Anhang B sowie zur Bestimmung des gleichgewichtigen Realzinses $\bar{r}$ die Ausführungen in Abschnitt 5.1.

y_t sowie die Zinssetzung bei reaktiver Geldpolitik $r_t^{g,rea}$ und präventiver Geldpolitik $r_t^{g,pra}$. Weiterhin werden die für die Bewertung der geldpolitischen Strategien ermittelten simulierten periodischen Nutzenverluste L_{t+j}^{l*} sowie die erwarteten Gesamtnutzenverluste $E_t^l LS_t^*$ durch die Dynamik des Modells bestimmt.

Grundlage der dargestellten Modellierung ist ein Dividendendiskontierungsmodell zur Abbildung des Aktienkurses s_t entsprechend der Arbeit von Williams (1938). Der Aktienkurs wird zu Beginn jeder Periode auf Basis der Erwartungen der Marktakteure über den Aktienkurs in der Folgeperiode und die Dividende der aktuellen Periode ermittelt. Dabei erfolgt die Diskontierung der erwarteten Aktienerträge mit dem erwarteten Ertrag eines Alternativinvestments (hier: Anleihen). Der zeitliche Ablauf innerhalb einer Periode entspricht damit den Ausführungen von Campbell und Shiller (1989) und weicht beispielsweise von Coakley und Fuertes (2006) ab.

Entgegen der in der Literatur üblichen Annahme homogener Akteure in Modellen mit Blasen und Geldpolitik, werden die Marktakteure als heterogen angenommen. Es erfolgt die Einteilung in erfahrene und unerfahrene Akteure, wobei ein Wechsel zwischen den Gruppen zur Vereinfachung nicht berücksichtigt wird. Die Gewichte der erfahrenen Akteure w^e und der unerfahrenen Akteure w^u an den Gesamtakteuren sind exogen und werden im Rahmen der Simulation verändert. Die Bezeichnungen erfahrene und unerfahrene Akteure werden gewählt, da die in der Literatur übliche Bezeichnung fundamental und technisch orientierte Akteure zur Trennung unterschiedlicher Gruppen irreführend ist. Fundamental orientierte Akteure streben zwar einen Zielwert für den Aktienkurs an, aber dieser wird nicht auf der Basis klassischer Fundamentalanalyse ermittelt und kann folglich vom fundamentalen Aktienkurs abweichen. Erfahrene Marktakteure versuchen den Aktienkurs durch ihr Handeln an einen vorher definierten Zielwert $\bar{s}$ anzupassen und unerfahrene Akteure schreiben die Kursveränderung der Vergangenheit $\hat{s}_{t-1}$ in die Zukunft fort, wie Gleichung (4.96) zeigt. Erfahrene Akteure agieren somit als stabilisierende Kraft auf dem Aktienmarkt, wodurch sich die Kurse an ihren Zielwert anpassen. Unerfahrene Akteure hingegen destabilisieren durch ihr Handeln die Aktienkurse und verstärken Preisbewegungen.

Der Aktienkurs wird entsprechend den Vorgaben von Campbell und Shiller (1989) linearisiert, so dass im Makromodell von Gruen et al. (2005) linearisierte Ausdrücke für die Blase b_t verwendet werden können, wie die Gleichungen (4.94) - (4.97) zeigen.

Als Ursache der Entstehung von Aktienkursblasen werden einmalige Schocks ζ_t auf den Aktienkurs angenommen, die zu einem Abweichen des tatsächlichen Aktienkurses vom angestrebten Zielwert führen und den Startimpuls für Aktienkursblasen darstellen. Die Dynamik der Aktienkursblase $\hat{b}_t$ wird entsprechend Gleichung (4.94) unter anderem durch das Verhältnis zwischen erfahrenen und unerfahrenen Akteuren bestimmt.

Um die Folgen von Aktienkursblasen zeigen zu können, werden diese in ein makroökonomisches Modell entsprechend den Vorgaben von Gruen et al. (2005) eingebunden. Dabei haben Veränderungen von Aktienkursblasen in der aktuellen Periode Auswirkungen auf die Inflation der Folgeperiode π_{t+1} und die Outputlücke der aktuellen Periode y_t, wie Gleichung (4.92) in Verbindung mit Gleichung (4.93) zeigt.

Die Geldpolitik hat im Rahmen dieser Modellierung entsprechend der Gleichungen (4.99) - (4.101) die Möglichkeit, mit dem Zinsinstrument präventiv oder reaktiv zu agieren beziehungsweise den Zins unverändert zu lassen und neutrale Geldpolitik durchzuführen. Die Zinsanpassung erfolgt regelgebunden und wird aus einem dynamischen Optimierungsproblem zur Minimierung des gesellschaftlichen Nutzenverlustes abgeleitet. Ein Nutzenverlust entsteht entsprechend den Vorgaben von Svensson (1997) und Ball (1999), wenn der Output und die Inflation von vorher festgelegten Zielwerten abweichen. Es wird davon ausgegangen, dass die Zentralbank gemäß Gruen et al. (2005) den Realzins $r_t^{g,l}$ setzt.

Bei neutraler Geldpolitik führt die Zentralbank keine Zinsanpassung durch und der tatsächliche Realzins entspricht dem gleichgewichtigen Niveau $r_t^{neu} = \bar{r}$.

Im Rahmen reaktiver Geldpolitik reagiert die Zentralbank entsprechend Gleichung (4.100) ausschließlich auf die Outputlücke und die Inflation und folglich erst dann auf Blasen, wenn diese aufgetreten sind und die Zielgrößen der Zentralbank beeinflussen. Eine Berücksichtigung darüber hinaus findet in der Geldpolitik nicht statt.

Bei präventiver Geldpolitik reagiert die Zentralbank gemäß Gleichung (4.101) darüber hinaus auf die erwartete Veränderung von Blasen $E_t^{pra}\hat{b}_{t+1}$. Sie verändert den Zins somit nicht erst bei direkten Auswirkungen der Blase auf die Outputlücke und die Inflation, sondern bereits bei erwarteten Auswirkungen auf diese Größen durch die zukünftige Entwicklung von Blasen.

Die Reaktionsparameter f_1, f_2 und f_3 werden über die Lösung des dynamischen Optimierungsproblems ermittelt.

Zur Bestimmung der erwarteten Veränderung der Blase, ist es nach Gleichung (4.102) notwendig, Erwartungen über die Gewichtungen der Marktakteure $E_t^{pra}w^e$ und $E_t^{pra}w^u$ zu bilden, da das Verhältnis zwischen erfahrenen und unerfahrenen Akteuren die Dynamik der Blase bestimmt. Da $w^e + w^u = 1$ gilt, reicht es aus $E_t^{pra}w^e$ oder $E_t^{pra}w^u$ zu bilden.

Durch die Zinsanpassung der Zentralbank wird die Rendite von Anleihen und damit der Diskontierungsfaktor r_t^l im hier verwendeten Dividendendiskontierungsmodell entsprechend Gleichung (4.96) beeinflusst. Weiterhin kommt es zu einer Anpassung der Erwartungen der erfahrenen Akteure. Auf die Erwartungen der unerfahrenen Akteure besteht hingegen kein Einfluss, da diese den Zusammenhang zwischen Zinssetzung und Aktienkurs nicht kennen. Die Zentralbank hat somit nicht nur einen Einfluss auf den tatsächlichen Aktienkurs, sondern auch auf die Aktienkursblase und deren Veränderung, wie Gleichung (4.94) zeigt. Die Beeinflussung der Finanzmärkte durch die Geldpolitik wird folglich entgegen dem Großteil der in Unterabschnitt 4.1 beschriebenen Literatur explizit berücksichtigt und die Beeinflussung des Verhaltens der Marktteilnehmer zusätzlich angenommen. Der Zielwert für den Aktienkurs wird durch Geldpolitik hingegen nicht verändert. Somit wird die Geldpolitik nicht nur durch die Bedingungen an den Aktienmärkten beeinflusst, sondern bestimmt diese durch die Zinssetzung auch selbst.

Wie Gleichung (4.92) und Gleichung (4.93) zeigen, beeinflusst die Zinssetzung neben den Finanzmärkten zusätzlich die Outputlücke in der Folgeperiode und die Inflation in der darauf folgenden Periode. Die modellierten Verzögerungen entsprechen empirischen Untersuchungen und wurden gemäß den Vorgaben von Ball (1999) übernommen.

Die Zentralbank folgt in Abhängigkeit von der angewendeten Zinsregel (Gleichung (4.99) - (4.101)) neutraler, reaktiver oder präventiver Geldpolitik. Dabei wählt sie jeweils die Strategie mit dem geringsten erwarteten Gesamtnutzenverlust $E_t^l LS_t^*$. Da die Gewichte der erfahrenen und unerfahrenen Marktakteure zum Zeitpunkt des Auftretens des Schocks ζ_t nicht bekannt sind, werden die periodischen Nutzenverluste L_{t+j}^{l*} für sämtliche möglichen Gewichtungen w^e mit $0 \leq w^e \leq 1$ zur Ermittlung von $E_t^l LS_t^*$ simuliert und der Durchschnitt über die simulierten Gesamtnutzenverluste gebildet, wie die Gleichungen (4.103) -

(4.105) zeigen. Es ist dabei zu unterscheiden, ob die Simulationen bei präventiver Geldpolitik unter der Annahme eines festen Wertes für die Gewichtung der erfahrenen Akteure $E_t\bar{w}^e$ oder für sämtliche Kombinationen aus w^e und $E_t w^e$ mit $0 \leq E_t w^e \leq 1$ durchgeführt werden. Dies ist allerdings ausschließlich bei präventiver Geldpolitik von Relevanz, da bei reaktiver und neutraler Geldpolitik keine Erwartungen bezüglich der Gewichtungen der Akteure gebildet werden.

5 Modellsimulation

Die folgenden Ausführungen haben zum Ziel, die Entstehung und Entwicklung von Aktienkursblasen zu zeigen, deren Effekte auf die Zielgrößen der Zentralbank Outputlücke und Inflation zu simulieren und den damit verbundenen gesellschaftlichen Nutzenverlust unter verschiedenen geldpolitischen Strategien zu ermitteln und zu vergleichen. Die Simulationen werden für verschiedene Gewichtungen erfahrener und unerfahrener Akteure durchgeführt. Besonderer Wert wird auf die Berücksichtigung von Erwartungsirrtümern in der Geldpolitik und deren Effekte auf den Vergleich der geldpolitischen Strategien gelegt.

Das Vorgehen in diesem Kapitel ist wie folgt. Zunächst wird die Modellkalibrierung erläutert. Danach werden Simulationen zur Dynamik von Aktienkursblasen unter der Annahme verschiedener Gewichtungen erfahrener und unerfahrener Akteure und neutraler Geldpolitik durchgeführt. Anschließend werden die Aktienkursblasen in das vorgestellte makroökonomische Modell eingebunden und die Effekte auf Outputlücke und Inflation bei veränderten Kombinationen von erfahrenen und unerfahrenen Akteuren simuliert. Im Folgenden werden präventive und reaktive Geldpolitik explizit berücksichtigt und die Effekte sowohl auf die Aktienkursblase, die Outputlücke, die Inflation sowie den Nutzenverlust simuliert. Im Anschluss daran werden die erwarteten Gesamtnutzenverluste bei präventiver, reaktiver und neutraler Geldpolitik ermittelt. Dazu wird unterschieden, ob der Zentralbank die Gewichte der Marktakteure bekannt sind oder dies nicht der Fall ist. Weiterhin werden sowohl die Stärke des Einflusses der Veränderung der Aktienkursblase auf die Outputlücke als auch die Gewichtung der Outputlücke in der Nutzenverlustfunktion variiert.

5.1 Kalibrierung

Für die Durchführung der Simulationen wird das vorliegende Modell entsprechend den Vorgaben von Ball (1999) und Gruen et al. (2005) kalibriert.

Es wird unterstellt, dass die Zentralbank entsprechend Gleichung (4.46) durch die Zinssetzung der Vorperiode einen Einfluss auf die Outputlücke der aktuellen Periode hat und $\phi = 1,0$ gilt. In der Literatur gibt es allerdings unterschiedliche empirische Ergebnisse zum Einfluss des Realzinses auf die Outputlücke. Während Goodhart und Hofmann (2005) $\phi = 0,1$ annehmen, verwenden Semmler und Zhang (2007) $\phi = 0,3$ und Kontonikas und Montagnoli (2006) ebenso wie Gruen et al. (2005) $\phi = 1,0$. Die Beschreibung des Einflusses der Outputlücke der Vorperiode y_{t-1} auf die aktuelle Outputlücke y_t wird mit $\lambda = 0,8$ angenommen. Dies entspricht den Ausführungen von Kontonikas und Montagnoli (2006) ($\lambda = 0,8$) und ähnelt denen bei Semmler und Zhang (2007) ($\lambda = 0,9$). Goodhart und Hofmann (2005) gehen von einem noch stärkeren Einfluss aus und nehmen $\lambda = 1,16$ an. Für den Einfluss der Veränderung der Aktienkursblase auf die Outputlücke gilt nach Gruen et al. (2005) $\gamma = 1,0$. Die Annahmen der Literatur zur Beeinflussung des Outputs durch die Finanzmärkte sind nicht einheitlich. Während Semmler und Zhang (2007) $\gamma = 0,5$ annehmen, verwenden Kontonikas und Ioannidis (2005) $\gamma = 0,4$ und Kontonikas und Montagnoli (2006) $\gamma = 0,1$.

Für die Beeinflussung der aktuellen Inflation π_t durch die Outputlücke der Vorperiode y_{t-1} entsprechend Gleichung (4.47) nehmen Gruen et al. (2005) $\kappa = 0,4$ an. In der Literatur variieren die Werte zwischen $\kappa = 0,1$ und $\kappa = 0,4$.[1]

Für die Gewichtung der Inflation π_t und der Outputlücke y_t in der Nutzenverlustfunktion der Zentralbank entsprechend Gleichung (4.54) gehen Gruen et al. (2005) von einer Gleichgewichtung beider Ziele aus und nehmen $\mu = 1,0$ an. Nach den Ausführungen von Svensson (2003) entspricht diese Form der Abbildung flexiblem „inflation targeting". Sowohl die Inflation als auch die Outputlücke sind Zielgrößen der Zentralbank. Im Gegensatz dazu wird strenges „inflation targeting" durchgeführt, wenn $\mu = 0$ gelten würde. In der Literatur reicht die Gewichtung der Outputlücke von $\mu = 0,5$ bei Semmler und Zhang (2007) bis $\mu = 1,1$ bei Adolfson et al. (2008).[2] Im Vergleich zu Gruen et al.

[1] Vergleiche dazu die Ausführungen von Alexandre und Bação (2005), Kontonikas und Ioannidis (2005), Kontonikas und Montagnoli (2006) sowie Semmler und Zhang (2007).

[2] Vgl. dazu auch die Ausführungen von Haugh (2008), Nobay und Peel (2003) sowie Robinson und Stone (2005).

(2005) wird angenommen, dass die periodischen Nutzenverluste zur Ermittlung des gesamten Nutzenverlustes mit $\delta = 0,97$ abdiskontiert werden, was den Ausführungen bei Semmler und Zhang (2007) entspricht.

Für den gleichgewichtigen Realzins zur Ermittlung des Zielaktienkurses folgt daraus $\bar{r} = 0,03$. Die Bestimmung dieses Wertes lehnt sich an empirische Untersuchungen von Gerlach und Schnabel (2000), Rotemberg und Woodford (1998) sowie EZB (2004) an.[3] Weiterhin wird davon ausgegangen, dass für die gleichgewichtige reale Dividende $\bar{D} = e^{\bar{r}} - 1 \approx 0,03$ gilt. Diese Annahmen implizieren, dass der Ertrag von Aktien und Anleihen im Gleichgewicht identisch und keine Arbitrage zwischen Aktien und Anleihen möglich ist. Es gilt für den logarithmierten gleichgewichtigen Zielwert für den Aktienkurs $\bar{s} = 0$ beziehungsweise für den absoluten Wert $\bar{S} = 1$. Unter Berücksichtigung dieser Annahmen gelten für die bei der Linearisierung des Aktienkurses nach Campbell und Shiller (1988, 1989) entstehenden Parameter α und ρ die Werte $\alpha = 0,1332$ sowie $\rho = 0,9704$.[4]

Unter der hier vorgenommenen Kalibrierung erhält man in der Zinsregel entsprechend Gleichung (4.59) für die Reaktionsparameter f_1, f_2 und f_3 unter Berücksichtigung von $\Omega = 3,07$ die folgenden Werte.

$$f_1 = 1,12 \quad (5.1)$$

$$f_2 = 0,81 \quad (5.2)$$

$$f_3 = 1,00 \quad (5.3)$$

Die in der Simulation verwendete Reaktionsfunktion der Zentralbank wird somit wie folgt formuliert.

$$r_t^g = 1,12 \cdot y_t + 0,81 \cdot \pi_t + E_t \hat{b}_{t+1} \quad (5.4)$$

Damit ist die hier verwendete Regel entgegen der ursprünglich von Taylor (1993) entwickelten Regel um einen zusätzlichen Term erweitert worden ($E_t \hat{b}_{t+1}$) und die Reaktionskoeffizienten sind deutlich größer als bei Taylor (1993), wo $f_1 = f_2 = 0,5$ galt.

[3] Aufgrund sehr unterschiedlicher Untersuchungsansätze, Untersuchungszeiträume und geografischer Unterschiede variieren die ermittelten langfristigen Realzinsen teilweise erheblich. Einen guten Ausgangspunkt zur näheren Untersuchung dieses Themas bilden die Arbeiten von Cuaresma et al. (2005), Europäische Kommission (2006) sowie Giammarioli und Valla (2004).

[4] Vgl. dazu die Ausführungen in Anhang B.

Die hier verwendeten Reaktionsparameter entsprechen nahezu denen bei Gruen et al. (2005).[5]

Einen abschließenden Überblick zur Kalibrierung der Parameter in der Simulation gibt die folgende Tabelle.

Größe	Wert	Sensitivitätsanalyse
ϕ	1,00	nein
λ	0,80	nein
γ	1,00	ja
κ	0,40	nein
μ	1,00	ja
δ	0,97	nein
ρ	0,97	nein
α	0,13	nein
$\bar{r}$	0,03	nein
$\bar{s}$	0,00	nein
Ω	3,07	nein
f_1	1,12	ja
f_2	0,81	ja
f_3	1,00	ja

Tabelle 5.1: Modellkalibrierung

[5] Vgl. zur Verwendung anderer Reaktionskoeffizienten in der Zinsregel die Arbeiten von Haugh (2008), Kontonikas und Montagnoli (2006) sowie Robinson und Stone (2005).

5.2 Aktienkursblasen

Die folgenden Ausführungen zeigen, wie sich Aktienkursblasen entwickeln, wenn die Gewichte der erfahrenen und unerfahrenen Akteure w^e und w^u variiert werden und ein Schock ζ_t in Höhe von $\epsilon = 0,1$ auftritt.[6] Die Simulationen werden unter der Annahme neutraler Geldpolitik durchgeführt.

Die simulierten Blasen unterscheiden sich von den in Abschnitt 2.2 beschriebenen Blasen wie folgt. Während die beschriebenen und simulierten Blasen jeweils durch einen Schock ausgelöst werden, entfällt der akzelerierende Verlauf bei simulierten Blasen. Erfahrene Akteure können nicht die Strategie der unerfahrenen Akteure anwenden und der Marktzutritt neuer Akteure ist nicht modelliert. Dies führt zu unterschiedlichen Verläufen der simulierten und der in Abschnitt 2.2 beschriebenen Blasen, wie die folgenden Ausführungen zeigen werden. Zudem werden keine Schocks für das Platzen der simulierten Blasen berücksichtigt, da andere Mechanismen zum Abbau der simulierten Blasen führen.

Ziel der Simulationen ist es zu zeigen, wie sich Blasen nach einem aufgetretenen Schock entwickeln, welche Höhe diese bei unterschiedlichen Gewichtungen der erfahrenen Akteure w^e und der unerfahrenen Akteure w^u haben und wie lange jeweils der Abbau dauert. Ziel ist es nicht, das beschriebene Muster von Aktienkursblasen in Abschnitt 2.2 zu simulieren.

Agieren an den Aktienmärkten ausschließlich erfahrene Akteure $w^e = 1$, $w^u = 0$, weicht der Aktienkurs zum Zeitpunkt des Auftretens des Schocks ζ_t in $t = \tilde{t}$ mit $\tilde{t} = 10$ um $\epsilon = 0,1$ von seinem Zielwert ab und es entsteht entsprechend der verwendeten Definition im Rahmen der Modellierung eine Aktienkursblase.

Handeln nur erfahrene Akteure, zeigt Abbildung 5.1a, dass die Blase innerhalb einer Periode abgebaut wird und der Aktienkurs wieder seinem Zielwert entspricht. Handeln hingegen ausschließlich unerfahrene Akteure $w^e = 0$, $w^u = 1$, ist die entstehende Blase größer als im Fall $w^e = 1$, $w^u = 0$ und der Abbau dauert entsprechend Abbildung 5.1b länger.

[6] Für alle übrigen berücksichtigten Variablen und Parameter gelten die Ausführungen aus Abschnitt 5.1.

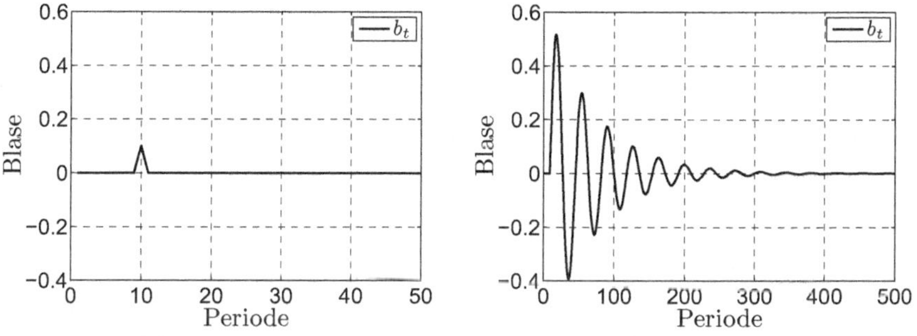

(a) $w^e = 1$, $w^u = 0$

(b) $w^e = 0$, $w^u = 1$

Abbildung 5.1: Entwicklung Aktienkursblase bei $w^e = 1$ und $w^u = 1$

Abbildung 5.1b zeigt weiterhin, dass auch in einer Situation ohne erfahrene Akteure $w^e = 0$, $w^u = 1$ Blasen abgebaut werden und im Gleichgewicht $b_t = 0$ gilt. Der Abbau der Blasen folgt dabei einem zyklischen Muster. Ansatzpunkt ist die Aktienkursgleichung (4.24) unter der Annahme neutraler Geldpolitik $r_t = \bar{r}$ und $w^u = 1$.

$$s_t = \alpha + \rho \cdot E_t^u s_{t+1} + (1 - \rho) \cdot \bar{d} - \bar{r} + \zeta_t \tag{5.5}$$

$$E_t^u s_{t+1} = s_{t-1} + \hat{s}_{t-1} \tag{5.6}$$

Unerfahrene Akteure erwarten, dass der Aktienkurs s_{t+1} durch den Aktienkurs s_{t-1} und die Veränderung gegenüber der Vorperiode $\hat{s}_{t-1}$ bestimmt wird. Aufgrund von $\rho < 1$ werden diese Erwartungen abdiskontiert, wodurch die Veränderung des Aktienkurses kleiner als in der Vorperiode $\hat{s}_t < \hat{s}_{t-1}$ und folglich der tatsächlich realisierte Aktienkurs kleiner als der von den unerfahrenen Akteuren erwartete Aktienkurs ist. Dieser Prozess setzt sich so lange fort, bis $\hat{s}_{t-1} = 0$ und $E_t^u s_{t+1} = s_{t-1}$ gilt. Aufgrund der Diskontierung der Erwartungen mit ρ gilt ab diesem Zeitpunkt $s_t < s_{t-1}$ und der Aktienkurs sinkt. Da die Blase die Abweichung des Aktienkurses s_t vom exogenen Zielwert $\bar{s}$ darstellt, ist der Rückgang des Aktienkurses gleichbedeutend mit einem Rückgang der Blase.

Die Verringerung des Aktienkurses führt bei den unerfahrenen Akteuren zur Erwartung weiter sinkender Aktienkurse. Aufgrund von $\rho < 1$ werden die Erwartungen der unerfahrenen Akteure wieder gedämpft, bis $E_t^u s_{t+1} = s_{t-1}$ gilt und der Aktienkurs in der Folgeperiode zunimmt. Der beschriebene Prozess setzt sich so lange fort bis der tatsächliche Aktienkurs dauerhaft seinem Zielniveau entspricht und das Gleichgewicht erreicht ist.

Gleichung (4.20) zeigt den Abbau der Blase für $\hat{s}_{t-1} = 0$, $\zeta_t = 0$ und bei ausschließlichem Handeln unerfahrener Akteure $w^u = 1$.

$$\hat{b}_t = -(1 - \rho) \cdot b_{t-1} \tag{5.7}$$

Die Zyklizität der Blasenbewegung in Abbildung 5.1b wird somit durch den Diskontierungsfaktor ρ und die unterstellte Erwartungsbildungsregel der unerfahrenen Akteure bestimmt.

$$\rho = \frac{1}{1 + e^{(\bar{d} - \bar{s})}} \tag{5.8}$$

Berücksichtigt man $\bar{d} = \ln(\bar{D}) = \ln(e^{\bar{r}} - 1)$ sowie $\bar{s} = 0$, erhält man für ρ den folgenden Ausdruck.

$$\rho = e^{-\bar{r}} \tag{5.9}$$

Je größer der gleichgewichtige Realzins $\bar{r}$ ist, desto kleiner wird ρ und desto schneller werden bestehende Aktienkursblasen abgebaut. Die Dämpfung der Schwingungen nimmt zu. Gilt hingegen $\bar{r} = 0$ und $\rho = 1$ besteht kein Korrekturmechanismus bei ausschließlichem Handeln unerfahrener Akteure und es gilt $b_t \to \infty$.

Abbildung 5.2 zeigt den Verlauf von Aktienkursblasen, wenn erfahrene und unerfahrene Akteure handeln.

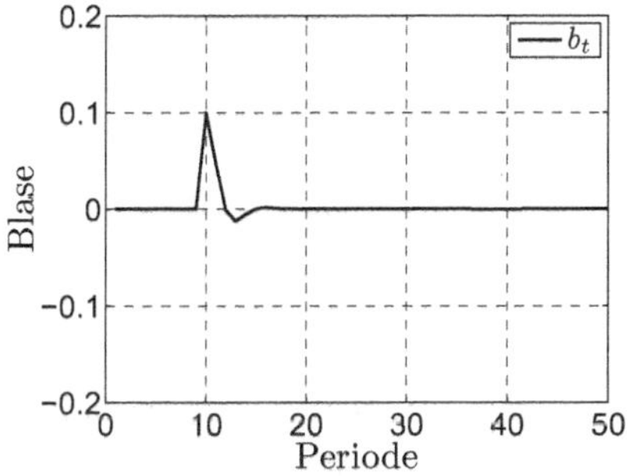

(a) $w^e = 0,75$, $w^u = 0,25$

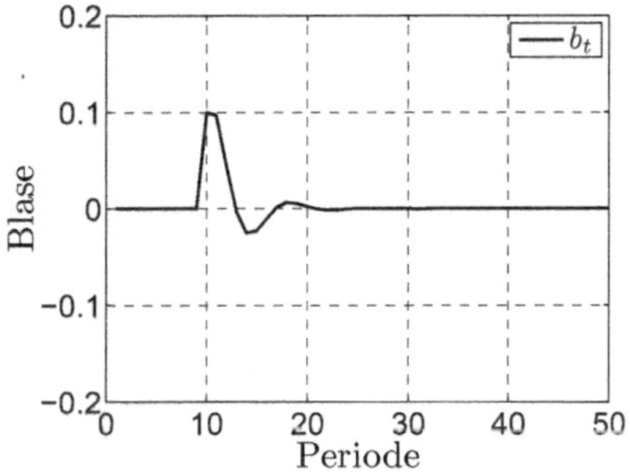

(b) $w^e = w^u = 0,5$

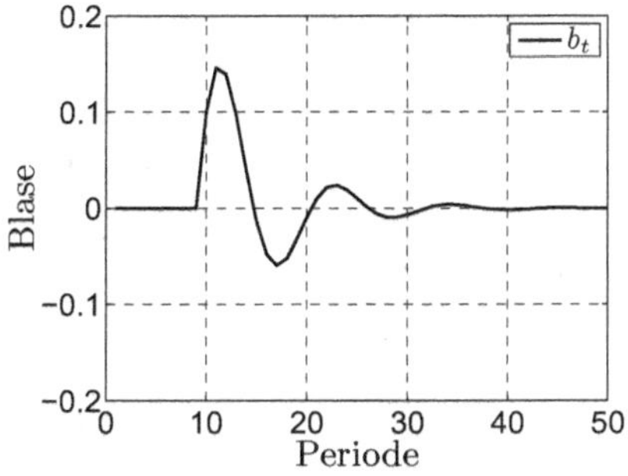

(c) $w^e = 0,25$, $w^u = 0,75$

Abbildung 5.2: Entwicklung Aktienkursblase bei Variationen von w^e und w^u

Je größer der Anteil unerfahrener Akteure w^u ist, desto größer wird die Blase und desto länger dauert die Erreichung des Zielniveaus $\bar{s}$. Die Zyklizität der Kursbewegung nimmt mit ansteigendem Gewicht der unerfahrenen Akteure zu, da der stabilisierende Effekt der erfahrenen Akteure zurückgeht.

Weiterhin zeigt Abbildung 5.2b, dass auch bei gleichen Gewichtungen der Akteure $w^e = w^u = 0,5$ Blasen abgebaut werden und der gleichgewichtige Aktienkurs erreicht wird. Tritt ein Schock ζ_t mit $t = \tilde{t}$ auf, der zu einem Abweichen des Aktienkurses von seinem Zielniveau führt, erwarten erfahrene Akteure entsprechend Gleichung (4.7) den Abbau der Blase und unerfahrene Akteure entsprechend Gleichung (4.8) die Zunahme der Abweichung. Bei gleicher Marktmacht der Akteure und keinem Auftreten neuer Schocks $\zeta_{t+1} = 0$ ist unter

Verwendung von

$$b_{t+1} = \rho \cdot (b_t - w^e \cdot E^e_{t+1}\hat{s}_{t+2} + w^u \cdot E^u_{t+1}\hat{s}_{t+2}) \quad (5.10)$$

eine Neutralisation der Erwartungen möglich.

$$E^e_{t+1}\hat{s}_{t+2} = -b_t = -\zeta_t \quad (5.11)$$

$$E^u_{t+1}\hat{s}_{t+2} = \hat{s}_t = \zeta_t \quad (5.12)$$

Allerdings gilt aufgrund von $\rho < 1$ der Ausdruck $b_{t+1} < b_t$ und die Blase wird trotz gleicher Marktmacht der Akteure abgebaut. Die Ausführungen zeigen, dass die Dynamik von Blasen durch die Gewichtungen der Marktakteure w^e und w^u bestimmt wird. Der Diskontierungsfaktor ρ beeinflusst die Dämpfungen der Kursbewegungen. Für $\rho < 1$ und $w^e = w^u = 0,5$ entsteht somit keine Situation, in der die Höhe der Blase konstant bleibt und $b_{t+1} = b_t$ gilt.

Für $\rho = 0,97$ führt allerdings $w^e = 0,485$ zu $b_{t+1} = b_t$. Die Blase ist konstant und der Aktienkurs verändert sich in Periode $t + 1$ nicht. Für die Erwartungsbildung der Akteure gilt in dieser Situation Folgendes.

$$E^e_{t+2}\hat{s}_{t+3} = -b_{t+1} \quad (5.13)$$

$$E^u_{t+2}\hat{s}_{t+3} = 0 \quad (5.14)$$

Die erfahrenen Akteure gehen vom Abbau der bestehenden Blase in der Folgeperiode aus und die unerfahrenen Akteure erwarten keine Veränderung des Aktienkurses und damit der Blase. Aufgrund der Gewichtungen der erfahrenen und unerfahrenen Akteure gilt $b_{t+2} < b_{t+1}$ und es erfolgt der Abbau der Blase. Somit führen auch Situationen, in denen die Blase in einer Periode konstant ist, nicht zur Instabilität des Modells. Das Gleichgewicht wird für jede Kombination aus w^e und w^u erreicht.

5.3 Makroökonomische Effekte

Wie unter Abschnitt 4.2.3.2 beschrieben, führen Änderungen von Aktienkursblasen $\hat{b}_t$ zur Beeinflussung der Outputlücke y_t sowie mit zeitlicher Verzögerung zur Beeinflussung der Inflation π_t.

$$
\begin{aligned}
y_t &= \lambda \cdot y_{t-1} + \gamma \cdot \hat{b}_t && (5.15)\\
\pi_t &= \pi_{t-1} + \kappa \cdot y_{t-1} && (5.16)\\
\hat{b}_t &= \rho \cdot (b_{t-1} - w^e \cdot b_{t-1} + w^u \cdot \hat{s}_{t-1}) - b_{t-1} + \zeta_t && (5.17)
\end{aligned}
$$

Wie sich die Outputlücke y_t und die Inflation π_t im Zeitablauf entwickeln, zeigen die folgenden Abbildungen.

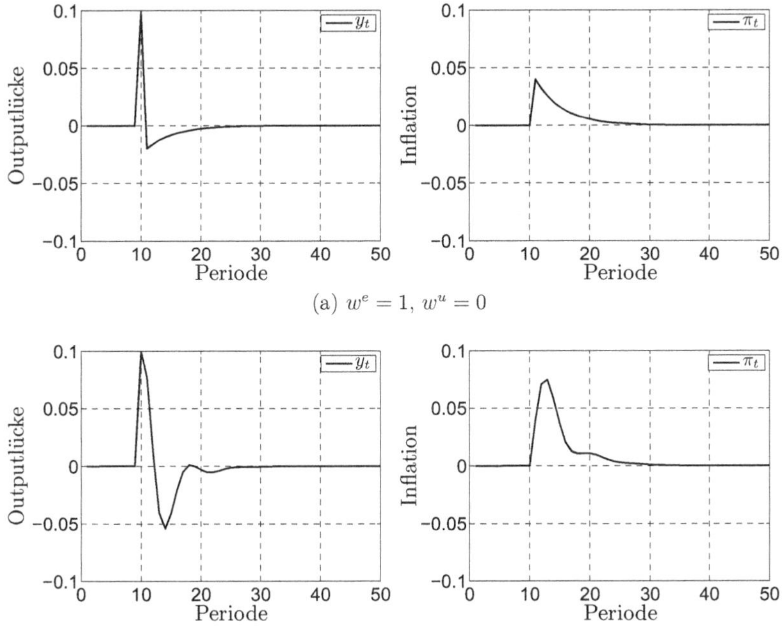

(a) $w^e = 1$, $w^u = 0$

(b) $w^e = w^u = 0,5$

Abbildung 5.3: Auswirkungen von Aktienkursblasen bei unterschiedlichen Gewichtungen w^e und w^u

Abbildung 5.3a zeigt, dass die Outputlücke zum Zeitpunkt des Auftretens des Schocks $t = \tilde{t}$ wegen $\hat{b}_t = \zeta_t$ vom gleichgewichtigen Niveau $y_t = 0$ abweicht. In der Folgeperiode wird die Blase aufgrund der Marktmacht der erfahrenen Akteure abgebaut und es gilt $\hat{b}_{t+1} = -\zeta_t$. Wegen der Struktur der hier verwendeten IS-Kurve gemäß Gleichung (5.15) gilt in dieser Periode $y_{t+1} < 0$. Der Grund dafür liegt in der Wahl des Wertes für λ. Entsprechend der Kalibrierung von Gruen et al. (2005) gilt $\lambda < 1$. Dadurch gleichen sich die positive Veränderung der Blase $\hat{b}_t = \zeta_t$ in Periode t und die negative Veränderung $\hat{b}_{t+1} = -\zeta_t$ in Periode $t+1$ nicht aus.

$$y_{t+1} = -\zeta_t \cdot (1 - \lambda) \tag{5.18}$$

Für $\lambda = 1$ würde somit keine negative Outputlücke entstehen und $y_{t+1} = 0$ gelten. Je kleiner λ gewählt wird, desto kleiner ist y_{t+1}. In den folgenden Perioden kommt es zu keinen Veränderungen der Aktienkursblase, da diese vollständig abgebaut ist und der tatsächliche Aktienkurs seinem langfristigen Niveau entspricht. Aufgrund von $\lambda < 1$ wird die negative Outputlücke in den Folgeperioden abgebaut, bis das Gleichgewicht $\bar{y} = 0$ erreicht ist.

Für die Inflation zeigt sich ein ähnlicher Verlauf, wobei negative Abweichungen vom Gleichgewicht $\bar{\pi} = 0$ nicht entstehen. Die Inflation reagiert zeitlich verzögert auf den Aktienkursschock und die Entstehung der Blase. Der Grund ist die Formulierung der Phillips-Kurve gemäß Gleichung (5.16), wonach die aktuelle Inflation durch die Outputlücke der Vorperiode und folglich durch die Veränderung der Blase der Vorperiode beeinflusst wird. Die Stärke des Einflusses von ζ_t über y_t auf die Inflation π_{t+1} wird durch κ festgelegt. Aufgrund von $\kappa < 1$ ist die Zunahme der Inflation nach Auftreten von ζ_t in Periode $t+1$ kleiner als die Zunahme der Outputlücke in Periode t. Der Abbau der Inflation erfolgt aufgrund der beschriebenen negativen Outputlücke, bis das Gleichgewicht $\bar{\pi} = 0$ wieder hergestellt ist.

Abbildung 5.3b zeigt, wie sich Outputlücke und Inflation verändern, wenn neben erfahrenen Akteuren auch unerfahrene Akteure handeln und $w^e = w^u = 0,5$ gilt. Im Vergleich zum Fall $w^e = 1$, $w^u = 0$ wird die entstehende positive Outputlücke langsamer abgebaut und die folgende negative Outputlücke ist größer. Dadurch sind auch die inflationären Effekte von ζ_t größer als für den Fall ohne unerfahrene Akteure. Der Grund sind die Behinderung des Abbaus der Aktienkursblase durch das Verhalten von unerfahrenen Marktakteuren, wodurch die Outputlücke und die Inflation langsamer zurückgehen.

Agieren hingegen keine erfahrenen Akteure $w^e = 0$, $w^u = 1$ sind die Auswirkungen von ζ_t auf Outputlücke und Inflation höher als in den zuvor betrachteten Fällen und der Abbau dauert länger.

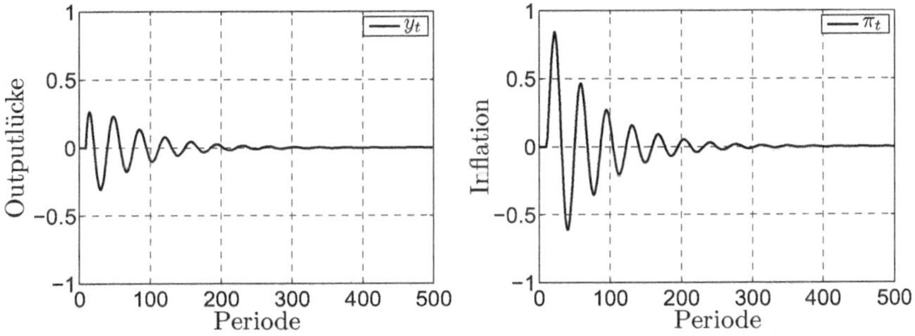

Abbildung 5.4: Auswirkungen von Aktienkursblasen für $w^e = 0$, $w^u = 1$

Es zeigt sich auch hier der oszillierende Verlauf von y_t und π_t wie beim Verlauf der Aktienkursblase entsprechend Abbildung 5.1b zuvor.

Die Ausführungen zeigen, dass sowohl die Auswirkungen auf die Outputlücke y_t als auch auf die Inflation π_t mit abnehmendem Anteil erfahrener Akteure zunehmen und der Abbau der makroökonomischen Auswirkungen länger dauert. Allerdings zeigen die Ausführungen auch, dass sowohl die Outputlücke als auch die Inflation zu ihren Gleichgewichtswerten $\bar{y} = \bar{\pi} = 0$ zurückkehren, was unabhängig vom Anteil erfahrener Akteure ist.[7]

5.4 Berücksichtigung von Geldpolitik

Ziel der folgenden Ausführungen ist es, die Effekte von präventiver und reaktiver Geldpolitik auf die Dynamik von Aktienkursblasen sowie Outputlücke und Inflation zu zeigen und im Vergleich zu neutraler Geldpolitik zu betrachten. Zudem wird die Zinssetzung bei präventiver und reaktiver Geldpolitik simuliert und verglichen. Im Anschluss daran wird gezeigt, welcher Nutzenverlust bei

[7] Zur besseren Verdeutlichung der Ergebnisse wurden unterschiedliche Skalierungen der Achsen in Abbildung 5.3 und Abbildung 5.4 gewählt.

präventiver, reaktiver und neutraler Geldpolitik entsteht. Erwartungsirrtümer präventiver Geldpolitik werden in diesem Abschnitt nicht thematisiert und werden im nächsten Abschnitt berücksichtigt.

5.4.1 Zinssetzung

Die Anpassung der Zinssätze durch die Zentralbank wurde entsprechend den Gleichungen (4.65) - (4.67) wie folgt beschrieben.

$$r_t^{g,pra} = f_1 \cdot y_t + f_2 \cdot \pi_t + f_3 \cdot E_t^{pra}\hat{b}_{t+1} \tag{5.19}$$

$$r_t^{g,rea} = f_1 \cdot y_t + f_2 \cdot \pi_t \tag{5.20}$$

$$r_t^{g,neu} = 0 \tag{5.21}$$

Präventive Geldpolitik berücksichtigt in ihrer Zinssetzung nach Gleichung (5.19) explizit die Eigenschaften von Aktienkursblasen über die erwartete Veränderung $E_t^{pra}\hat{b}_{t+1}$.

$$E_t^{pra}\hat{b}_{t+1} = \rho \cdot (b_t - E_t^{pra}w^e \cdot (b_t - r_t^{g,pra}) + E_t^{pra}w^u \cdot \hat{s}_t) - r_t^{g,pra} - b_t \tag{5.22}$$

Die Darstellungen zeigen, dass die Zentralbank sowohl ihren Einfluss auf die Erwartungen der erfahrenen Akteure als auch ihren Einfluss auf den Aktienkurs über den Diskontierungsfaktor kennt. Im Folgenden wird angenommen, dass bei präventiver Geldpolitik keine Erwartungsirrtümer über die Gewichtungen der erfahrenen und unerfahrenen Akteure auftreten und $E_t^{pra}w^e = w^e$ sowie $E_t^{pra}w^u = w^u$ gilt.

$$E_t^{pra}\hat{b}_{t+1} = \rho \cdot (b_t - w^e \cdot (b_t - r_t^{g,pra}) + w^u \cdot \hat{s}_t) - r_t^{g,pra} - b_t \tag{5.23}$$

Aufgrund dieser Annahme kennt die Zentralbank die Entwicklung der Aktienkursblase und es gilt ohne das Auftreten von Schocks ζ_t der Ausdruck $E_t^{pra}\hat{b}_{t+1} = \hat{b}_{t+1}$.

Bei reaktiver Geldpolitik erfolgt die Berücksichtigung von Aktienkursblasen zum Zeitpunkt der Auswirkung auf die Zielgrößen der Zentralbank Outputlücke y_t und Inflation π_t. Eine Berücksichtigung darüber hinaus erfolgt nicht und es gilt $E_t^{rea}\hat{b}_{t+1} = 0$. Es ergibt sich der Ausdruck in Gleichung (5.20).

Im Gegensatz zu präventiver und reaktiver Geldpolitik bedeutet neutrale Geldpolitik keine Anpassung der Zinsen, wodurch der Ausdruck in Gleichung (5.21) gilt. Der Zins entspricht seinem gleichgewichtigen Niveau $r_t = \bar{r}$.

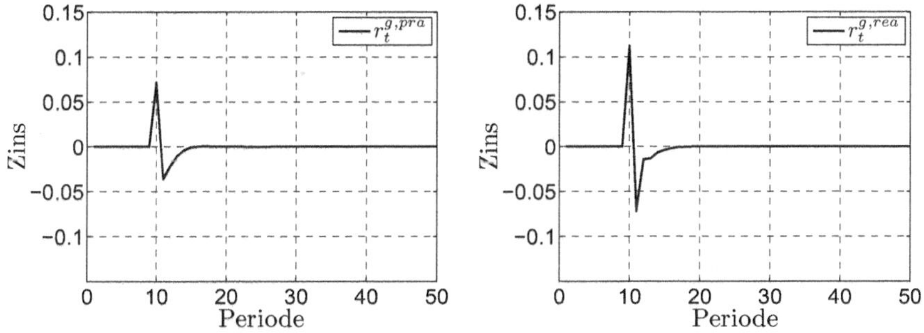

(a) präventive Geldpolitik

(b) reaktive Geldpolitik

Abbildung 5.5: Zinssetzung für $w^e = w^u = 0,5$

Abbildung 5.5 vergleicht die Zinssetzung bei präventiver und reaktiver Geldpolitik. Abbildung 5.5a zeigt, dass die Stärke der Zinsreaktion bei präventiver Geldpolitik geringer als bei reaktiver Geldpolitik entsprechend Abbildung 5.5b ist. Die Zentralbank berücksichtigt bei präventiver Geldpolitik den Einfluss der erfahrenen Akteure auf die Aktienkursblase und damit auch auf die Outputlücke und die Inflation. Dadurch wirkt die Zentralbank unterstützend zum Verhalten der erfahrenen Akteure und die Zinsanpassungen sind geringer als bei reaktiver Geldpolitik. Der Grund liegt in der Vernachlässigung der Gewichtungen der Marktakteure bei reaktiver Geldpolitik.

Weiterhin zeigen die Abbildungen 5.5a und 5.5b, dass die Geldpolitik bei positiven Abweichungen des tatsächlichen Aktienkurses vom Zielwert kontraktiv handelt und bei negativen Abweichungen expansiv reagiert und den Zins senkt. Dadurch werden bei positiven Blasen die expansiven Effekte auf Outputlücke und Inflation gebremst und bei negativen Blasen die kontraktiven Effekte verringert.

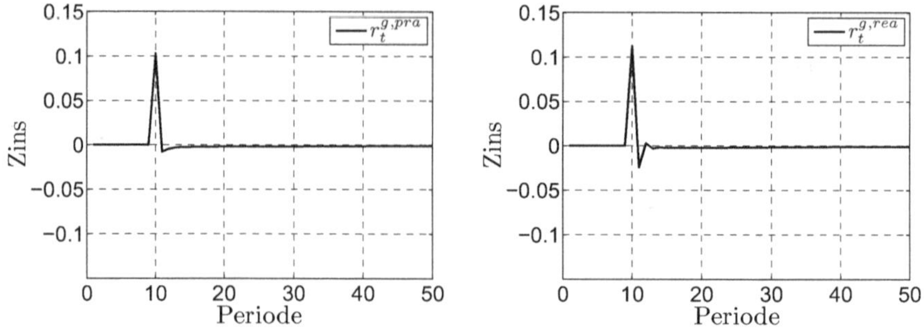

(a) präventive Geldpolitik (b) reaktive Geldpolitik

Abbildung 5.6: Zinssetzung für $w^e = 0$, $w^u = 1$

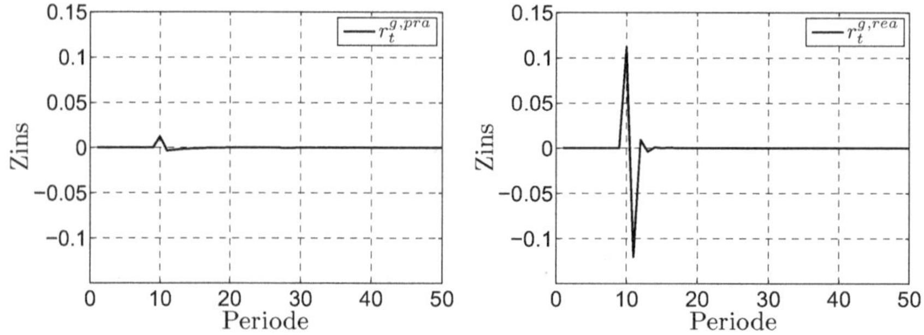

(a) präventive Geldpolitik (b) reaktive Geldpolitik

Abbildung 5.7: Zinssetzung für $w^e = 1$, $w^u = 0$

Die Abbildungen 5.6 und 5.7 zeigen wie sich die Ergebnisse ändern, wenn nur unerfahrene Akteure handeln beziehungsweise ausschließlich erfahrene Akteure handeln.

Ohne erfahrene Akteure $w^e = 0$, $w^u = 1$ (Abbildung 5.6) ist die Zinssetzung bei präventiver und reaktiver Geldpolitik ähnlich. Der Aktienkursschock und die entstehende Blase führen zu Verwerfungen bei Outputlücke und Inflation, die zur Zinsanpassung führen. Da keine erfahrenen Akteure handeln, übernimmt die Zentralbank unter dem Wissen der Anteile der Akteure bei präventiver Geldpolitik die stabilisierende Funktion der erfahrenen Marktakteure. Es besteht die

Erwartung einer Zunahme der Blase aufgrund des Handelns der unerfahrenen Akteure. Gleichzeitig kennt die Zentralbank den Einfluss der Zinssetzung auf den Diskontierungsfaktor zur Bestimmung des Aktienkurses und die Beeinflussung der Blase. Die Zinsreaktion präventiver Geldpolitik nimmt gegenüber der Situation in Abbildung 5.5 zu.[8]

Im Gegensatz dazu ist die Zinsreaktion unter ausschließlichem Handeln von erfahrenen Akteuren $w^e = 1$, $w^u = 0$ (Abbildung 5.7) bei präventiver Geldpolitik geringer als für $w^e = w^u = 0,5$ und es ergeben sich Unterschiede zwischen präventiver und reaktiver Geldpolitik. Durch das Agieren der erfahrenen Akteure werden Aktienkursblasen so abgebaut, dass eine starke Zinsreaktion der Zentralbank nicht notwendig ist.

Die Zinssetzung bei reaktiver Geldpolitik zeigt hingegen ein anderes Bild. Der Aktienkursschock führt zur Entstehung von Blasen und den beschriebenen Verwerfungen bei Outputlücke und Inflation. Die Zentralbank erhöht den Zins, was unabhängig von den Anteilen erfahrener und unerfahrener Akteure ist. Durch die Vernachlässigung der Anteile der Akteure in der Zinssetzung sind die Verwerfungen bei der Blase sowie der Outputlücke und der Inflation umso höher, desto größer der Anteil erfahrener Akteure ist. Der Grund ist der gleichgerichtete Effekt der Zinserhöhung und des Handelns der erfahrenen Marktakteure auf die Blase. Je mehr erfahrene Akteure handeln, desto stärker geht die Blase zurück was zu zunehmenden kontraktiven Effekten bei Outputlücke und Inflation führt und die expansivere Geldpolitik im Vergleich zur Situation mit unerfahrenen Akteuren rechtfertigt.[9]

---

[8] Würde präventive Geldpolitik die Beeinflussung des Diskontierungsfaktors und der Blase durch die Zinsanpassung vernachlässigen, wäre die Zinserhöhung bei präventiver Geldpolitik größer als bei reaktiver Geldpolitik, wo jegliche Beeinflussung der Blase durch Geldpolitik unberücksichtigt bleibt.

[9] Es sei darauf hingewiesen, dass die Problematik des „Zero Lower Bound" in dieser Arbeit nicht thematisiert wird. Der Leser sei an dieser Stelle auf die Literatur verwiesen. Einen guten Ausgangspunkt zur Analyse bieten die Arbeiten von Adam und Billi (2007), Blinder (2000), McCallum (2000) und Goodfriend (2000). Weitere in diesem Zusammenhang zu nennende Arbeiten sind von Fendel und Frenkel (2004), Fuhrer und Madigan (1997) sowie Laidler (2004).

5.4.2 Aktienkursblasen

Durch die Berücksichtigung von präventiver beziehungsweise reaktiver Geldpolitik ändert sich die Bestimmung der Aktienkursblase wie folgt. Im Gegensatz zu neutraler Geldpolitik

$$b_t = \rho \cdot (b_{t-1} - w^e \cdot b_{t-1} + w^u \cdot \hat{s}_{t-1}) + \zeta_t \tag{5.24}$$

führt die Zinssetzung der Zentralbank zur Beeinflussung der Erwartungen der erfahrenen Akteure und zur Veränderung des Diskontierungsfaktors wie in Abschnitt 4.2.3.1 beschrieben.

$$b_t = \rho \cdot (b_{t-1} - w^e \cdot (b_{t-1} - r^g_{t-1}) + w^u \cdot \hat{s}_{t-1}) - r^g_{t-1} + \zeta_t \tag{5.25}$$

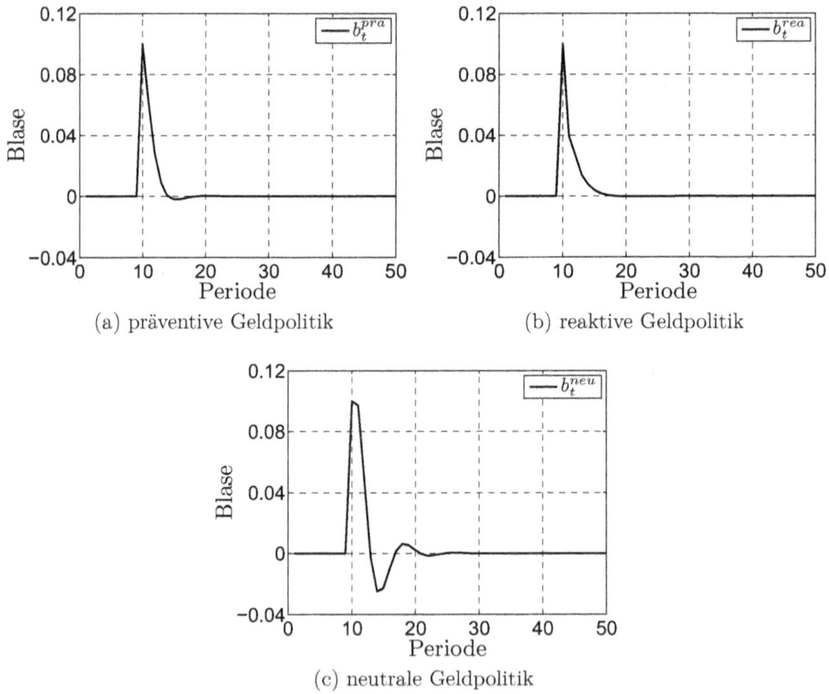

(a) präventive Geldpolitik

(b) reaktive Geldpolitik

(c) neutrale Geldpolitik

Abbildung 5.8: Aktienkursblase für $w^e = w^u = 0,5$

Abbildung 5.8 zeigt, dass der Verlauf von Aktienkursblasen bei präventiver und reaktiver Geldpolitik für den hier betrachteten Fall $w^e = w^u = 0,5$ geringe Unterschiede aufweist. Die unterschiedliche Zinssetzung der Zentralbank bei präventiver und reaktiver Geldpolitik führt zu folgenden Unterschieden bei der Entwicklung von Blasen. Wie Abbildung 5.8 exemplarisch zeigt, nimmt die Blase bei reaktiver Geldpolitik aufgrund der stärkeren Zinsanhebung im Gegensatz zu präventiver Geldpolitik anfangs schneller ab. Anschließend führt die expansivere Geldpolitik bei Anwendung der reaktiven Strategie allerdings zur Senkung des Diskontierungsfaktors in der Aktienkursgleichung und tendenziell zum Anstieg des Aktienkurses und der Blase. Aufgrund des Handelns der erfahrenen Akteure wird dieser Effekt allerdings kompensiert und Blasen abgebaut. Bei präventiver Geldpolitik ist dieser Effekt geringer und der Abbau der Blase wird schneller erreicht.

Im Vergleich dazu zeigen Abbildung 5.9 und Abbildung 5.10 wie sich die Ergebnisse verändern, wenn ausschließlich erfahrene Akteure agieren $w^e = 1$, $w^u = 0$ beziehungsweise nur unerfahrene Akteure handeln $w^e = 0$, $w^u = 1$.

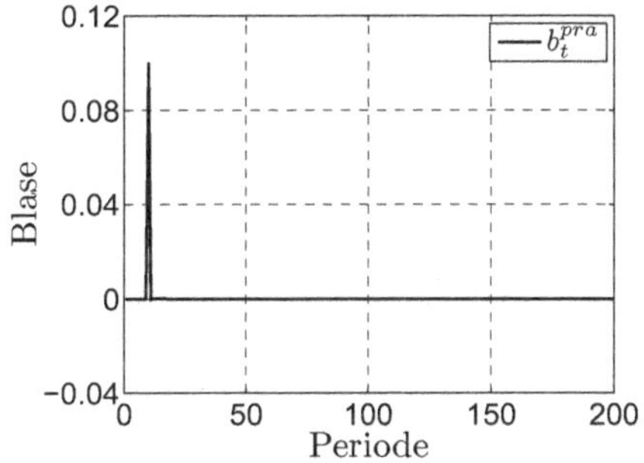

(a) präventive Geldpolitik

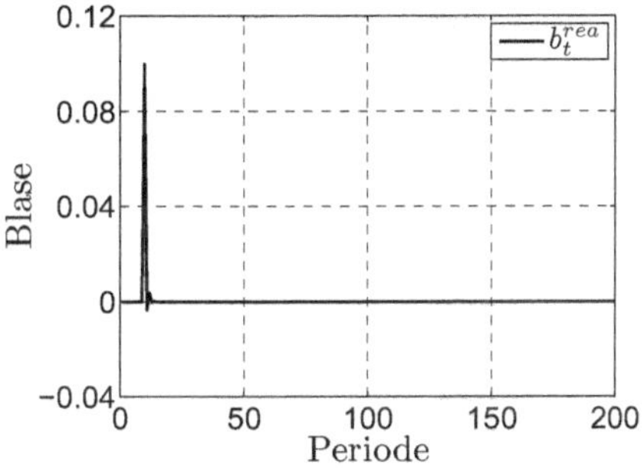

(b) reaktive Geldpolitik

Abbildung 5.9: Aktienkursblase für $w^e = 1$, $w^u = 0$

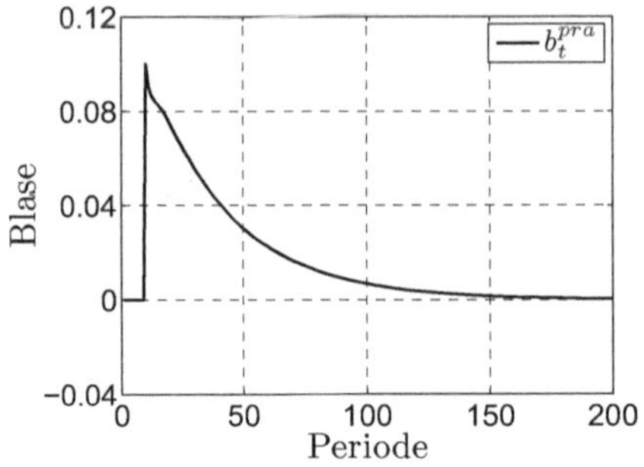

(a) präventive Geldpolitik

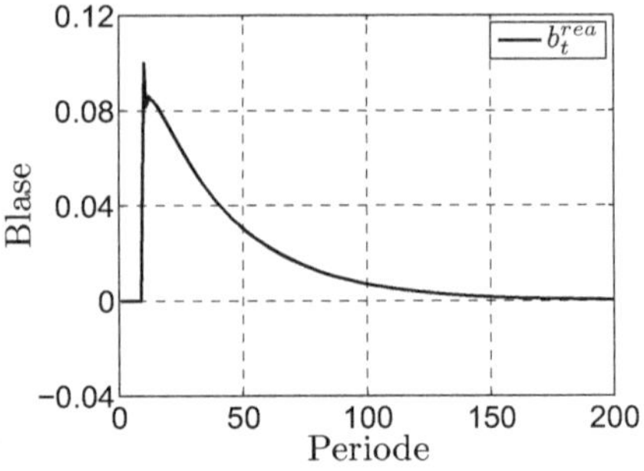

(b) reaktive Geldpolitik

Abbildung 5.10: Aktienkursblase für $w^e = 0$, $w^u = 1$

Die Abbildungen 5.9 und 5.10 zeigen, dass sich die Ergebnisse nicht unterscheiden, wenn die Gewichtungen der erfahrenen und unerfahrenen Akteure variiert werden. Weiterhin wird deutlich, dass der Abbau von Blasen unabhängig von präventiver oder reaktiver Geldpolitik ohne erfahrene Akteure $w^e = 0$, $w^u = 1$ deutlich länger dauert als unter Berücksichtigung erfahrener Akteure.

5.4.3 Makroökonomische Effekte

Die folgenden Ausführungen zeigen, welchen Einfluss die Durchführung von präventiver und reaktiver Geldpolitik auf die makroökonomischen Zielgrößen der Zentralbank Outputlücke y_t und Inflation π_t hat.

$$y_t = -\phi \cdot r^g_{t-1} + \lambda \cdot y_{t-1} + \gamma \cdot \hat{b}_t \quad (5.26)$$

$$\pi_t = \pi_{t-1} + \kappa \cdot y_{t-1} \quad (5.27)$$

$$\hat{b}_t = \rho \cdot (b_{t-1} - w^e \cdot (b_{t-1} - r^g_{t-1}) + w^u \cdot \hat{s}_{t-1}) - r^g_{t-1} - b_{t-1} + \zeta_t \quad (5.28)$$

Geldpolitik bestimmt die Outputlücke y_t direkt über die Beeinflussung der Investitionsgüternachfrage und indirekt über die Beeinflussung der Veränderung der Blase über die Erwartungsbildung der erfahrenen Akteure und den Diskontierungsfaktor in der Aktienkursgleichung. Die Inflation π_t wird durch die Geldpolitik indirekt über die Bestimmung der Outputlücke y_t und mit zeitlicher Verzögerung beeinflusst.

Tritt ein Schock ζ_t auf, gelten die folgenden Ausdrücke.

$$\hat{b}_t = \zeta_t \quad (5.29)$$

$$y_t = \gamma \cdot \zeta_t \quad (5.30)$$

$$\pi_{t+1} = \kappa \cdot \gamma \cdot \zeta_t \quad (5.31)$$

Der aufgetretene Schock ζ_t beeinflusst die Outputlücke y_t und die Inflation π_{t+1}. Die Durchführung von Zinsanpassungen der Zentralbank sind für diese Primäreffekte irrelevant. Unterschiede zwischen neutraler, reaktiver und präventiver Geldpolitik ergeben sich erst in den Folgeperioden für die Outputlücke und die Inflation. Der Grund liegt darin, dass die Zentralbank entsprechend der gewählten Strategie erst in Periode t die Effekte des Aktienkursschocks ζ_t in ihrer Zinsentscheidung berücksichtigt. Dadurch besteht ab dem Zeitpunkt $t+1$ ein Einfluss der Geldpolitik auf die makroökonomischen Zielgrößen und die Erwartungsbildung der erfahrenen Akteure.

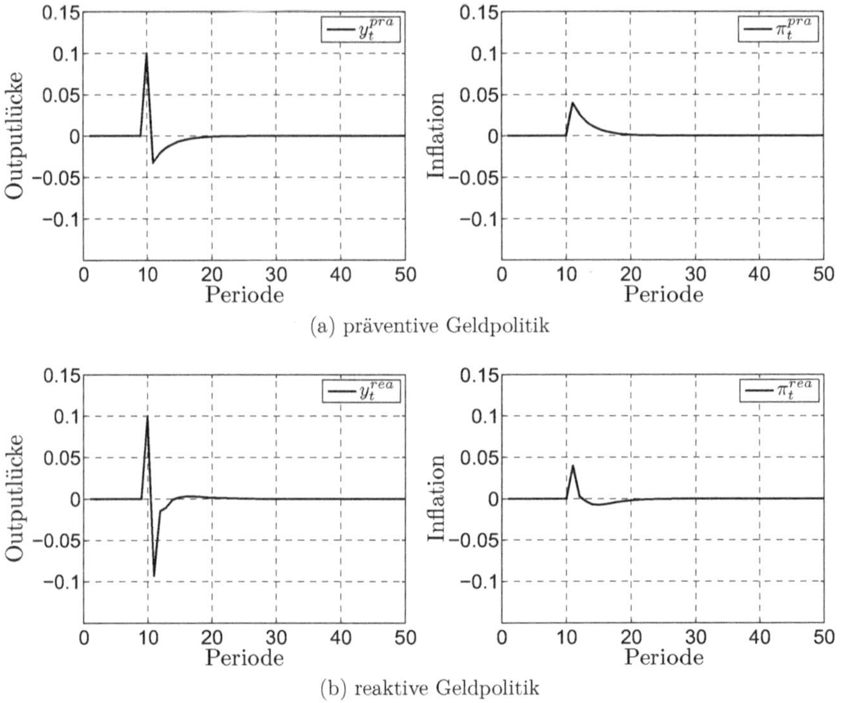

Abbildung 5.11: Makroökonomische Effekte und Geldpolitik für $w^e = w^u = 0,5$

Abbildung 5.11 zeigt, wie sich präventive und reaktive Geldpolitik in den Auswirkungen auf Outputlücke und Inflation unterscheiden. Der expansive Effekt der Blase auf die Outputlücke ist bei den betrachteten geldpolitischen Strategien sehr ähnlich. Allerdings entstehen deutliche Unterschiede bei der Betrachtung der kontraktiven Effekte von Aktienkursblasen auf die Outputlücke. Bei reaktiver Geldpolitik ist der Rückgang der Outputlücke größer als bei präventiver Geldpolitik, aber der Abbau der kontraktiven Effekte erfolgt bei reaktiver Geldpolitik schneller.

Die inflationären Effekte der Aktienkursblase sind bei präventiver und reaktiver Geldpolitik ähnlich.

Weiterhin werden die inflationären Impulse bei reaktiver Geldpolitik im Gegensatz zu präventiver Geldpolitik schneller abgebaut und es entsteht eine Phase mit Deflation.

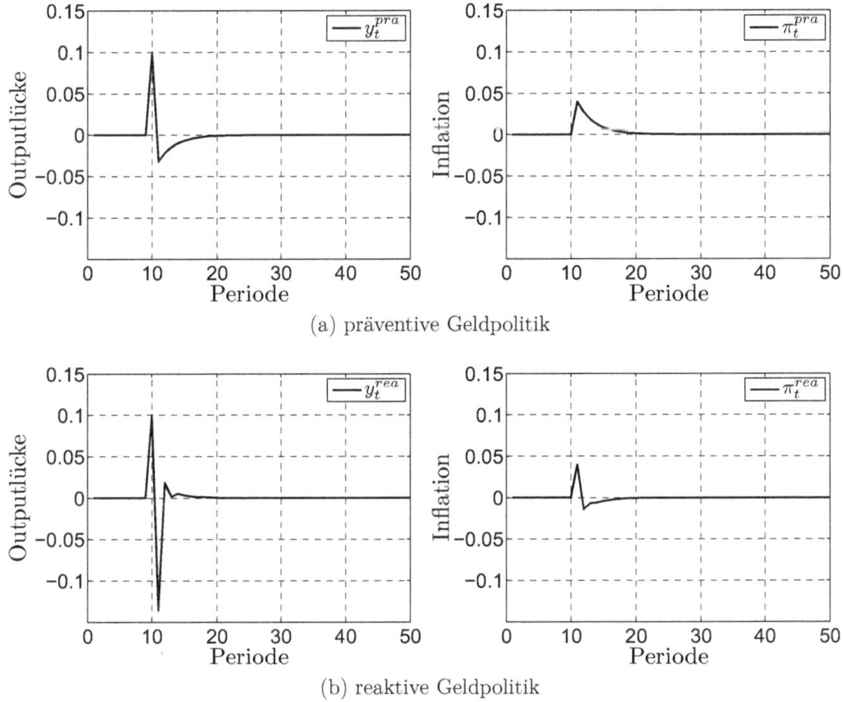

Abbildung 5.12: Makroökonomische Effekte und Geldpolitik für $w^e = 1$, $w^u = 0$

Der Vergleich von Abbildung 5.11 und Abbildung 5.12 zeigt, dass sich die Ergebnisse für $w^e = w^u = 0,5$ und $w^e = 1$, $w^u = 0$ nicht wesentlich unterscheiden. Bei reaktiver Geldpolitik sinkt die Outputlücke ohne das Handeln erfahrener Akteure stärker als unter Berücksichtigung erfahrener Akteure. Zudem sind die Effekte auf Outputlücke und Inflation bei neutraler Geldpolitik stärker, wenn $w^e = w^u = 0,5$ gilt.

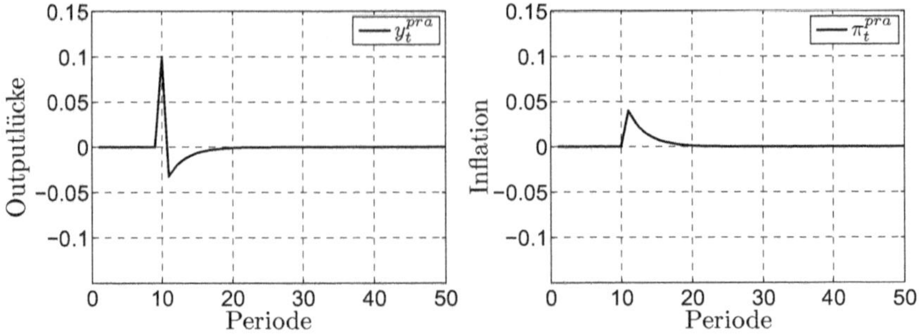

(a) präventive Geldpolitik

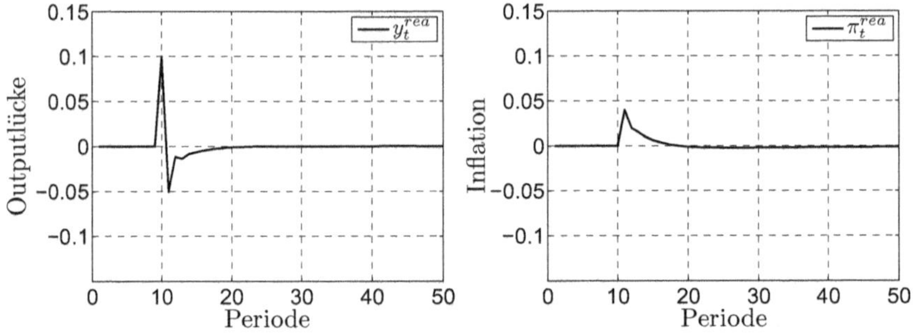

(b) reaktive Geldpolitik

Abbildung 5.13: Makroökonomische Effekte und Geldpolitik für $w^e = 0$, $w^u = 1$

Agieren ausschließlich unerfahrene Akteure $w^e = 0$, $w^u = 1$, so zeigt Abbildung 5.13 einen Rückgang der kontraktiven Effekte auf die Outputlücke gegenüber $w^e = w^u = 0,5$ und $w^e = 1$, $w^u = 0$. Ein Vergleich der Abbildungen 5.11 - 5.13 zeigt zudem, dass die Effekte auf Outputlücke und Inflation bei präventiver Geldpolitik unabhängig von den Gewichtungen der Akteure sind. Der Grund dafür liegt in der Vernachlässigung von Erwartungsirrtümern bei präventiver Geldpolitik in diesem Abschnitt.

Abschließend werden die Effekte von Aktienkursblasen auf Outputlücke und Inflation bei Durchführung von präventiver und reaktiver Geldpolitik mit der Situation neutraler Geldpolitik unter der Annahme verschiedener Gewichtungen der Akteure w^e und w^u verglichen. Dazu werden die Kriterien Abweichung der makroökonomischen Größen vom Gleichgewicht und die Dauer der Rückkehr zu den Gleichgewichtswerten betrachtet.

Gewichtung	Kriterium	neutrale GP		reaktive GP				präventive GP			
		y_t	π_t	y_t		π_t		y_t		π_t	
				+	−	+	−	+	−	+	−
$w^e = 1$	Abw. GG	niedrig	niedrig	=	↑↑	=	↑	=	↑	=	=
$w^u = 0$	Dauer	kurz	kurz	↓		↓		↓		↓	
$w^e = 0,5$	Abw. GG	mittel	mittel	=	↑	↓	↑	=	↓	↓	=
$w^u = 0,5$	Dauer	mittel	mittel	↓		↓		↓		↓	
$w^e = 0$	Abw. GG	hoch	hoch	↓	↓	↓	=	↓	↓↓	↓	=
$w^u = 1$	Dauer	lang	lang	↓		↓		↓		↓	

Tabelle 5.2: Vergleich der makroökonomischen Effekte

Tabelle 5.2 zeigt, welche makroökonomischen Effekte bei unterschiedlichen Gewichtungen der Akteure w^e und w^u auftreten und stellt diese vergleichend für neutrale, reaktive und präventive Geldpolitik dar. Den Referenzfall bildet neutrale Geldpolitik. Die Abweichungen vom Gleichgewicht (Abw. GG) werden zum Vergleich der Situationen unterschiedlicher Gewichtungen der Marktakteure bei neutraler Geldpolitik mit „niedrig", „mittel" und „hoch" bezeichnet. Für die Unterscheidung der Dauer des Abbaus der Abweichungen des Outputs und der Inflation von den gleichgewichtigen Werten (Dauer) wurde die Einteilung „kurz", „mittel" und „lang" gewählt. Im Vergleich mit reaktiver und präventiver Geldpolitik kann die Dauer entweder länger „↑" oder kürzer „↓" sein. Die Abweichungen des Outputs und der Inflation vom Gleichgewicht sind entweder positiv „+" oder negativ „−". Größere Abweichungen werden im Vergleich zu neutraler Geldpolitik mit „↑" und kleinere Abweichungen mit „↓" bezeichnet. Unterschiede zwischen reaktiver und präventiver Geldpolitik werden darüber hinaus durch „↑↑" beziehungsweise „↓↓" hervorgehoben.

Bei neutraler Geldpolitik nehmen die Abweichungen von Output und Inflation von den entsprechenden Zielwerten mit zunehmendem Gewicht unerfahrener Akteure w^u zu und die Dauer der Rückkehr zu den Gleichgewichtswerten steigt an.

Unter Berücksichtigung von Zinsanpassungen der Zentralbank nimmt die Dauer der Rückkehr von Output und Inflation zu den jeweiligen Zielwerten unabhängig von reaktiver oder präventiver Geldpolitik ab. Allerdings ergeben sich Unterschiede für die Höhe der Abweichungen vom Gleichgewicht.

Handeln ausschließlich erfahrene Akteure ($w^e = 1$, $w^u = 0$) ändert sich an den positiven Abweichungen vom Gleichgewicht bei y_t nichts, da diese durch die Höhe des Schocks determiniert werden. Die negativen Abweichungen nehmen sowohl bei reaktiver als auch bei präventiver Geldpolitik zu, wobei die Abweichungen bei reaktiver Geldpolitik größer als bei präventiver Geldpolitik sind. Für die Inflation ergeben sich bei präventiver Geldpolitik keine Veränderungen zu neutraler Geldpolitik. Bei reaktiver Geldpolitik ergeben sich ausschließlich Unterschiede bei den negativen Abweichungen, die gegenüber neutraler Geldpolitik ansteigen.

Handeln sowohl erfahrene Akteure als auch unerfahrene Akteure ($w^e = w^u = 0,5$), ändern sich die positiven Abweichungen des Outputs vom gleichgewichtigen Niveau bei reaktiver und präventiver Geldpolitik nicht. Die negativen Abweichungen hingegen nehmen bei reaktiver Geldpolitik zu und gehen bei präventiver Geldpolitik zurück. Die präventive Reaktion der Zentralbank führt somit beim Rückgang der Blase zu geringeren Outputeffekten als reaktive Geldpolitik. Die Inflation geht sowohl bei reaktiver als auch bei präventiver Geldpolitik zurück, aber es entsteht gegenüber präventiver Geldpolitik bei reaktiver Geldpolitik eine Phase mit Deflation.

Handeln ausschließlich unerfahrene Akteure ($w^e = 0$, $w^u = 1$) sinken die positiven Abweichungen des Outputs vom gleichgewichtigen Niveau bei reaktiver und präventiver Geldpolitik. Die negativen Abweichungen sinken ebenfalls, wobei diese bei präventiver Geldpolitik stärker zurückgehen als bei reaktiver Geldpolitik. Die Inflation sinkt bei reaktiver und präventiver Geldpolitik und Deflation entsteht nicht.

Zusammenfassend zeigt Tabelle 5.2, dass die Dauer des Abbaus der makroökonomischen Verwerfungen bei aufgetretenen Aktienkursblasen mit der Durchführung von Zinsanpassungen unabhängig von den Gewichtungen sinkt. Allerdings zeigen die Darstellungen auch, dass Zinsanpassungen bei reaktiver und präventiver Geldpolitik zu größeren Verwerfungen bei Outputlücke und Inflation als bei neutraler Geldpolitik führen, je mehr erfahrene Akteure handeln. Sind hingegen ausschließlich unerfahrene Akteure am Markt, können die Abweichungen unabhängig von reaktiver oder präventiver Geldpolitik gesenkt werden und die Dauer der Abweichungen verkürzt werden.

5.5 Strategievergleich

Die folgenden Ausführungen sollen zeigen, welche geldpolitische Strategie optimal ist, wenn Aktienkursblasen b_t auftreten. Kriterium zur Bestimmung der Optimalität ist, wie in Abschnitt 4.2.3.4 beschrieben, der erwartete Gesamtnutzenverlust bei präventiver, reaktiver und neutraler Geldpolitik $E_t^l LS_t^*$. Dazu ist zu unterscheiden, ob der Anteil erfahrener und unerfahrener Akteure an den gesamten Marktakteuren w^e und w^u bekannt ist und folglich keine Erwartungsirrtümer bei präventiver Geldpolitik über die Gewichtungen der Marktakteure entstehen oder dies nicht der Fall ist und Erwartungsirrtümer über die Gewichtungen bei präventiver Geldpolitik möglich sind.

5.5.1 Gewichte der Marktakteure bekannt

Sind die Gewichte der Akteure w^e und w^u bekannt, gilt $E_t^{pra} w^e = w^e$, $E_t^{pra} w^u = w^u$ und es treten entsprechend Gleichung (4.72) keine Erwartungsirrtümer bei präventiver Geldpolitik über die Gewichtungen der Akteure auf. Aufgrund bekannter Gewichtungen tritt somit bei präventiver Geldpolitik auch kein Erwartungsirrtum über die Veränderung der Blase $EI_{t+j}^{pra}\hat{b}_{t+j} = 0$ für $t = \tilde{t}$ und $j = 1, \ldots, \infty$ auf.

Im Gegensatz zu präventiver Geldpolitik sind die Erwartungsirrtümer über die Blase bei reaktiver Geldpolitik aufgrund von $EI_{t+j}^{rea}\hat{b}_{t+j} = \hat{b}_{t+j}$ und Gleichung (4.48) ausschließlich von den tatsächlichen Gewichtungen erfahrener und unerfahrener Akteure w^e und w^u abhängig.

Daraus folgt, dass auch die Erwartungsirrtümer über die Inflation und die Outputlücke zur Bestimmung der simulierten periodischen Nutzenverluste L_{t+j}^{l*} mit $l = pra,\ rea,\ neu$ bei reaktiver Geldpolitik, im Gegensatz zu präventiver Geldpolitik, von den Gewichtungen der erfahrenen und unerfahrenen Akteure

w^e und w^u abhängig sind.

$$L_{t+j}^{l^*} = \left(E_{t+j-2}^{l^*}\pi_{t+j} + EI_{t+j}^{l^*}\pi_{t+j}\right)^2 + \mu \cdot \left(E_{t+j-1}^{l^*}y_{t+j} + EI_{t+j}^{l^*}y_{t+j}\right)^2 \quad (5.32)$$

Das Gleiche gilt für neutrale Geldpolitik, wo ebenfalls eine Abhängigkeit von den Gewichten der Marktakteure besteht. Für die Ermittlung der simulierten periodischen Nutzenverluste $L_{t+j}^{pra^*}$, $L_{t+j}^{rea^*}$ sowie $L_{t+j}^{neu^*}$ gelten die Gleichungen (4.82) - (4.84).

Für den periodischen Nutzenverlust bei präventiver und reaktiver Geldpolitik $L_{t+j}^{\tilde{l}^*}$ mit $\tilde{l} = pra,\ rea$ gilt folgender Ausdruck.

$$\begin{aligned} L_{t+j}^{\tilde{l}^*} &= \left(E_{t+j-2}^{\tilde{l}^*}\pi_{t+j} + \kappa \cdot \gamma \cdot EI_{t+j-1}^{\tilde{l}^*}\hat{b}_{t+j-1}\right)^2 \\ &\quad + \mu \cdot \left(E_{t+j-1}^{\tilde{l}^*}y_{t+j} + \gamma \cdot EI_{t+j}^{\tilde{l}^*}\hat{b}_{t+j}\right)^2 \end{aligned} \quad (5.33)$$

Da zum Zeitpunkt $t = \tilde{t}$ der Schock ζ_t auftritt, gelten aufgrund von

$$\zeta_t = \begin{cases} \epsilon & \text{für } t = \tilde{t} \\ 0 & \text{für } t \neq \tilde{t} \end{cases} \quad (5.34)$$

die Ausdrücke $EI_t^{pra^*}\hat{b}_t = \zeta_t$ und $EI_{t+1}^{pra^*}\pi_{t+1} = \kappa \cdot \gamma \cdot \zeta_t$. In den folgenden Perioden tritt kein Schock auf und es gilt wie beschrieben $EI_{t+j}^{pra^*}\hat{b}_{t+j} = 0$ und $EI_{t+j}^{pra^*}y_{t+j} = 0$. Somit können trotz bekannter Gewichte bei präventiver Geldpolitik aufgrund des Schocks ζ_t Nutzenverluste in Periode $t + 1$ entstehen.

Bei reaktiver Geldpolitik gilt $EI_{t+j-1}^{rea^*}\hat{b}_{t+j-1} = \hat{b}_{t+j-1}$ und $EI_{t+j}^{rea^*}\pi_{t+j} = \kappa \cdot \gamma \cdot \hat{b}_{t+j-1}$ beziehungsweise $EI_{t+j}^{rea^*}\hat{b}_{t+j} = \hat{b}_{t+j}$ und $EI_{t+j}^{rea^*}y_{t+j} = \gamma \cdot \hat{b}_{t+j}$. Während bei präventiver Geldpolitik nur aufgrund der Primäreffekte des Schocks ζ_t Nutzenverluste entstehen, beeinflusst bei reaktiver Geldpolitik die gesamte Entwicklung der Blase die Nutzenverluste.

Bei neutraler Geldpolitik gilt unter Berücksichtigung von $E_{t+j-2}^{neu^*}\pi_{t+j} = 0$ und $E_{t+j-1}^{neu^*}y_{t+j} = 0$ Gleichung (4.84) und auch hier beeinflusst die gesamte Entwicklung der Blase die periodischen Nutzenverluste.

Wie in Abschnitt 4.2.3.4 beschrieben, erfolgt die Bestimmung der simulierten gesamten Nutzenverluste $LS_t^{l^*}$ durch die Addition aller simulierten periodenbezogenen Nutzenverluste $L_{t+j}^{l^*}$ in Abhängigkeit von der Gewichtung der erfahrenen

Akteure w^e, wobei diese durch δ auf den Zeitpunkt des Auftretens der Blase $t = \tilde{t}$ abdiskontiert werden. Zur Simulation wird w^e in Schritten von einem Prozent von $w^e = 0$ bis $w^e = 1$ verändert. Das heißt $w_i^e = \frac{i-1}{100}$ mit $i = 1, \ldots, 101$.

$$LS_t^{l^*}(w_i^e) = \sum_{j=1}^{\infty} \delta^j \cdot L_{t+j}^{l^*}(w_i^e) \qquad (5.35)$$

Abbildung 5.14 zeigt die simulierten gesamten Nutzenverluste $LS_t^{l^*}$ für präventive, reaktive und neutrale Geldpolitik für verschiedene Gewichtungen der erfahrenen Akteure w^e zum Zeitpunkt $t = \tilde{t}$. Der simulierte Zeitraum beträgt jeweils 1000 Perioden, weshalb $j = 1, \ldots, 1000$ gilt.

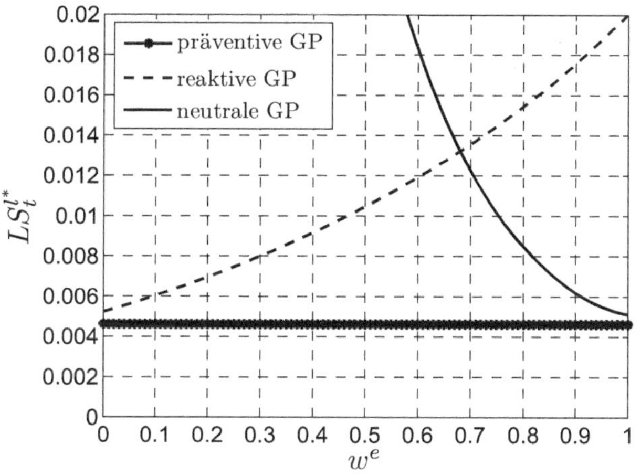

Abbildung 5.14: Nutzenverluste im Vergleich bei bekannten Gewichten der Marktakteure

Unter Berücksichtigung der vorgenommenen Modellkalibrierung zeigt Abbildung 5.14 die Dominanz präventiver Geldpolitik bei sämtlichen Ausprägungen der Gewichtung w^e gegenüber reaktiver und neutraler Geldpolitik. Dominanz bedeutet hier, dass eine geldpolitische Strategie zu einem geringeren Gesamtnutzenverlust im Vergleich zu den Nutzenverlusten bei anderen geldpolitischen Strategien führt. Weiterhin zeigt die Abbildung, dass zwischen reaktiver und neutraler Geldpolitik keine klare Dominanz vorherrscht.

Für den Fall $0 \leq w^e \leq 0,68$ ist der Nutzenverlust bei reaktiver Geldpolitik geringer als bei neutraler Geldpolitik und für den Fall $0,68 < w^e \leq 1$ ist es umgekehrt.[10] Während der Nutzenverlust bei reaktiver Geldpolitik $LS_t^{rea^*}$ für zunehmende Gewichtungen der erfahrenen Akteure w^e ansteigt und für $w^e = 1$ maximal wird, nimmt der Nutzenverlust bei neutraler Geldpolitik $LS_t^{neu^*}$ mit zunehmendem w^e ab und ist bei $w^e = 1$ minimal.

Der Grund für den unterschiedlichen Verlauf der Nutzenverluste bei reaktiver und neutraler Geldpolitik liegt in der Zinssetzung der Zentralbank bei reaktiver Geldpolitik. Die Zunahme des Gewichtes der erfahrenen Akteure w^e führt zu einem schnelleren Abbau bestehender Blasen. Dies führt zu steigenden periodenbezogenen Veränderungen der Blase, was zunehmende Effekte auf Outputlücke und Inflation zur Folge hat und zu ansteigenden Erwartungsirrtümern über Inflation und Outputlücke führt. Die Zinsanpassung nimmt mit zunehmendem Gewicht der erfahrenen Akteure w^e zu. Die Zinssetzung vernachlässigt dabei die Gewichtungen der Marktakteure und destabilisiert die Aktienkurse, weil Zinsanpassungen und das Handeln erfahrener Akteure den gleichen Effekt auf den Aktienkurs haben. Da die Zentralbank das Handeln der erfahrenen Akteure nicht berücksichtigt, führen Zinsanpassungen zu Aktienkursbewegungen, die über die Anpassung an das Zielniveau hinausgehen. Dies führt zu stärkeren Veränderungen der Blase, was größere Effekte auf Outputlücke und Inflation zur Folge hat und in einem höheren periodenbezogenen Nutzenverlust $L_{t+j}^{rea^*}$ resultiert.

Bei neutraler Geldpolitik hingegen sind die Ergebnisse umgekehrt. Mit zunehmendem Gewicht erfahrener Akteure w^e nimmt die Geschwindigkeit des Abbaus von Blasen zu und die Verwerfungen bei Inflation und Outputlücke gehen zurück. Folglich nehmen auch die Erwartungsirrtümer über Inflation und Outputlücke ab und der Gesamtnutzenverlust $LS_t^{neu^*}$ sinkt. Verwerfungen durch Zinsanpassungen wie bei reaktiver Geldpolitik entstehen nicht, wodurch die unterschiedlichen Verläufe der Nutzenverluste für Variationen von w^e bei reaktiver und neutraler Geldpolitik erklärt werden können.

[10] Die Ermittlung der Grenzwerte wurde mit Hilfe von MATLAB durchgeführt.

Zusammenfassend lassen sich die Ergebnisse noch einmal wie folgt darstellen.

$$LS_t^{pra^*} < LS_t^{rea^*} < LS_t^{neu^*} \text{ für } 0 \leq w^e \leq 0,68 \tag{5.36}$$

$$LS_t^{pra^*} < LS_t^{neu^*} < LS_t^{rea^*} \text{ für } 0,68 < w^e \leq 1 \tag{5.37}$$

Kennt die Zentralbank die Gewichtungen der Akteure w^e sowie w^u und treten bei präventiver Geldpolitik keine Erwartungsirrtümer über die Gewichtungen der Akteure auf, ist der Gesamtnutzenverlust $LS_t^{pra^*}$ im Vergleich zu reaktiver und neutraler Geldpolitik $LS_t^{rea^*}$ bzw. $LS_t^{neu^*}$ für sämtliche w^e minimal und präventive Geldpolitik optimal.

Die Ermittlung der erwarteten gesamten Nutzenverluste $E_t^l LS_t^*$ zeigt, dass präventive Geldpolitik zum geringsten erwarteten gesamten Nutzenverlust $E_t^{pra} LS_t^*$ vor reaktiver und neutraler Geldpolitik führt.

$$E_t^{pra} LS_t^* < E_t^{rea} LS_t^* < E_t^{neu} LS_t^* \tag{5.38}$$

$$0,0046 < 0,0112 < 0,3172 \tag{5.39}$$

Sind die Gewichte der erfahrenen und unerfahrenen Akteure w^e und w^u zu jedem Zeitpunkt bekannt, führt präventive Geldpolitik nicht nur im Durchschnitt, sondern auch für sämtliche simulierten Werte von w^e zum minimalen Gesamtnutzenverlust und ist die optimale geldpolitische Strategie.

5.5.2 Gewichte der Marktakteure nicht bekannt

Die folgenden Ausführungen sollen zeigen, wie sich die Ergebnisse verändern, wenn bei präventiver Geldpolitik Erwartungsirrtümer über die Gewichtungen der Akteure w^e und w^u auftreten können. Dabei wird angenommen, dass zum Zeitpunkt des Auftretens des Schocks $t = \tilde{t}$ die Gewichtungen nicht bekannt sind und erst zum Zeitpunkt $t + 1$ als Information für die Geldpolitik zur Verfügung stehen. Es wird damit unterstellt, dass Geldpolitik die Gewichtungen der Akteure innerhalb einer Periode lernt.

$$EI_{t+j}^{pra} w^e = \begin{cases} E_t^{pra} w^e - w^e & \text{für } j = 1 \\ 0 & \text{für } j > 1 \end{cases} \tag{5.40}$$

Folglich sind Erwartungsirrtümer über die Gewichtungen der erfahrenen Akteure $EI_{t+1}^{pra}w^e$ möglich, wenn $t = \tilde{t}$ gilt. Dadurch können bei präventiver Geldpolitik Erwartungsirrtümer über die Entwicklung der Blase in Periode $t+1$ auftreten.

$$EI_{t+j}^{pra}\hat{b}_{t+j} = \begin{cases} \rho \cdot \left(EI_{t+j}^{pra}w^e\right) \cdot \left(b_{t+j-1} - r_{t+j-1}^{g,pra} + \hat{s}_{t+j-1}\right) & \text{für } j = 1 \\ 0 & \text{für } j > 1 \end{cases} \tag{5.41}$$

In den Folgeperioden sind die Gewichtungen der Marktakteure aufgrund des Lernprozesses der Zentralbank bekannt und Erwartungsirrtümer über die Entwicklung von Blasen bei präventiver Geldpolitik ausgeschlossen.

Die Erwartungsirrtümer über die Gewichtung der Akteure und folglich der Entwicklung der Blase führen zur Erhöhung der Erwartungsirrtümer über Inflation und Outputlücke. Der Anstieg der periodenbezogenen Nutzenverluste $L_{t+j}^{pra^*}$ sowie die Zunahme des gesamten Nutzenverlustes $LS_t^{pra^*}$ mit $t = \tilde{t}$ ist die Folge.

Zur Verdeutlichung zeigt die folgende Abbildung die simulierten gesamten Nutzenverluste für präventive Geldpolitik in Abhängigkeit von Erwartungsirrtümern über die Gewichtungen der Akteure bei Variationen von w^e und $E_t w^e$.[11] Zur Simulation werden w^e und $E_t w^e$ in Schritten von jeweils einem Prozent von $w^e = 0$ bis $w^e = 1$ beziehungsweise von $E_t w^e = 0$ bis $E_t w^e = 1$ verändert. Das heißt $w_i^e = \frac{i-1}{100}$ mit $i = 1, \ldots, 101$ und $E_t w_k^e = \frac{k-1}{100}$ mit $k = 1, \ldots, 101$. Für die Anzahl der simulierten Perioden wird wieder $j = 1, \ldots, 1000$ angenommen.

[11] Im Folgenden gilt $E_t^{pra}w^e = E_t w^e$, da nur bei präventiver Geldpolitik Erwartungen über die Gewichte der Akteure gebildet werden. Eine Unterscheidung der Erwartungen ist nicht notwendig und somit die Verwendung des verallgemeinerten Ausdrucks $E_t w^e$ zweckmäßig.

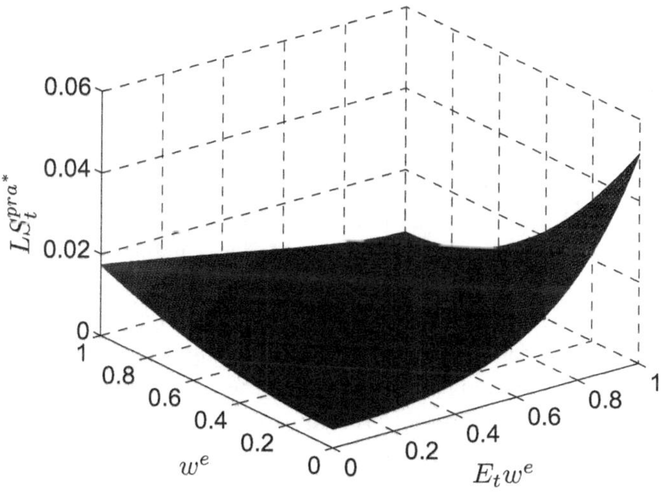

Abbildung 5.15: Nutzenverlust bei präventiver Geldpolitik und verschiedenen Kombinationen von w^e und $E_t w^e$

Abbildung 5.15 zeigt, dass sich die Nutzenverluste für auftretende Erwartungsirrtümer asymmetrisch verhalten. Wird das tatsächliche Gewicht der erfahrenen Akteure unterschätzt $E_t w^e < w^e$, nimmt der Nutzenverlust langsamer und weniger stark zu, als dies bei einem Überschätzen des Anteils erfahrener Akteure $E_t w^e > w^e$ der Fall ist.

Wird der Anteil erfahrener Akteure überschätzt, wird ein schnellerer Abbau der Blase erwartet als tatsächlich eintritt. Je höher das erwartete Gewicht der erfahrenen Akteure ist, desto größer ist die erwartete Veränderung der Blase beim Platzen. Entsprechend dieser Erwartung wird die Zentralbank den Zins senken, was den Diskontierungszins im *DDM* senkt und die Attraktivität von Aktien erhöht. Ist der Anteil erfahrener Akteure kleiner als erwartet, führt dieser Mechanismus dazu, dass das Verhalten der unerfahrenen Akteure unterstützt wird und der Aktienkurs sich weiter von seinem Zielwert entfernt. Dies führt zu Verwerfungen bei Inflation und Outputlücke, was zu steigenden Nutzenverlusten führt.

Wird das Gewicht der erfahrenen Akteure hingegen unterschätzt, reagiert die Zentralbank über das Zinsinstrument stärker, als notwendig wäre, um den Aktienkurs zurück auf seinen Zielwert zu bringen. Dies führt dazu, dass die Strategie der erfahrenen Akteure unterstützt wird. Dadurch entstehen Verwerfungen bei Inflation und Outputlücke sowie ansteigende Nutzenverluste. Allerdings zeigt die Abbildung deutlich, dass die Überschätzung des Anteils erfahrener Akteure zu stärkeren Nutzenverlusten führt, als es bei der Unterschätzung der Fall ist.

Bei reaktiver und neutraler Geldpolitik sind die Ergebnisse von den Erwartungen über die Gewichtung der erfahrenen Akteure unabhängig. Bei reaktiver Geldpolitik nimmt der Nutzenverlust entsprechend Abbildung 5.14 mit zunehmendem Anteil erfahrener Akteure aufgrund der Zinssetzung der Zentralbank ohne Berücksichtigung der Anteile der Marktakteure und der damit verbundenen Veränderung der Blase zu und bei neutraler Geldpolitik nimmt der Nutzenverlust mit abnehmendem Anteil erfahrener Akteure zu.

Zur Ermittlung der erwarteten Gesamtnutzenverluste und zum Vergleich der geldpolitischen Strategien werden die Gesamtnutzenverluste für sämtliche Kombinationen aus w^e und $E_t w^e$ in Abhängigkeit von den Erwartungsirrtümern über die Gewichtungen der Akteure simuliert und in Abbildung 5.16 dargestellt.

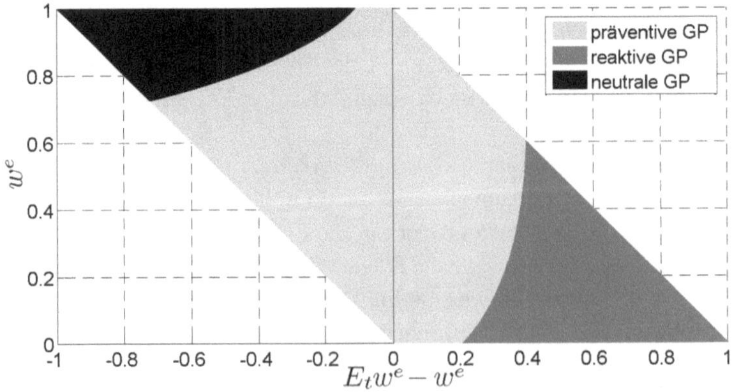

Abbildung 5.16: Vergleich geldpolitischer Strategien in Abhängigkeit von Erwartungsirrtümern

Die Senkrechte bei $E_t w^e - w^e = 0$ in Abbildung 5.16 beschreibt die Situation ohne Erwartungsirrtümer präventiver Geldpolitik. Die erwartete Gewichtung erfahrener Akteure entspricht dem tatsächlichen Wert und präventive Geldpolitik führt unabhängig von w^e stets zum geringsten Gesamtnutzenverlust LS_t^{l*}.

Für den Erwartungsirrtum gilt $-1 \leq E_t w^e - w^e \leq 1$. Gilt $w^e = 0$, ist der höchst mögliche Erwartungsirrtum $EI_{t+1}w^e = 1$.[12] Gilt hingegen $w^e = 1$, ist der höchst mögliche Erwartungsirrtum $EI_{t+1}w^e = -1$. Für $0 \leq w^e \leq 1$ gilt $-1 \leq EI_{t+1}w^e \leq 1$, was die Form der Abbildung erklärt. Die dargestellten Flächen in der Abbildung zeigen, bei welchem Erwartungsirrtum $EI_{t+1}w^e$ und welchem tatsächlich eintretenden Gewicht w^e der Gesamtnutzenverlust welcher geldpolitischen Strategie minimal ist. Gilt $E_t w^e - w^e > 0$, wird das tatsächliche Gewicht erfahrener Akteure von der Geldpolitik überschätzt und für $E_t w^e - w^e < 0$ wird das Gewicht erfahrener Akteure unterschätzt.

Für $w^e \geq 0,73$ führen zunehmende Unterschätzungen des Gewichtes erfahrener Akteure zur ansteigenden Dominanz von neutraler Geldpolitik gegenüber präventiver Geldpolitik, bis bei $w^e = 1$ präventive Geldpolitik im Bereich $-1 \leq EI_{t+1}w^e \leq -0,11$ von neutraler Geldpolitik dominiert wird.

Für $w^e \leq 0,60$ führen zunehmende Überschätzungen des Gewichtes erfahrener Akteure zur ansteigenden Dominanz von reaktiver Geldpolitik gegenüber präventiver Geldpolitik, bis bei $w^e = 0$ präventive Geldpolitik im Bereich $0,21 \leq EI_{t+1}w^e \leq 1$ von reaktiver Geldpolitik dominiert wird.

Die Abbildung zeigt somit, dass es Bereiche gibt, in denen die Höhe des Erwartungsirrtums für die Optimalität präventiver Geldpolitik gegenüber reaktiver und neutraler Geldpolitik irrelevant ist. Für den Bereich $0,60 < w^e < 0,73$ sowie $-0,73 < EI_{t+1}w^e < 0,40$ ist die Höhe der Erwartungsirrtümer unbedeutend und präventive Geldpolitik führt gegenüber reaktiver und neutraler Geldpolitik zum geringsten Gesamtnutzenverlust LS_t^{l*}. Sinkt das tatsächliche Gewicht erfahrener Akteure w^e, steigt die Vorteilhaftigkeit reaktiver Geldpolitik gegenüber präventiver Geldpolitik. Nimmt das Gewicht der erfahrenen Akteure w^e hingegen zu, steigt die Vorteilhaftigkeit neutraler Geldpolitik gegenüber präventiver Geldpolitik.

Die bisherigen Einzelfallbetrachtungen zeigen allerdings nicht, welcher Gesamtnutzenverlust über sämtliche simulierte Werte für w^e und $E_t w^e$ bei der

[12] Im Folgenden gilt $EI_{t+1}^{pra}w^e = EI_{t+1}w^e$, da nur bei präventiver Geldpolitik Erwartungsirrtümer über die Gewichte der Akteure auftreten können.

Anwendung präventiver, reaktiver oder neutraler Geldpolitik zu erwarten ist. Die Erwartungen werden mit der Durchschnittsbildung sämtlicher Nutzenverluste $LS_t^{l^*}$ für die jeweils angewendete geldpolitische Strategie ermittelt.

$$E_t^{pra} LS_t^* = \frac{1}{m^2} \cdot \left(\sum_{k=1}^{m} \sum_{i=1}^{m} LS_t^{pra^*}(E_t w_k^e,\ w_i^e) \right) \tag{5.42}$$

$$E_t^{rea} LS_t^* = \frac{1}{m} \cdot \left(\sum_{i=1}^{m} LS_t^{rea^*}(w_i^e) \right) \tag{5.43}$$

$$E_t^{neu} LS_t^* = \frac{1}{m} \cdot \left(\sum_{i=1}^{m} LS_t^{neu^*}(w_i^e) \right) \tag{5.44}$$

Im Ergebnis zeigen die Simulationen, dass der erwartete Gesamtnutzenverlust bei präventiver Geldpolitik geringer als bei reaktiver Geldpolitik ist und dieser wiederum kleiner als bei neutraler Geldpolitik ist.

$$E_t^{pra} LS_t^* < E_t^{rea} LS_t^* < E_t^{neu} LS_t^* \tag{5.45}$$

$$0,0089 < 0,0112 < 0,3172 \tag{5.46}$$

Durchschnittlich führt präventive Geldpolitik somit unter möglichen Erwartungsirrtümern über die Gewichte der Akteure w^e und w^u zum geringsten Nutzenverlust, wobei in der Einzelfallbetrachtung durchaus auch reaktive oder neutrale Geldpolitik die optimale Wahl sein kann.

5.6 Sensitivitätsanalysen

In den folgenden Abschnitten wird der Einfluss von Veränderungen von Aktienkursblasen auf die Outputlücke γ sowie die Gewichtung der Outputlücke in der gesellschaftlichen Nutzenverlustfunktion μ variiert. Ziel ist es herauszufinden, wie Veränderungen von γ und μ auf die Nutzenverluste bei präventiver, reaktiver und neutraler Geldpolitik wirken und welche Effekte auf die optimale geldpolitische Strategie entstehen. Dazu wird die Betrachtung einerseits unter bekannten Gewichten der Marktakteure und andererseits unter unbekannten Gewichten der Marktakteure durchgeführt.

5.6.1 Variationen von γ

Kennt die Zentralbank die Gewichtungen der erfahrenen und unerfahrenen Akteure w^e und w^u, hat die Variation von γ keinen Einfluss auf die Optimalität präventiver Geldpolitik. Es gibt kein γ mit $\gamma_k = \frac{k-1}{100}$ und $k = 1, \ldots, 101$, bei dem reaktive oder neutrale Geldpolitik zu einem geringeren Nutzenverlust als bei präventiver Geldpolitik führt. Präventive Geldpolitik bleibt stets optimal.[13]

Sind die Gewichtungen der Akteure hingegen nicht zu jedem Zeitpunkt bekannt, führt die Veränderung von γ in Abhängigkeit von den Erwartungsirrtümern über die Gewichtung der erfahrenen Akteure $E_t w^e - w^e$ zu folgenden Ergebnissen.

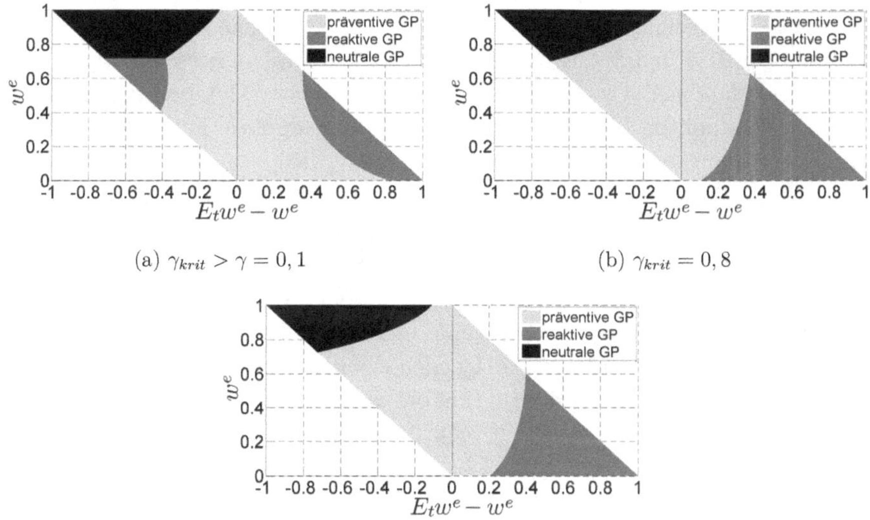

(a) $\gamma_{krit} > \gamma = 0,1$

(b) $\gamma_{krit} = 0,8$

(c) $\gamma_{krit} < \gamma = 1$

Abbildung 5.17: Vergleich geldpolitischer Strategien in Abhängigkeit von Erwartungsirrtümern und γ

[13]Die Variation von γ entspricht der Veränderung in Schritten von einem Prozent von $\gamma = 0$ bis $\gamma = 1$.

Abbildung 5.17 zeigt, dass es für $0,80 \leq \gamma \leq 1$ drei Bereiche gibt, in denen entweder präventive, reaktive oder neutrale Geldpolitik optimal ist. Es gibt gleichzeitig Bereiche, in denen präventive Geldpolitik unabhängig von der Höhe der Erwartungsirrtümer stets die optimale Wahl darstellt. Hingegen kommt für $0 \leq \gamma < 0,80$ entgegen Abbildung 5.16 ein weiterer Bereich hinzu, in dem reaktive Geldpolitik optimal ist.

Weiterhin zeigt Abbildung 5.17a, dass zunehmende Unterschätzungen des Gewichtes erfahrener Akteure für $0,41 \leq w^e < 0,72$ zur abnehmenden Dominanz von präventiver Geldpolitik gegenüber reaktiver Geldpolitik führen. Bei $0,72 \leq w^e \leq 1$ dominiert neutrale Geldpolitik reaktive Geldpolitik und mit ansteigenden Unterschätzungen des Gewichts der erfahrenen Akteure wird auch präventive Geldpolitik durch neutrale Geldpolitik zunehmend dominiert, bis bei $w^e = 1$ präventive Geldpolitik für $-1 \leq EI_{t+1}w^e \leq -0,10$ von neutraler Geldpolitik dominiert wird. Für $w^e \leq 0,64$ verändern zunehmende Überschätzungen des Gewichtes erfahrener Akteure die Dominanz präventiver Geldpolitik gegenüber reaktiver Geldpolitik, bis bei $w^e = 0$ präventive Geldpolitik im Bereich $0,82 \leq EI_{t+1}w^e \leq 1$ von reaktiver Geldpolitik dominiert wird.

Abbildung 5.17b hingegen zeigt, dass für $0,70 \leq w^e$ zunehmende Unterschätzungen des Gewichtes der erfahrenen Akteure zur ansteigenden Dominanz von neutraler gegenüber präventiver Geldpolitik führt, bis bei $w^e = 1$ präventive Geldpolitik im Bereich $-1 \leq EI_{t+1}w^e \leq -0,11$ von neutraler Geldpolitik dominiert wird. Für $w^e \leq 0,62$ führen zunehmende Überschätzungen des Gewichtes erfahrener Akteure zur ansteigenden Dominanz von reaktiver Geldpolitik gegenüber präventiver Geldpolitik, bis bei $w^e = 0$ präventive Geldpolitik im Bereich $0,11 \leq EI_{t+1}w^e \leq 1$ von reaktiver Geldpolitik dominiert wird. Die Abbildung zeigt somit, dass es Bereiche gibt, in denen die Höhe des Erwartungsirrtums für die Optimalität präventiver Geldpolitik gegenüber reaktiver und neutraler Geldpolitik irrelevant ist. Für den Bereich $0,62 < w^e < 0,70$ sowie $-0,70 < EI_{t+1}w^e < 0,37$ ist die Höhe der Erwartungsirrtümer unbedeutend und präventive Geldpolitik führt gegenüber reaktiver und neutraler Geldpolitik zum geringsten Nutzenverlust $LS_t^{l^*}$.

Abbildung 5.17c zeigt, dass für $0,73 \leq w^e$ zunehmende Unterschätzungen des Gewichtes erfahrener Akteure zur ansteigenden Dominanz von neutraler Geldpolitik gegenüber präventiver Geldpolitik führen, bis bei $w^e = 1$ präventive Geldpolitik im Bereich $-1 \leq EI_{t+1}w^e \leq -0,11$ von neutraler Geldpolitik dominiert wird. Für $w^e \leq 0,60$ führen zunehmende Überschätzungen des Gewichtes erfahrener Akteure zur ansteigenden Dominanz von reaktiver Geldpolitik gegenüber präventiver Geldpolitik, bis bei $w^e = 0$ präventive Geldpolitik im Bereich $0,21 \leq EI_{t+1}w^e \leq 1$ von reaktiver Geldpolitik dominiert wird. Für den Bereich $0,60 < w^e < 0,73$ sowie $-0,73 < EI_{t+1}w^e < 0,40$ ist die Höhe der Erwartungsirrtümer unbedeutend und präventive Geldpolitik führt gegenüber reaktiver und neutraler Geldpolitik zum geringsten Nutzenverlust $LS_t^{l^*}$.

Die dargestellten Ergebnisse können wie folgt erklärt werden. Variationen von γ haben unterschiedliche Auswirkungen auf die geldpolitischen Strategien. Während sich der Verlauf der Gesamtnutzenverluste in Abhängigkeit von w^e bei reaktiver Geldpolitik qualitativ verändert, treten bei präventiver und neutraler Geldpolitik nahezu nur quantitative Effekte auf, wie Abbildung 5.18 zeigt.[14]

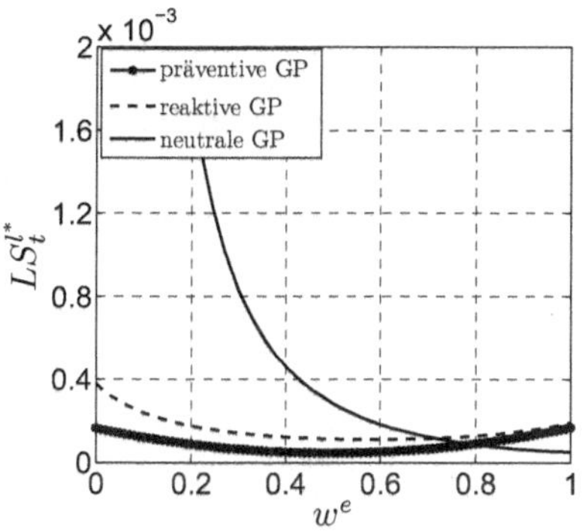

(a) $\gamma = 0,1$

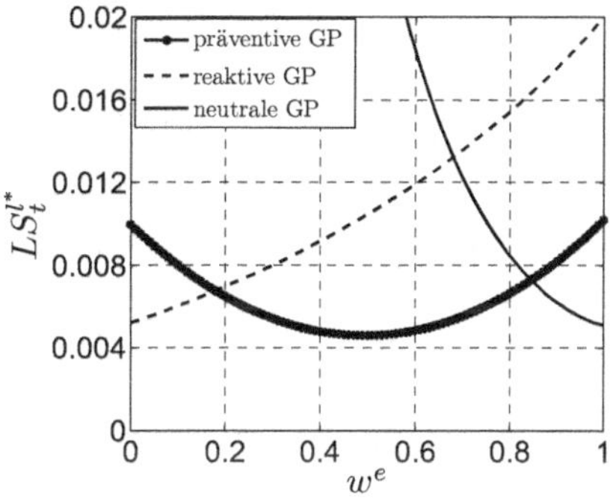

(b) $\gamma = 1$

Abbildung 5.18: Nutzenverluste im Vergleich für verschiedene γ und $E_t\bar{w}^e = 0,5$ bei unbekannten Gewichten der Marktakteure

Entsprechend Abbildung 5.18a ist der Gesamtnutzenverlust bei reaktiver Geldpolitik für $\gamma = 0,1$ und $w^e = 0$ größer als bei $w^e = 1$. Agieren keine

[14] Insgesamt steigt der Gesamtnutzenverlust bei präventiver, reaktiver und neutraler Geldpolitik mit zunehmendem γ an, da der Einfluss von Veränderungen von Blasen $\hat{b}_t$ auf die Outputlücke y_t und die Inflation π_t entsprechend Gleichung (4.46) und Gleichung (4.47) zunimmt. Dies erhöht den Nutzenverlust der geldpolitischen Strategien aufgrund der Berücksichtigung der Outputlücke und der Inflation in der Nutzenverlustfunktion.

erfahrenen Akteure, ist der Gesamtnutzenverlust somit höher, als wenn ausschließlich erfahrene Akteure handeln. Für $\gamma = 1$ zeigt Abbildung 5.18b, dass der umgekehrte Fall gilt. Agieren ausschließlich erfahrene Akteure $w^e = 1$ ist der Gesamtnutzenverlust höher, als wenn nur unerfahrene Akteure $w^u = 1$ handeln.

Mit abnehmendem γ sinkt der Einfluss der Veränderung von Blasen $\hat{b}_t$ auf die Outputlücke y_t und die Inflation π_t entsprechend Gleichung (4.46) und Gleichung (4.47). Unter Berücksichtigung der Outputlücke und der Inflation in der Zinsregel der Zentralbank nach Gleichung (4.65) und Gleichung (4.66) wird der Zins für $\gamma = 0,1$ geringer angepasst als für $\gamma = 1$. Die Beeinflussung der Aktienkursblase durch die Geldpolitik sinkt und deren Dauer und Höhe nehmen zu. Je geringer γ wird, desto mehr nähern sich reaktive und präventive Geldpolitik beziehungsweise die Zinssetzung an. Durch die geringeren Zinsanpassungen bei $\gamma = 0,1$ im Vergleich zu $\gamma = 1$ sinkt die Beeinflussung der Erwartungen der erfahrenen Akteure und die destabilisierenden Effekte reaktiver Geldpolitik aufgrund der Vernachlässigung der Anteile der Marktakteure in der Zinssetzung nehmen ab. Dies zeigt sich vor allem entgegen den entstehenden Gesamtnutzenverlusten in Abbildung 5.18b, wenn nahezu ausschließlich erfahrene Akteure handeln. Die Zunahme der Gesamtnutzenverluste bei reaktiver Geldpolitik und nahezu ausschließlichem Handeln unerfahrener Akteure ist auf die zunehmende Dauer von Aktienkursblasen und deren Effekte auf Outputlücke und Inflation sowie auf die Nutzenverluste zurückzuführen.

Diese Ausführungen zeigen, dass die Entwicklung der Nutzenverluste bei reaktiver Geldpolitik sowohl vom Anteil der erfahrenen Akteure w^e als auch dem Einfluss der Veränderung der Blase auf die Outputlücke γ abhängig sind. Daraus ergeben sich die in Abbildung 5.17 gezeigten Effekte und die Veränderung des optimalen Bereiches reaktiver Geldpolitik bei Variationen von γ.

5.6.2 Variationen von μ

Kennt die Zentralbank die Gewichtungen der erfahrenen und unerfahrenen Akteure w^e und w^u, hat die Variation von μ keinen Einfluss auf die Optimalität präventiver Geldpolitik. Es gibt kein μ mit $\mu_k = \frac{k-1}{100}$ und $k = 1, \ldots, 101$, bei dem reaktive oder neutrale Geldpolitik zu einem geringeren Nutzenverlust als bei präventiver Geldpolitik führt. Präventive Geldpolitik bleibt stets optimal.[15]

Kennt die Zentralbank die Gewichtungen der Akteure allerdings nicht zu jedem Zeitpunkt, führt die Veränderung von μ in Abhängigkeit von Erwartungsirrtümern über die Gewichtungen der Akteure zu folgenden Gesamtnutzenverlusten bei präventiver, reaktiver und neutraler Geldpolitik.

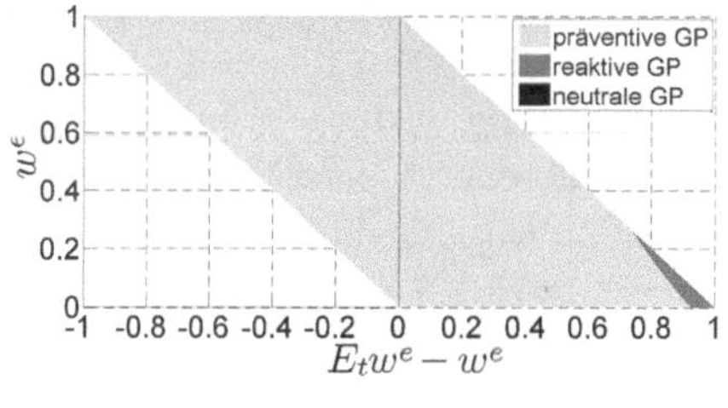

(a) $\mu_{krit} = 0,09$

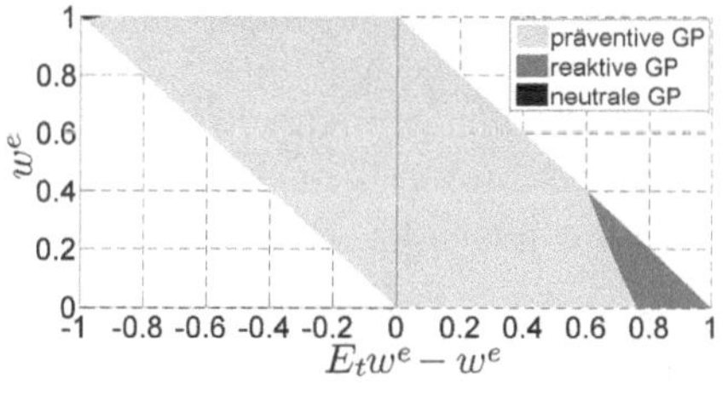

(b) $\mu_{krit} = 0,12$

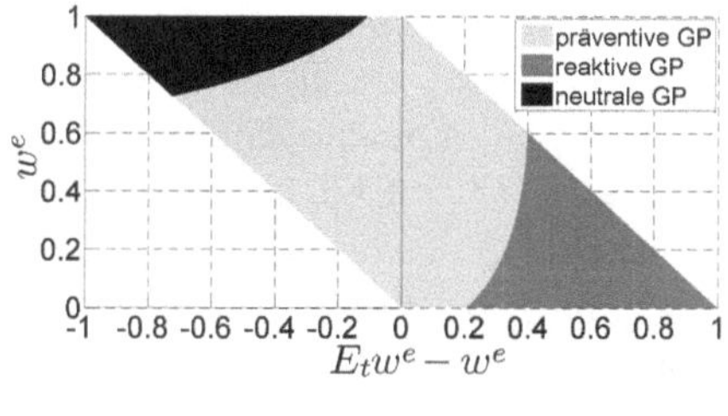

(c) $\mu = 1$

Abbildung 5.19: Vergleich geldpolitischer Strategien in Abhängigkeit von Erwartungsirrtümern und μ

Abbildung 5.19 zeigt, dass es für die dargestellten Fälle stets Bereiche gibt, in denen präventive Geldpolitik unabhängig von auftretenden Erwartungsirrtümern die optimale Strategie ist. Für zunehmende μ nimmt dieser Bereich ab.

Gilt $0 \leq \mu < 0,09$, führt präventive Geldpolitik stets zum geringsten Gesamtnutzenverlust und es gibt keine Kombination aus Erwartungsirrtum $E_t w^e - w^e$ und tatsächlichem Gewicht erfahrener Akteure w^e, bei der reaktive

[15]Die Variation von μ entspricht der Veränderung in Schritten von einem Prozent von $\mu = 0$ bis $\mu = 1$.

oder neutrale Geldpolitik optimal ist. Für $0,09 \leq \mu < 0,12$ ist präventive Geldpolitik nicht mehr uneingeschränkt die optimale Wahl. Es gibt Bereiche, in denen reaktive Geldpolitik gegenüber präventiver Geldpolitik optimal ist. Neutrale Geldpolitik stellt keine Alternative zu reaktiver oder präventiver Geldpolitik dar. Weiterhin kommt für $0,12 \leq \mu \leq 1$ ein weiterer Bereich hinzu, in dem neutrale Geldpolitik präventive und reaktive Geldpolitik dominiert.

Abbildung 5.19a zeigt, dass bei Unterschätzungen der Gewichtung erfahrener Akteure $E_t w^e < w^e$ und $\mu = 0,09$ präventive Geldpolitik stets die optimale Wahl ist. Bei Überschätzungen des Gewichtes der erfahrenen Akteure $E_t w^e > w^e$ gilt dies eingeschränkt. Für $w^e < 0,26$ führen zunehmende Überschätzungen von w^e zur ansteigenden Dominanz reaktiver Geldpolitik, bis diese bei $w^e = 0$ für $0,92 \leq E_t w^e \leq 1$ optimal ist. Für $0,25 < w^e \leq 1$ sowie $-1 \leq EI_{t+1} w^e < 0,75$ ist die Höhe der Erwartungsirrtümer unbedeutend und präventive Geldpolitik führt gegenüber reaktiver und neutraler Geldpolitik zum geringsten Nutzenverlust LS_t^{l*}.

Abbildung 5.19b hingegen zeigt, dass präventive Geldpolitik bei Unterschätzungen des Gewichtes erfahrener Akteure und $\mu = 0,12$ nicht mehr uneingeschränkt optimal ist. Für $0,98 \leq w^e \leq 1$ nimmt die Dominanz präventiver Geldpolitik ab, bis neutrale Geldpolitik für $w^e = 1$ bei $0 \leq E_t w^e \leq 0,08$ optimal ist. Wird die Gewichtung der erfahrenen Akteure überschätzt, so ist dies für die Optimalität präventiver Geldpolitik bei $0,39 < w^e \leq 1$ unerheblich. Im Bereich $0 \leq w^e \leq 0,39$ nimmt die Dominanz präventiver Geldpolitik gegenüber reaktiver Geldpolitik ab, bis reaktive Geldpolitik für $w^e = 0$ im Bereich $0,76 \leq E_t w^e \leq 1$ optimal ist. Für den Bereich $0,39 < w^e < 0,98$ sowie $-0,98 < EI_{t+1} w^e < 0,61$ ist die Höhe der Erwartungsirrtümer unbedeutend und präventive Geldpolitik führt gegenüber reaktiver und neutraler Geldpolitik zum geringsten Nutzenverlust LS_t^{l*}.

Abbildung 5.19c zeigt, dass für $0,73 \leq w^e$ zunehmende Unterschätzungen des Gewichtes erfahrener Akteure zur abnehmenden Dominanz von präventiver Geldpolitik gegenüber neutraler Geldpolitik führen, bis bei $w^e = 1$ präventive Geldpolitik im Bereich $-1 \leq EI_{t+1} w^e \leq -0,11$ von neutraler Geldpolitik dominiert wird. Für $w^e \leq 0,60$ führen zunehmende Überschätzungen des Gewichtes erfahrener Akteure zur abnehmenden Dominanz von präventiver Geldpolitik gegenüber reaktiver Geldpolitik, bis bei $w^e = 0$ präventive Geldpolitik im Bereich $0,21 \leq EI_{t+1} w^e \leq 1$ von reaktiver Geldpolitik dominiert wird. Für den

Bereich $0,60 < w^e < 0,73$ sowie $-0,73 < EI_{t+1}w^e < 0,40$ ist die Höhe der Erwartungsirrtümer unbedeutend und präventive Geldpolitik führt gegenüber reaktiver und neutraler Geldpolitik zum geringsten Nutzenverlust $LS_t^{l^*}$.

Die Darstellungen zeigen, dass die Auswahl von μ einen erheblichen Einfluss auf die Optimalität der hier betrachteten geldpolitischen Strategien ausübt. Die Wahl von μ beeinflusst nicht nur die Gewichtung der Outputlücke in der gesellschaftlichen Nutzenverlustfunktion, sondern auch wie stark die Optimalität von präventiver Geldpolitik gegenüber reaktiver und neutraler Geldpolitik durch Erwartungsirrtümer eingeschränkt wird.

Die Variation von μ führt zu folgenden Effekten. Für $\mu = 0$ steigen die Reaktionsparameter in der Zinsregel im Gegensatz zu $\mu = 1$ von $f_{1|\mu=1} = 1,12$ auf $f_{1|\mu=0} = 1,80$ und von $f_{2|\mu=1} = 0,81$ auf $f_{2|\mu=0} = 2,50$. Der Parameter f_3 ist von μ unabhängig.

Durch die Erhöhung der Reaktionsparameter in der Zinsregel der Zentralbank nimmt die Stärke der Zinsanpassung zu. Dadurch wird die Wirkung der Zinsänderung auf die Outputlücke verstärkt und die Inflation schneller abgebaut als bei $\mu = 1$. Während bei präventiver Geldpolitik der Nutzenverlust für sinkende μ abnimmt, nimmt er bei reaktiver Geldpolitik zu. Durch die stärkere Zinsanpassung bei $\mu = 0$ im Vergleich zu $\mu = 1$ führt die Nichtberücksichtigung des Verhaltens der Marktakteure zu größeren Verwerfungen bei Outputlücke und Inflation, was den Nutzenverlust bei reaktiver Geldpolitik erhöht.

Da der Nutzenverlust bei präventiver Geldpolitik für sinkende μ abnimmt und der Nutzenverlust bei reaktiver Geldpolitik ansteigt, dominiert präventive Geldpolitik für abnehmende μ reaktive Geldpolitik zunehmend. Neutrale Geldpolitik ist für abnehmende μ keine Alternative und führt trotz Erwartungsirrtümer bei präventiver Geldpolitik zu einem höheren Nutzenverlust als präventive Geldpolitik und ist folglich nicht optimal.

5.7 Ergebnisse

Die Simulationen zur Auswirkung von Aktienkursblasen auf die Zielgrößen der Zentralbank unter verschiedenen geldpolitischen Strategien haben gezeigt, dass die Ergebnisse einerseits von der angewendeten Strategie und andererseits von möglichen Informationsbeschränkungen der Zentralbank abhängig sind.

Die angewendeten Strategien sind neutrale Geldpolitik, reaktive Geldpolitik und präventive Geldpolitik.

Die Anwendung präventiver Geldpolitik führt bei zuverlässiger Bestimmung der Eigenschaften von Blasen stets zum geringsten erwarteten Nutzenverlust und ist im Vergleich zu reaktiver und neutraler Geldpolitik optimal.

Untersuchungen von Akram et al. (2006), Cecchetti et al. (2000), Filardo (2004), Kontonikas und Ioannidis (2005) sowie Kontonikas und Montagnoli (2006) bestätigen dieses Ergebnis und empfehlen Vermögenspreisblasen stets in der Zinsanpassung der Zentralbank zu berücksichtigen. Die Anwendung präventiver Geldpolitik ist optimal, wobei dies die zuverlässige Identifikation von Vermögenspreisblasen voraussetzt.

Im Gegensatz zu den genannten Arbeiten führen Probleme bei der Bestimmung der Eigenschaften von Blasen in der vorliegenden Modellierung und Simulation nicht zwangsläufig zur Ablehnung präventiver Geldpolitik und zur Anwendung reaktiver oder neutraler Geldpolitik. Entscheidend dafür ist sowohl die Höhe als auch die Richtung möglicher Erwartungsirrtümer der Zentralbank über die Anteile der erfahrenen und unerfahrenen Marktakteure.

Nimmt die Höhe von Erwartungsirrtümern zu, steigt die Abweichung zwischen erwarteter und tatsächlicher Entwicklung der Aktienkursblase an und Verzerrungen der geldpolitischen Zinsanpassung werden verstärkt. Höhere Abweichungen von Inflation und Output von den entsprechenden Zielwerten und ein gestiegener Nutzenverlust sind die Folge. Obwohl präventive Geldpolitik bei auftretenden Erwartungsirrtümern im Durchschnitt zum geringsten Nutzenverlust führt, ist der Nutzenverlust reaktiver oder neutraler Geldpolitik in der Einzelfallbetrachung teilweise niedriger und die Anwendung präventiver Geldpolitik nicht länger optimal. Ob reaktive oder neutrale Geldpolitik im Vergleich zu präventiver Geldpolitik in der Einzelfallbetrachtung optimal ist, hängt von der Richtung der Erwartungsirrtümer ab.[16]

Wird das Gewicht der erfahrenen Akteure überschätzt ($E_t w^e > w^e$), ist bei ausreichend großen Erwartungsirrtümern reaktive Geldpolitik optimal und ansonsten führt präventive Geldpolitik zum geringsten Nutzenverlust. Neutrale Geldpolitik stellt keine Alternative dar. Der Vorteil reaktiver Geldpolitik ist gegenüber präventiver Geldpolitik maximal, wenn keine erfahrenen Akteure han-

[16]Einzelfallbetrachtungen bezeichnen Kombinationen aus tatsächlicher Gewichtung erfahrener Akteure w^e und erwarteter Gewichtung $E_t w^e$.

deln ($w^e = 0$) und von präventiver Geldpolitik das Gegenteil ($E_t w^e = 1$) erwartet wird. Dies gilt auch im Vergleich von reaktiver und neutraler Geldpolitik, da die Geschwindigeit des Abbaus von Aktienkursblasen bei neutraler Geldpolitik mit abnehmendem Anteil erfahrener Akteure sinkt und der Nutzenverlust steigt. Bei reaktiver Geldpolitik führt die Abnahme des Anteils erfahrener Akteure hingegen zur Senkung des Nutzenverlustes. Die Vernachlässigung der Anteile der Marktakteure in der Zinssetzung bei reaktiver Geldpolitik resultiert in Zinsanpassungen, die die effiziente Durchführung von Arbitrage der erfahrenen Akteure verhindern. Dadurch verstärkt die Anwendung reaktiver Geldpolitik die Verwerfungen bei Outputlücke sowie Inflation und der Nutzenverlust steigt mit zunehmendem Anteil erfahrener Akteure an. Die Nutzenverluste bei reaktiver und neutraler Geldpolitik entwickeln sich für Veränderungen des Anteils erfahrener Akteure somit in unterschiedliche Richtungen.

Wird das Gewicht der erfahrenen Akteure von präventiver Geldpolitik hingegen unterschätzt ($E_t w^e < w^e$), ist bei ausreichend großen Erwartungsirrtümern neutrale Geldpolitik optimal, und ansonsten führt präventive Geldpolitik zum geringsten Nutzenverlust. Reaktive Geldpolitik stellt keine Alternative dar. Der Vorteil neutraler Geldpolitik ist gegenüber präventiver Geldpolitik maximal, wenn ausschließlich erfahrene Akteure handeln ($w^e = 1$) und von präventiver Geldpolitik das Gegenteil ($E_t w^e = 0$) erwartet wird. Dies gilt auch im Vergleich von neutraler und reaktiver Geldpolitik aufgrund der bereits beschriebenen Gründe.

Gilchrist und Saito (2006) kommen zu den gleichen Ergebnissen und schlussfolgern, dass präventive Geldpolitik bei vollkommenen Informationen der Zentralbank optimal ist, aber auch unter eingeschränkten Informationen zum geringsten Nutzenverlust im Vergleich zu reaktiver Geldpolitik führen kann.[17]

Neben dem Vergleich der geldpolitischen Strategien unter vollkommenen Informationen über die Entwicklungseigenschaften von Blasen und unter eingeschränkten Informationen, wurden in der Simulation zusätzlich Variationen des Einflusses von Veränderungen der Aktienkursblase auf die Outputlücke γ sowie Veränderungen der Gewichtung der Outputlücke in der Nutzenverlustfunktion μ untersucht.

[17] In die Betrachtung wurde der Fall neutraler Geldpolitik nicht mit einbezogen, weshalb keine Aussagen dazu möglich sind.

Variationen des Einflusses der Veränderung von Aktienkursblasen auf die Outputlücke γ führen zu keinen Änderungen der Ergebnisse, wenn sämtliche Informationen über die Entwicklungseigenschaften der Blase bekannt sind.

Sind nicht sämtliche Informationen über die Blase bekannt und Erwartungsirrtümer möglich, führt die Verringerung des Einflusses von Änderungen der Aktienkursblase auf die Outputlücke zur Veränderung der Ergebnisse. Bei präventiver und neutraler Geldpolitik entstehen ausschließlich quantitative Effekte. Die Aussagen bei unterschiedlichen γ bleiben qualitativ identisch. Allerdings verändern sich die Nutzenverluste bei reaktiver Geldpolitik nicht nur quantitativ, sondern auch qualitativ. Dies führt zu Veränderungen der Ergebnisse beim Vergleich präventiver, reaktiver und neutraler Geldpolitik bei Veränderungen von γ. Agieren ausschließlich unerfahrene Akteure ist der Nutzenverlust bei Anwendung reaktiver Geldpolitik und einer geringen Beeinflussung der Outputlücke durch Veränderungen der Aktienkursblase $\gamma = 0,1$ größer als bei ausschließlichem Handeln erfahrener Akteure. Wird die Beeinflussung der Outputlücke durch Veränderungen der Aktienkursblase hingegen wie bisher mit $\gamma = 1$ angenommen, kehren sich die Ergebnisse um. Der Grund liegt in der Zinsreaktion reaktiver Geldpolitik bei auftretenden Aktienkursblasen. Für $\gamma = 0,1$ ist diese geringer als bei $\gamma = 1$, da Veränderungen von Blasen einen geringeren Einfluss auf Outputlücke und Inflation ausüben. Aktienkursblasen sind folglich einerseits größer und bestehen andererseits länger. Die Outputlücke und die Inflation werden über einen längeren Zeitraum beeinflusst und führen damit zu einem höheren Nutzenverlust, wenn nur unerfahrene Akteure handeln im Vergleich zum Fall ohne unerfahrene Akteure.

Für Überschätzungen des Gewichtes der erfahrenen Akteure und abnehmendem γ nimmt der optimale Bereich präventiver Geldpolitik zu und der optimale Bereich reaktiver Geldpolitik ab. Neutrale Geldpolitik ist auch weiterhin keine Alternative.

Für Unterschätzungen des Gewichtes der erfahrenen Akteure und abnehmendem γ führt reaktive Geldpolitik unter bestimmten Voraussetzungen zum geringsten Nutzenverlust. Dieser Bereich wird umso größer, desto kleiner γ wird. Bei $\gamma = 1$ ist ausschließlich präventive oder neutrale Geldpolitik entsprechend der Höhe der Erwartungsirrtümer bei präventiver Geldpolitik optimal.

Veränderungen der Gewichtung der Outputlücke in der Nutzenverlustfunktion μ ändern ebenso wie Variationen von γ nicht die Optimalität präventiver Geldpolitik unter vollen Informationen und keinen Erwartungsirrtümern.

Unter eingeschränkten Informationen hingegen führen abnehmende Gewichtungen der Outputlücke dazu, dass präventive Geldpolitik in mehr Einzelfällen die optimale Strategie im Vergleich zu reaktiver und neutraler Geldpolitik ist.

Wird das Gewicht erfahrener Akteure überschätzt, nimmt die Dominanz präventiver Geldpolitik für abnehmende μ gegenüber reaktiver Geldpolitik zu. Wird das Gewicht erfahrener Akteure hingegen unterschätzt, dominiert präventive Geldpolitik für abnehmende μ neutrale Geldpolitik zunehmend.

Je geringer die Gewichtung der Outputlücke in der Nutzenverlustfunktion ist, desto größer können die Erwartungsirrtümer präventiver Geldpolitik sein, ohne dass reaktive oder neutrale Geldpolitik zu einem geringeren Gesamtnutzenverlust führen. Dieses Ergebnis ist auf den Anstieg der Reaktionsparameter für Inflation und Outputlücke in der Zinsregel der Zentralbank bei abnehmendem μ zurückzuführen. Die Zinsreaktion nimmt für sinkende μ zu, wodurch die Outputlücke zwar stärker beeinflusst wird, aber die Effekte auf die Inflation zurückgehen. Dadurch nehmen die Schwankungen von Inflation und Output bei reaktiver Geldpolitik zu, was im Vergleich zu präventiver Geldpolitik zu einem höheren Nutzenverlust führt. Die Beeinflussung neutraler Geldpolitik durch Änderungen von μ beschränken sich auf die Bewertung der Outputlücke in der Nutzenverlustfunktion.

5.8 Fazit

In diesem Kapitel wurde die Entwicklung von Aktienkursblasen nach einem aufgetretenen Aktienkursschock durch Simulationstechniken gezeigt und deren Effekte auf Outputlücke und Inflation dargestellt. Über die Berücksichtigung in der Nutzenverlustfunktion ergaben sich daraus Effekte auf die geldpolitische Zinsanpassung und die entstehenden Nutzenverluste unter präventiver, reaktiver und neutraler Geldpolitik.

Ziel war es, die entstehenden Gesamtnutzenverluste zu simulieren, miteinander zu vergleichen und die jeweils optimale geldpolitische Strategie zu ermitteln. Die Untersuchungen wurden dabei ohne mögliche Erwartungsirrtümer bei präventiver Geldpolitik über die Gewichte der Akteure w^e und w^u am Aktienmarkt durchgeführt und dann unter Berücksichtigung möglicher Erwartungsirrtümer wiederholt. Der Schwerpunkt lag dabei auf der Betrachtung der Höhe und der Richtung (Überschätzungen und Unterschätzungen) möglicher Erwartungsirrtümer und den sich daraus ergebenden Effekten auf den Vergleich der erwarteten Gesamtnutzenverluste bei präventiver, reaktiver und neutraler Geldpolitik.

Abschließend wurde untersucht, ob Variationen des Einflusses der Veränderung der Blase auf die Outputlücke γ sowie die Veränderung der Gewichtung der Outputlücke in der Nutzenverlustfunktion μ die ermittelten Ergebnisse beeinflussen.

Die Ergebnisse zeigen, dass sowohl die Informationen der Zentralbank über die Eigenschaften der Aktienkursblase als auch der Einfluss der Veränderung der Blase auf die Outputlücke γ und die Gewichtung der Outputlücke in der Nutzenverlustfunktion μ beim Vergleich präventiver mit reaktiver und neutraler Geldpolitik entscheidend sind.

6 Zusammenfassung

Hauptziel dieser Arbeit war die Untersuchung möglicher geldpolitischer Handlungsoptionen bei auftretenden Vermögenspreisblasen und die Ermittlung der optimalen geldpolitischen Strategie.

In **Kapitel 2** wurden dazu die theoretischen Ursachen von Blasen beschrieben, der Verlauf und mögliche Folgen erläutert sowie Maßnahmen zur Prävention von Blasen diskutiert. Die Darstellungen haben gezeigt, dass Blasen oftmals durch einen Schock ausgelöst werden und deren Dynamik durch das Handeln heterogener Marktakteure bestimmt wird. Weiterhin sind für die Entwicklung häufig auch äußere Rahmenbedingungen entscheidend. Dazu können beispielsweise mangelhafte Regulierung oder außergewöhnlich expansive Geldpolitik gezählt werden. Vermögenspreisblasen verursachen durch Veränderungen des Vermögens von Haushalten und der Beeinflussung der Kapitalkosten bei der Aufnahme von Fremdkapital realwirtschaftliche Effekte auf Output, Beschäftigung und Inflation. Weiterhin können Instabilitäten im Finanzsektor auftreten, wie die Erfahrungen aus der amerikanischen Hauspreisblase von 1999 bis 2007 gezeigt haben. Zur Prävention von Blasen wurden verschiedene Maßnahmen der Geldpolitik und der Aufsichtspolitik vorgestellt. Die Ausführungen haben gezeigt, dass weder Geldpolitik noch Aufsichtspolitik isoliert am besten zur Prävention von Vermögenspreisblasen geeignet ist. Am sinnvollsten erscheint eine Kombination beider Ansätze. Die Geldpolitik könnte die Wirkung aufsichtspolitischer Maßnahmen erhöhen und die Aufsichtspolitik könnte die mangelnde Präzision geldpolitischer Maßnahmen ausgleichen.

In **Kapitel 3** wurden neben der Erläuterung der geldpolitischen Handlungsoptionen der Zentralbank bei auftretenden Vermögenspreisblasen auch Probleme der einzelnen Strategien aufgezeigt sowie mögliche Lösungen zur Identifikation von Blasen diskutiert. Die Berücksichtigung von Vermögenspreisblasen in der Geldpolitik kann entweder indirekt oder direkt erfolgen. Die indirekte Verwendung bedeutet, ausschließlich auf die Folgen von Blasen in der Zinssetzung zu reagieren (reaktive Strategie). Hingegen werden bei der direkten Berücksichtigung Zinsanpassungen über die aufgetretenen Folgen hinaus und unter expliziter Einbeziehung der Eigenschaften von Blasen vorgenommen (präventive Strategie).

Insgesamt entscheidet der Vergleich zwischen den zu erwartenden Kosten der reaktiven und der präventiven Strategie über deren Anwendung. Bei lang andauernden Blasen mit hoher Verschuldung sind die Kosten der Neutralisation der Folgen mit der reaktiven Strategie unter Umständen höher als die Kosten möglicher Erwartungsirrtümer über die Entwicklung der Blase unter Anwendung der präventiven Strategie. Die Anwendung präventiver Geldpolitik wäre optimal.

Ist die Dauer von Blasen im Vergleich zu historischen Erfahrungen kurz, wird präventive Geldpolitik aufgrund der Transmissionsdauer ihrer Maßnahmen unter Umständen keine Wirkung auf die Blase erreichen und die makroökonomischen Zielwerte destabilisieren. Die Neutralisation der Folgen der Blase und die Anwendung reaktiver Geldpolitik wäre in diesem Fall optimal.

In **Kapitel 4** erfolgte die modelltheoretische Abbildung der beschriebenen Zusammenhänge. Dazu wurde in Anlehnung an Gruen et al. (2005) ein dynamisches makroökonomisches Modell entwickelt. Dies zeichnet sich durch die folgenden Eigenschaften aus. Es werden Aktienkursblasen betrachtet, die durch einen einmaligen Schock ausgelöst werden und deren Dynamik durch das Verhalten heterogener Akteure bestimmt wird. Grundlage der Bewertung von Aktien ist ein Dividendendiskontierungsmodell mit variablem Diskontierungsfaktor. Aktienkursblasen beeinflussen sowohl den Output als auch die Inflation und damit den gesellschaftlichen Nutzenverlust. Die Geldpolitik hat im Rahmen dieser Modellierung die Möglichkeit, mit dem Zinsinstrument präventiv oder reaktiv zu agieren beziehungsweise den Zins unverändert zu belassen und neutrale Geldpolitik durchzuführen. Die Zinsanpassung erfolgt dabei regelgebunden und die Reaktionsparameter werden aus einem dynamischen Optimierungsproblem abgeleitet. Die Zentralbank vergleicht zur Ermittlung der optimalen Strategie die erwarteten Gesamtnutzenverluste der Handlungsalternativen und wählt die Strategie mit dem geringsten erwarteten Gesamtnutzenverlust aus.

In **Kapitel 5** wurde die Dynamik des Modells mit Hilfe von Simulationstechniken untersucht. Die Simulationen haben gezeigt, dass die Ergebnisse einerseits von der angewandten geldpolitischen Strategie und andererseits von möglichen Erwartungsirrtümern der Zentralbank abhängig sind. Aufgrund von

Informationsbeschränkungen können Erwartungsirrtümer über die Dynamik von Blasen entstehen, wenn die Anteile der Marktakteure von der Geldpolitik nicht richtig eingeschätzt werden können. Die Anwendung präventiver Geldpolitik führt bei zuverlässiger Bestimmung der Eigenschaften von Blasen stets zum geringsten Nutzenverlust und ist im Vergleich zu reaktiver und neutraler Geldpolitik optimal. Probleme bei der Bestimmung der Eigenschaften von Blasen aufgrund von Unsicherheiten über die Anteile der Marktakteure führen in der vorliegenden Modellierung und Simulation nicht zwangsläufig zur Ablehnung präventiver Geldpolitik und zur Anwendung reaktiver oder neutraler Geldpolitik. Entscheidend ist sowohl die Höhe als auch die Richtung möglicher Erwartungsirrtümer der Zentralbank.

Obwohl präventive Geldpolitik bei auftretenden Erwartungsirrtümern im Durchschnitt zum geringsten erwarteten Nutzenverlust führt, ist der erwartete Nutzenverlust reaktiver oder neutraler Geldpolitik in Einzelfällen niedriger und die Anwendung präventiver Geldpolitik nicht länger optimal. Ob reaktive oder neutrale Geldpolitik im Vergleich zu präventiver Geldpolitik in Einzelfällen optimal ist, hängt von der Richtung der Erwartungsirrtümer ab.

Wird das Gewicht der erfahrenen Marktakteure überschätzt, ist bei ausreichend großen Erwartungsirrtümern reaktive Geldpolitik optimal und ansonsten führt präventive Geldpolitik zum geringsten Nutzenverlust. Wird das Gewicht der erfahrenen Marktakteure von präventiver Geldpolitik hingegen unterschätzt, ist bei ausreichend großen Erwartungsirrtümern neutrale Geldpolitik optimal und ansonsten führt präventive Geldpolitik zum geringsten Nutzenverlust.

Die Simulationen zeigen weiterhin, dass sowohl der Einfluss der Veränderung der Aktienkursblase auf die Outputlücke als auch die Gewichtung der Outputlücke in der Nutzenverlustfunktion die Ergebnisse beeinflussen.

Mögliche **Erweiterungen** der vorliegenden Arbeit beziehen sich vor allem auf die Berücksichtigung zusätzlicher Aspekte in der Modellierung. In zukünftigen Forschungsarbeiten könnte beispielsweise ein Wechsel der erfahrenen und unerfahrenen Akteure zwischen den angewendeten Strategien modelliert werden. Die im Rahmen dieser Arbeit vereinfachend als exogen angenommenen Gewichte der Marktakteure könnten so endogenisiert werden. Möglichkeiten zur modelltheoretischen Umsetzung sind bei Brock und Hommes (1997, 1998) und De Grauwe und Grimaldi (2006a) zu finden. Das Optimierungsverhalten der Akteure wird explizit modelliert und entsprechend ein Wechsel zwischen verschiedenen Handlungsregeln begründet. Weiterhin könnte das Modell um den Bankensektor erweitert werden, damit Verstärkungseffekte von Blasen gezeigt werden können. In diesem Zusammenhang könnte auch Aufsichtspolitik implementiert werden, um die Effektivität von Aufsichtspolitik bei auftretenden Blasen untersuchen zu können. Dadurch könnte man auch Geldpolitik und Aufsichtspolitik in Kombination betrachten.

Die **Ergebnisse** der vorliegenden Arbeit haben gezeigt, dass präventive Geldpolitik stets optimal ist, wenn die zukünftige Entwicklung von Blasen bekannt ist. Sind hingegen Erwartungsirrtümer über die Entwicklung von Blasen möglich, ist die Einzelfallbetrachtung von Blasen zur Auswahl der optimalen geldpolitischen Strategie entscheidend. Eine stets gleiche Reaktion bei unterschiedlichen Vermögenspreisblasen wäre nicht zu empfehlen. Sowohl präventive, reaktive als auch neutrale Geldpolitik kann zum geringsten erwarteten Nutzenverlust führen. Entscheidend dabei ist die Höhe und die Richtung entstehender Erwartungsirrtümer bei präventiver Geldpolitik.

Die Erfahrungen aus der amerikanischen Hauspreisblase zwischen 1999 und 2007 und der Technologie-Blase in den USA zwischen 1995 und 2007 haben gezeigt, dass die Anwendung reaktiver Geldpolitik in beiden Fällen zu höchst unterschiedlichen Ergebnissen führte. Grund dafür war die Fehleinschätzung der Zentralbanken über die Folgen der Hauspreisblase. Dass den Zentralbanken das Vorliegen der Hauspreisblase bewusst war und trotzdem keine Maßnahmen ergriffen worden sind, zeigen nach Goodhart (2008) nicht nur die zahlreichen veröffentlichten Finanzstabilitätsberichte der Zentralbanken, sondern auch die Warnungen anderer Institutionen wie der Bank für internationalen Zahlungsausgleich oder dem Internationalen Währungsfonds. Die Annahme der Zentralbanken war, die Folgen der Hauspreisblase ebenso neutralisieren zu können wie es bei der Technologie-Blase der Fall war. Die auf die Hauspreisblase folgende Finanzkrise mit der stärksten Rezession seit den 1930iger Jahren beweist allerdings das Gegenteil.

Ziel muss es daher sein, das Verständnis von Vermögenspreisblasen zu verbessern, diese in den von den Zentralbanken angewandten Modellen besser zu berücksichtigen und mögliche Verstärkungsmechanismen von Vermögenspreisblasen genauer zu untersuchen.

A Erläuterungen zu Kapitel 4

A.1 Bestimmung der optimalen Zinsregel

Die Ableitung der Zinsregel bei präventiver und reaktiver Geldpolitik erfolgt entsprechend den Ausführungen von Svensson (1997, 1999), wobei die Modellstruktur aus den Ausführungen von Ball (1999), Gruen et al. (2005) sowie Semmler und Zhang (2007) übernommen worden ist. Ziel ist es, folgende intertemporale Nutzenverlustfunktion durch die optimale Wahl einer Folge von Realzinsen r_t^g zu minimieren.

$$\min_{r_t^g} E_t \sum_{j=1}^{\infty} \delta^j \cdot L(\pi_{t+j}, y_{t+j}) \tag{A.1}$$

Es gelten dabei folgende Nebenbedingungen.

$$L(\pi_{t+1}, y_{t+1}) = \pi_{t+1}^2 + \mu \cdot y_{t+1}^2 \tag{A.2}$$

$$y_{t+1} = -\phi \cdot r_t^g + \lambda \cdot y_t + \gamma \cdot \hat{b}_{t+1} \tag{A.3}$$

$$\pi_{t+1} = \pi_t + \kappa \cdot y_t \tag{A.4}$$

Das oben beschriebene Optimierungsproblem kann entsprechend den Ausführungen von Svensson (1997) wie folgt formuliert werden, wobei $V(\pi_{t+1})$ eine Wertefunktion bezeichnet.

$$V(\pi_{t+1}) = \min_{y_{t+1}} \left\{ \left[\pi_{t+1}^2 + \mu \cdot y_{t+1}^2\right] + \delta \cdot E_t(V(\pi_{t+2})) \right\} \tag{A.5}$$

Die Wertefunktion enthält sämtliche Werte für alle Ausprägungen von π_{t+1} unter Berücksichtigung der Lösung des Optimierungsproblems durch Wahl von y_{t+1}.

Dabei bezieht sich die Minimierung sowohl auf die direkte Nutzenverlustfunktion

$$L(\pi_{t+1},\, y_{t+1}) = \pi_{t+1}^2 + \mu \cdot y_{t+1}^2 \tag{A.6}$$

als auch auf die indirekte Nutzenverlustfunktion $E_t V(\pi_{t+2}) = V(\pi_{t+2|t})$, die durch die Wahl von y_{t+1} mitbestimmt wird und wie folgt ausgedrückt werden kann.

$$V(\pi_{t+2|t}) = c_0 + c_1 \cdot \pi_{t+2|t}^2 \tag{A.7}$$

Die indirekte Nutzenverlustfunktion gibt dabei die Struktur der Wertefunktion vor. Die Kontrollvariable ist y_{t+1}, um den optimalen Zinssatz r_t^g ableiten zu können. Da die Inflation in Periode $t+2$ ausschließlich durch Informationen aus Periode t bestimmt werden kann, gilt $E_t\pi_{t+2} = \pi_{t+2|t}$. Weitere Elemente spielen in $V(\pi_{t+1})$ keine Rolle, da y_{t+1} keinen Einfluss auf weitere Größen der Zukunft hat. Unter Berücksichtigung von

$$\pi_{t+2|t} \;=\; \pi_{t+1|t} + \kappa \cdot y_{t+1|t} \tag{A.8}$$

kann für die Wertefunktion Folgendes geschrieben werden, wobei $y_{t+1|t}$ die durch die Informationen aus Periode t bestimmte Outputlücke in Periode $t+1$ bezeichnet.

$$V(\pi_{t+1|t}) = \min_{y_{t+1|t}} \left\{ \left[\pi_{t+1|t}^2 + \mu \cdot y_{t+1|t}^2\right] + \delta \cdot \left(c_0 + c_1 \cdot (\pi_{t+1|t} + \kappa \cdot y_{t+1|t})^2\right)\right\} \tag{A.9}$$

Daraus ergibt sich entsprechend für die optimale Steuergröße der folgende Ausdruck.

$$\begin{aligned}
\frac{\partial V(\pi_{t+1|t})}{\partial y_{t+1|t}} &= 2 \cdot \mu \cdot y_{t+1|t} \\
&\quad +2 \cdot \delta \cdot c_1 \cdot \kappa \cdot (\pi_{t+1|t} + \kappa \cdot y_{t+1|t}) \stackrel{!}{=} 0 \\
&= 2 \cdot (\mu + \delta \cdot c_1 \cdot \kappa^2) \cdot y_{t+1|t} \\
&\quad +2 \cdot \delta \cdot c_1 \cdot \kappa \cdot \pi_{t+1|t} \\
-2 \cdot (\mu + \delta \cdot c_1 \cdot \kappa^2) \cdot y_{t+1|t} &= 2 \cdot \delta \cdot c_1 \cdot \kappa \cdot \pi_{t+1|t} \\
y_{t+1|t} &= -\frac{\delta \cdot c_1 \cdot \kappa}{\mu + \delta \cdot c_1 \cdot \kappa^2} \cdot \pi_{t+1|t}
\end{aligned} \tag{A.10}$$

Unter Berücksichtigung von $y_{t+1|t} = -\phi \cdot r_t^g + \lambda \cdot y_t + \gamma \cdot \hat{b}_{t+1|t}$ kann jetzt der optimale Zins und die entsprechende Zinsregel abgeleitet werden, wobei $\hat{b}_{t+1|t}$ die Veränderung der logarithmierten Aktienkursblase in Periode $t+1$ unter ausschließlicher Berücksichtigung der Informationen aus Periode t bezeichnet.

$$\begin{aligned}
-\phi \cdot r_t^g + \lambda \cdot y_t + \gamma \cdot \hat{b}_{t+1|t} &= -\frac{\delta \cdot c_1 \cdot \kappa}{\mu + \delta \cdot c_1 \cdot \kappa^2} \cdot \pi_{t+1|t} \\
-\phi \cdot r_t^g &= -\frac{\delta \cdot c_1 \cdot \kappa}{\mu + \delta \cdot c_1 \cdot \kappa^2} \cdot \pi_{t+1|t} - \lambda \cdot y_t - \gamma \cdot \hat{b}_{t+1|t} \\
r_t^g &= \left(\frac{1}{\phi} \cdot \frac{\delta \cdot c_1 \cdot \kappa}{\mu + \delta \cdot c_1 \cdot \kappa^2}\right) \cdot \pi_{t+1|t} + \frac{\lambda}{\phi} \cdot y_t \\
&\quad + \frac{\gamma}{\phi} \cdot \hat{b}_{t+1|t} \qquad \text{(A.11)}
\end{aligned}$$

Der Zins ist von π_t und nicht von $\pi_{t+1|t}$ abhängig. Es wird $\pi_{t+1|t} = \pi_t + \kappa \cdot y_t$ verwendet.

$$\begin{aligned}
r_t^g &= \left(\frac{1}{\phi} \cdot \frac{\delta \cdot c_1 \cdot \kappa}{\mu + \delta \cdot c_1 \cdot \kappa^2}\right) \cdot (\pi_t + \kappa \cdot y_t) + \frac{\lambda}{\phi} \cdot y_t + \frac{\gamma}{\phi} \cdot \hat{b}_{t+1|t} \\
&= \left(\frac{1}{\phi} \cdot \frac{\delta \cdot c_1 \cdot \kappa}{\mu + \delta \cdot c_1 \cdot \kappa^2}\right) \cdot \pi_t + \left(\frac{1}{\phi} \cdot \left(\lambda + \frac{\delta \cdot c_1 \cdot \kappa^2}{\mu + \delta \cdot c_1 \cdot \kappa^2}\right)\right) \cdot y_t \\
&\quad + \frac{\gamma}{\phi} \cdot \hat{b}_{t+1|t} \\
&= \left(\frac{1}{\phi} \cdot \frac{\delta \cdot c_1 \cdot \kappa}{\mu + \delta \cdot c_1 \cdot \kappa^2}\right) \cdot \pi_t + \left(\frac{1}{\phi} \cdot \left(\lambda + 1 - \frac{\mu}{\mu + \delta \cdot k_1 \cdot \kappa^2}\right)\right) \cdot y_t \\
&\quad + \frac{\gamma}{\phi} \cdot \hat{b}_{t+1|t} \qquad \text{(A.12)}
\end{aligned}$$

Der optimale Zins wird mit $\hat{b}_{t+1|t} = E_t^{pra} \hat{b}_{t+1}$ und $E_t^{rea} \hat{b}_{t+1} = 0$ wie folgt geschrieben.

$$\begin{aligned}
r_t^{g,pra} &= f_1 \cdot y_t + f_2 \cdot \pi_t + f_3 \cdot E_t^l \hat{b}_{t+1} \qquad \text{(A.13)} \\
r_t^{g,rea} &= f_1 \cdot y_t + f_2 \cdot \pi_t \qquad \text{(A.14)}
\end{aligned}$$

Die Reaktionsparameter f_1, f_2 und f_3 werden mit $c_1 = \Omega$ wie folgt formuliert.

$$\Omega = \frac{1}{2} \cdot \left(\left(1 - \frac{(1-\delta)\cdot\mu}{\delta\cdot\kappa^2}\right) + \sqrt{\left(1 + \frac{(1-\delta)\cdot\mu}{\delta\cdot\kappa^2}\right)^2 + \frac{4\cdot\mu}{\kappa^2}} \right) \tag{A.15}$$

$$f_1 = \frac{1}{\phi} \cdot \left(\lambda + 1 - \frac{\mu}{\mu + \delta\cdot\Omega\cdot\kappa^2}\right) \tag{A.16}$$

$$f_2 = \frac{1}{\phi} \cdot \left(\frac{\delta\cdot\Omega\cdot\kappa}{\mu + \delta\cdot\Omega\cdot\kappa^2}\right) \tag{A.17}$$

$$f_3 = \frac{\gamma}{\phi} \tag{A.18}$$

A.2 Zinssetzung präventive Geldpolitik

Ausgangspunkt ist die Reaktionsfunktion der Zentralbank bei präventiver Geldpolitik

$$r_t^{g,pra} = f_1 \cdot y_t + f_2 \cdot \pi_t + f_3 \cdot E_t^{pra} \hat{b}_{t+1} \tag{A.19}$$

mit

$$\Omega = \frac{1}{2} \cdot \left(\left(1 - \frac{(1-\delta)\cdot\mu}{\delta\cdot\kappa^2}\right) + \sqrt{\left(1 + \frac{(1-\delta)\cdot\mu}{\delta\cdot\kappa^2}\right)^2 + \frac{4\cdot\mu}{\kappa^2}} \right) \tag{A.20}$$

$$f_1 = \frac{1}{\phi} \cdot \left(\lambda + 1 - \frac{\mu}{\mu + \delta\cdot\Omega\cdot\kappa^2}\right) \tag{A.21}$$

$$f_2 = \frac{1}{\phi} \cdot \left(\frac{\delta\cdot\Omega\cdot\kappa}{\mu + \delta\cdot\Omega\cdot\kappa^2}\right) \tag{A.22}$$

$$f_3 = \frac{\gamma}{\phi} \tag{A.23}$$

und dem folgenden Ausdruck für die erwartete Veränderung der Blase.

$$
\begin{aligned}
E_t^{pra}\hat{b}_{t+1} &= \rho \cdot (b_t - E_t^{pra}w^e \cdot (b_t - r_t^{g,pra}) + E_t^{pra}w^u \cdot \hat{s}_t) \\
&\quad -r_t^{g,pra} - b_t \\
&= \rho \cdot (b_t - E_t^{pra}w^e \cdot b_t + E_t^{pra}w^u \cdot \hat{s}_t) \\
&\quad +\rho \cdot E_t^{pra}w^e \cdot r_t^{g,pra} - r_t^{g,pra} - b_t \\
&= \rho \cdot (b_t - E_t^{pra}w^e \cdot b_t + E_t^{pra}w^u \cdot \hat{s}_t) \\
&\quad -(1 - \rho \cdot E_t^{pra}w^e) \cdot r_t^{g,pra} - b_t
\end{aligned} \tag{A.24}
$$

Gleichung (A.24) zeigt, dass die Zinssetzung der Zentralbank in Periode t die erwartete Veränderung der Blase $E_t^{pra}\hat{b}_{t+1}$ beeinflusst. Die Zinssetzung entsprechend Gleichung (A.19) ist folglich nicht problemlos möglich und wird über einen zweistufigen Ansatz durchgeführt. Im ersten Schritt wird die erwartete Veränderung der Aktienkursblase um den Einfluss der Zentralbank bereinigt und auf dieser Basis der Zinssatz r_t^{g,pra^*} über die Zinsregel in Gleichung (A.19) mit den Reaktionsparametern $f_1^{pra^*}$, $f_2^{pra^*}$ und $f_3^{pra^*}$ ermittelt.

$$
\begin{aligned}
r_t^{g,pra} &= f_1 \cdot y_t + f_2 \cdot \pi_t \\
&\quad +f_3 \cdot (\rho \cdot (b_t - E_t^{pra}w^e \cdot b_t + E_t^{pra}w^u \cdot \hat{s}_t) - b_t) \\
&\quad -f_3 \cdot (1 - \rho \cdot E_t^{pra}w^e) \cdot r_t^{g,pra}
\end{aligned} \tag{A.25}
$$

Unter Berücksichtigung des letzten Terms von Gleichung (A.25) auf der linken Seite und des Ausklammerns des Zinssatzes $r_t^{g,pra}$ kann dieser entsprechend den folgenden Anpassungen der Reaktionsparameter wie folgt geschrieben werden.

$$
\begin{aligned}
r_t^{g,pra} &= \frac{f_1}{(1 + f_3 \cdot (1 - \rho \cdot E_t^{pra}w^e))} \cdot y_t \\
&\quad + \frac{f_2}{(1 + f_3 \cdot (1 - \rho) \cdot E_t^{pra}w^e))} \cdot \pi_t \\
&\quad + \frac{f_3}{(1 + f_3 \cdot (1 - \rho \cdot E_t^{pra}w^e))} \cdot (\rho \cdot (b_t - E_t^{pra}w^e \cdot b_t + E_t^{pra}w^u \cdot \hat{s}_t) - b_t)
\end{aligned} \tag{A.26}
$$

$$f_1^{pra^*} = \frac{f_1}{(1 + f_3 \cdot (1 - \rho \cdot E_t^{pra} w^e))} \qquad (A.27)$$

$$f_2^{pra^*} = \frac{f_2}{(1 + f_3 \cdot (1 - \rho \cdot E_t^{pra} w^e))} \qquad (A.28)$$

$$f_3^{pra^*} = \frac{f_3}{(1 + f_3 \cdot (1 - \rho \cdot E_t^{pra} w^e))} \qquad (A.29)$$

Unter Berücksichtigung der Ausdrücke für $f_1^{pra^*}$, $f_2^{pra^*}$ und $f_3^{pra^*}$ ergibt sich die in der Arbeit bei präventiver Geldpolitik verwendete Zinsregel.

$$r_t^{g,pra^*} = f_1^{pra^*} \cdot y_t + f_2^{pra^*} \cdot \pi_t + f_3^{pra^*} \cdot (\rho \cdot (b_t - E_t^{pra} w^e \cdot b_t + E_t^{pra} w^u \cdot \hat{s}_t) - b_t) \quad (A.30)$$

Unter Verwendung des optimalen simulierten Zinssatzes r_t^{g,pra^*} wird nun im zweiten Schritt die erwartete Veränderung der Aktienkursblase unter Berücksichtigung des Einflusses der Zentralbank ermittelt

$$E_t^{pra^*} \hat{b}_{t+1} = \rho \cdot (b_t - E_t^{pra} w^e \cdot b_t + E_t^{pra} w^u \cdot \hat{s}_t) - (1 - \rho \cdot E_t^{pra} w^e) \cdot r_t^{g,pra^*} - b_t \quad (A.31)$$

und die Reaktionsfunktion entsprechend des in der Arbeit verwendeten Ausdrucks formuliert.

$$r_t^{g,pra} = f_1 \cdot y_t + f_2 \cdot \pi_t + f_3 \cdot E_t^{pra^*} \hat{b}_{t+1} \qquad (A.32)$$

Die Zentralbank ist sich ihrer Effekte auf die Veränderung der Aktienkursblase bewusst und berücksichtigt diese wie dargestellt in der Zinssetzung.

A.3 Bestimmung des Sammelparameters Ω

Es wird an dieser Stelle von $V(\pi_t)$ und nicht von $V(\pi_{t+1})$ ausgegangen. Für die Bestimmung ist es nach Svensson (1997) unerheblich, ob $V(\pi_t)$ oder $V(\pi_{t+1})$ verwendet wird. Daraus ergibt sich für die Wertefunktion der folgende Ausdruck.

$$V(\pi_t) = \min_{y_t} \left\{ \left[\pi_t^2 + \mu \cdot y_t^2 \right] + \delta \cdot \left(c_0 + \Omega \cdot (\pi_t + \kappa \cdot y_t)^2 \right) \right\} \qquad (A.33)$$

Es wird die Wertefunktion wieder nach der Kontrollgröße, hier y_t, abgeleitet und die optimale Outputlücke bestimmt.

$$\begin{aligned}
\frac{\partial V(\pi_t)}{\partial y_t} &= 2 \cdot \mu \cdot y_t + 2 \cdot \delta \cdot \Omega \cdot \kappa \cdot (\pi_t + \kappa \cdot y_t) \stackrel{!}{=} 0 \\
&= 2 \cdot (\mu + \delta \cdot \Omega \cdot \kappa^2) \cdot y_t + 2 \cdot \delta \cdot \Omega \cdot \kappa \cdot \pi_t \\
-2 \cdot (\mu + \delta \cdot \Omega \cdot \kappa^2) \cdot y_t &= 2 \cdot \delta \cdot \Omega \cdot \kappa \cdot \pi_t \\
y_t &= -\frac{\delta \cdot \Omega \cdot \kappa}{\mu + \delta \cdot \Omega \cdot \kappa^2} \cdot \pi_t \qquad \text{(A.34)}
\end{aligned}$$

Unter der Berücksichtigung des Ausdrucks für die optimale Outputlücke ergibt sich für die optimale Inflation $\pi_{t+1|t}$ folgendes Ergebnis.

$$\begin{aligned}
\pi_{t+1|t} &= \pi_t + \kappa \cdot y_t \\
&= \pi_t - \frac{\delta \cdot \Omega \cdot \kappa^2}{\mu + \delta \cdot \Omega \cdot \kappa^2} \cdot \pi_t \\
&= \pi_t - \frac{\delta \cdot \Omega \cdot \kappa^2 + \mu - \mu}{\mu + \delta \cdot \Omega \cdot \kappa^2} \cdot \pi_t \\
&= \pi_t - \pi_t + \frac{\mu}{\mu + \delta \cdot \Omega \cdot \kappa^2} \cdot \pi_t \\
&= \frac{\mu}{\mu + \delta \cdot \Omega \cdot \kappa^2} \cdot \pi_t \qquad \text{(A.35)}
\end{aligned}$$

Berücksichtigt man diesen Ausdruck in der Wertefunktion

$$V(\pi_t) = \min_{y_t} \left\{ \left[\pi_t^2 + \mu \cdot y_t^2\right] + \delta \cdot \left(c_0 + \Omega \cdot \left(\frac{\mu}{\mu + \delta \cdot \Omega \cdot \kappa^2} \cdot \pi_t \right)^2 \right) \right\} \qquad \text{(A.36)}$$

und leitet nach π_t ab, ergibt sich daraus für die Bedingung erster Ordnung der folgende Ausdruck.

$$\begin{aligned}
\frac{\partial V(\pi_t)}{\partial \pi_t} &= 2 \cdot \pi_t + \frac{2 \cdot \delta \cdot \Omega \cdot \mu}{\mu + \delta \cdot \Omega \cdot \kappa^2} \cdot \pi_t \stackrel{!}{=} 0 \\
&= 2 \cdot \left(1 + \frac{\delta \cdot \Omega \cdot \mu}{\mu + \delta \cdot \Omega \cdot \kappa^2} \right) \cdot \pi_t \qquad \text{(A.37)}
\end{aligned}$$

Leitet man jetzt zusätzlich die indirekte Nutzenverlustfunktion $V(\pi_t) = c_0 + \Omega \cdot \pi_t^2$ nach π ab

$$\frac{\partial V(\pi_t)}{\partial \pi_t} = 2 \cdot \Omega \cdot \pi_t \tag{A.38}$$

und setzt beide Ausdrücke gleich, kann das optimale Ω bestimmt werden.

$$\begin{aligned}
2 \cdot \Omega \cdot \pi_t &= 2 \cdot \left(1 + \tfrac{\delta \cdot \Omega \cdot \mu}{\mu + \delta \cdot \Omega \cdot \kappa^2}\right) \cdot \pi_t && |: (2 \cdot \pi_t) \\
\Omega &= 1 + \tfrac{\delta \cdot \Omega \cdot \mu}{\mu + \delta \cdot \Omega \cdot \kappa^2} && | \cdot (\mu + \delta \cdot \Omega \cdot \kappa^2) \\
\Omega \cdot \mu + \delta \cdot \Omega^2 \cdot \kappa^2 &= \mu + \delta \cdot \Omega \cdot \kappa^2 + \delta \cdot \Omega \cdot \mu && | -\Omega \cdot \mu \\
\delta \cdot \kappa^2 \cdot \Omega^2 &= \mu + \delta \cdot \Omega \cdot \kappa^2 + \delta \cdot \Omega \cdot \mu - \Omega \cdot \mu && |: \delta \cdot \kappa^2 \\
\Omega^2 &= \tfrac{\mu}{\delta \cdot \kappa^2} + \Omega - \tfrac{(1-\delta) \cdot \mu}{\delta \cdot \kappa^2} \cdot \Omega && | -\Omega^2 \mid \cdot (-1)
\end{aligned}$$

$$0 = \Omega^2 - \left(1 - \frac{(1-\delta) \cdot \mu}{\delta \cdot \kappa^2}\right) \cdot \Omega - \frac{\mu}{\delta \cdot \kappa^2} \tag{A.39}$$

Diese Vorgehensweise wird durch das hier verwendete Envelope-Theorem vorgegeben. Unter Anwendung der Lösungsformel für quadratische Gleichungen $x_{1,2} = -\frac{p}{2} \pm \sqrt{\left(\frac{p}{2}\right)^2 - q}$ ergibt sich unter Berücksichtigung von

$$p = -\left(1 - \frac{(1-\delta) \cdot \mu}{\delta \cdot \kappa^2}\right), \quad q = -\frac{\mu}{\delta \cdot \kappa^2} \tag{A.40}$$

der folgende Ausdruck für das optimale Ω.

$$\begin{aligned}
\Omega &= \left(\frac{1}{2}\cdot\left(1-\frac{(1-\delta)\cdot\mu}{\delta\cdot\kappa^2}\right)+\sqrt{\frac{1}{4}\cdot\left(1-\frac{(1-\delta)\cdot\mu}{\delta\cdot\kappa^2}\right)^2+\frac{\mu}{\delta\cdot\kappa^2}}\right)\\
&= \frac{1}{2}\cdot\left(\left(1-\frac{(1-\delta)\cdot\mu}{\delta\cdot\kappa^2}\right)+\sqrt{\left(1-\frac{(1-\delta)\cdot\mu}{\delta\cdot\kappa^2}\right)^2+\frac{4\cdot\mu}{\delta\cdot\kappa^2}}\right)\\
&= \frac{1}{2}\cdot\left(\left(1-\frac{(1-\delta)\cdot\mu}{\delta\cdot\kappa^2}\right)+\sqrt{\left(1-\frac{(1-\delta)\cdot\mu}{\delta\cdot\kappa^2}\right)^2+\frac{4\cdot\mu+\delta-\delta}{\delta\cdot\kappa^2}}\right)\\
&= \frac{1}{2}\cdot\left(\left(1-\frac{(1-\delta)\cdot\mu}{\delta\cdot\kappa^2}\right)+\sqrt{\left(1-\frac{(1-\delta)\cdot\mu}{\delta\cdot\kappa^2}\right)^2+\frac{4\cdot\mu\cdot(1-\delta)}{\delta\cdot\kappa^2}+\frac{4\cdot\mu}{\kappa^2}}\right)\\
&= \frac{1}{2}\cdot\left(1-\frac{(1-\delta)\cdot\mu}{\delta\cdot\kappa^2}\right)\\
&\quad+\frac{1}{2}\cdot\sqrt{1-\frac{2\cdot(1-\delta)\cdot\mu}{\delta\cdot\kappa^2}+\left(\frac{(1-\delta)\cdot\mu}{\delta\cdot\kappa^2}\right)^2+\frac{4\cdot\mu\cdot(1-\delta)}{\delta\cdot\kappa^2}+\frac{4\cdot\mu}{\kappa^2}}\\
&= \frac{1}{2}\cdot\left(\left(1-\frac{(1-\delta)\cdot\mu}{\delta\cdot\kappa^2}\right)+\sqrt{1+\frac{2\cdot(1-\delta)\cdot\mu}{\delta\cdot\kappa^2}+\left(\frac{(1-\delta)\cdot\mu}{\delta\cdot\kappa^2}\right)^2+\frac{4\cdot\mu}{\kappa^2}}\right)\\
&= \frac{1}{2}\cdot\left(\left(1-\frac{(1-\delta)\cdot\mu}{\delta\cdot\kappa^2}\right)+\sqrt{\left(1+\frac{(1-\delta)\cdot\mu}{\delta\cdot\kappa^2}\right)^2+\frac{4\cdot\mu}{\kappa^2}}\right) \qquad \text{(A.41)}
\end{aligned}$$

Der hier abgeleitete Ausdruck entspricht der in der Arbeit verwendeten Formulierung.

A.4 Nichtnegativität der Reaktionsparameter in der Zinsregel

Im Folgenden wird gezeigt, dass die Reaktionsparameter f_1, f_2 und f_3 größer als Null sind.

$$f_1 = \frac{1}{\phi} \cdot \left(\lambda + 1 - \frac{\mu}{\mu + \delta \cdot \Omega \cdot \kappa^2} \right) \tag{A.42}$$

$$f_2 = \frac{1}{\phi} \cdot \left(\frac{\delta \cdot \Omega \cdot \kappa}{\mu + \delta \cdot \Omega \cdot \kappa^2} \right) \tag{A.43}$$

$$f_3 = \frac{\gamma}{\phi} \tag{A.44}$$

$$\Omega = \frac{1}{2} \cdot \left(\left(1 - \frac{(1-\delta) \cdot \mu}{\delta \cdot \kappa^2} \right) + \sqrt{\left(1 + \frac{(1-\delta) \cdot \mu}{\delta \cdot \kappa^2} \right)^2 + \frac{4 \cdot \mu}{\kappa^2}} \right) \tag{A.45}$$

Es gilt $f_1 > 0$, wenn $\frac{\mu}{\mu+\delta \cdot \Omega \cdot \kappa^2} < 1$ gilt, da ϕ, λ, $\gamma > 0$ gilt. Damit $\frac{\mu}{\mu+\delta \cdot \Omega \cdot \kappa^2} < 1$ gilt, muss $\delta \cdot \Omega \cdot \kappa^2 > 0$ gelten. Da δ, $\kappa > 0$ gilt, kann das Problem darauf beschränkt werden, $\Omega > 0$ nachzuweisen. Lässt man den Ausdruck $\frac{4 \cdot \mu}{\kappa^2}$ weg, da $\mu, \kappa > 0$ gilt und somit dieser Term stets positiv ist, erhält man für Ω den folgenden Ausdruck.

$$\begin{aligned} \Omega &> \frac{1}{2} \cdot \left(\left(1 - \frac{(1-\delta) \cdot \mu}{\delta \cdot \kappa^2} \right) + \left(1 + \frac{(1-\delta) \cdot \mu}{\delta \cdot \kappa^2} \right) \right) \\ &> 1 \end{aligned} \tag{A.46}$$

Da für die Paramter ϕ, γ, δ, Ω, κ, $\mu > 0$ gilt, gilt zudem $f_2 > 0$ und $f_3 > 0$. Die Parameter f_1, f_2 und f_3 sind größer als Null.

A.5 Erwartungsirrtümer

Im Folgenden soll gezeigt werden, wie Erwartungsirrtümer auf die Geldpolitik wirken und welcher Einfluss sich daraus auf den Nutzenverlust ergibt. Ansatzpunkt ist Gleichung (4.54).

$$L(\pi_{t+1}, y_{t+1}) = \pi_{t+1}^2 + \mu \cdot y_{t+1}^2 \tag{A.47}$$

Der periodenbezogene Nutzenverlust L_{t+1} wird durch die tatsächliche Inflation π_{t+1} sowie die tatsächliche Outputlücke y_{t+1} bestimmt, wobei die tatsächlichen Werte in erwartete Werte und Erwartungsirrtümer über die Outputlücke $EI_{t+1}y_{t+1}$ beziehungsweise die Inflation $EI_{t+1}\pi_{t+1}$ zerlegt werden.

$$\pi_{t+1} = E_{t-1}\pi_{t+1} + EI_{t+1}\pi_{t+1} \quad \text{(A.48)}$$
$$y_{t+1} = E_t y_{t+1} + EI_{t+1}y_{t+1} \quad \text{(A.49)}$$

$$EI_{t+1}\pi_{t+1} = \pi_{t+1} - E_{t-1}\pi_{t+1} \quad \text{(A.50)}$$
$$EI_{t+1}y_{t+1} = y_{t+1} - E_t y_{t+1} \quad \text{(A.51)}$$

Gleichung (A.48) zeigt, dass die hier verwendeten Erwartungen über die Inflation zum Zeitpunkt $t-1$ und nicht wie beim Output zum Zeitpunkt t gebildet werden. Die Erwartungsbildung ist zum Zeitpunkt t möglich, aber aufgrund von $E_t\pi_{t+1} = \pi_t + \kappa \cdot y_t$ ist die Verwendung im Kontext mit Erwartungsirrtümern nicht zweckmäßig, da keine Erwartungsirrtümer möglich sind und stets $EI_{t+1}\pi_{t+1} = 0$ gelten würde.

$$L_{t+1} = \left(E_{t-1}\pi_{t+1} + EI_{t+1}\pi_{t+1}\right)^2 + \mu \cdot \left(E_t y_{t+1} + EI_{t+1}y_{t+1}\right)^2 \quad \text{(A.52)}$$

Die sich ergebenden Erwartungsirrtümer über die Outputlücke $EI_{t+1}y_{t+1}$ sowie die Inflation $EI_{t+1}\pi_{t+1}$ können in Abhängigkeit von den Erwartungsirrtümern über die Veränderung der Blase $EI_{t+1}\hat{b}_{t+1} = \hat{b}_{t+1} - E_t\hat{b}_{t+1}$ wie folgt formuliert werden.

$$\begin{aligned} EI_{t+1}y_{t+1} &= y_{t+1} - E_t y_{t+1} \\ &= -\phi \cdot r_t^g + \lambda \cdot y_t + \gamma \cdot \hat{b}_{t+1} + \phi \cdot r_t^g - \lambda \cdot y_t - \gamma \cdot E_t\hat{b}_{t+1} \\ &= \gamma \cdot \left(\hat{b}_{t+1} - E_t\hat{b}_{t+1}\right) \quad \text{(A.53)} \end{aligned}$$

$$\begin{aligned}
EI_{t+1}\pi_{t+1} &= \pi_{t+1} - E_{t-1}\pi_{t+1} \\
&= \pi_t + \kappa \cdot y_t - E_{t-1}\pi_t - \kappa \cdot E_{t-1}y_t \\
&= EI_t\pi_t + \kappa \cdot y_t - \kappa \cdot E_{t-1}y_t \\
&= \pi_{t-1} + \kappa \cdot y_{t-1} - \pi_{t-1} - \kappa \cdot y_{t-1} + \kappa \cdot y_t - \kappa \cdot E_{t-1}y_t \\
&= \kappa \cdot (y_t - E_{t-1}y_t) \\
&= \kappa \cdot \gamma \cdot \left(\hat{b}_t - E_{t-1}\hat{b}_t\right) \qquad (A.54)
\end{aligned}$$

Aufgrund der Erwartungsbildung über zwei Perioden ist die Inflation wie folgt aus $E_{t-1}\pi_{t+1}$ und $EI_{t+1}\pi_{t+1}$ unter Berücksichtigung von $E_{t-1}\pi_t = \pi_t$ zu bilden.

$$\begin{aligned}
\pi_{t+1} &= EI_{t+1}\pi_{t+1} + E_{t-1}\pi_{t+1} \\
&= \kappa \cdot \gamma \cdot \left(\hat{b}_t - E_{t-1}\hat{b}_t\right) + E_{t-1}\pi_t + \kappa \cdot E_{t-1}y_t \\
&= \kappa \cdot \gamma \cdot \left(\hat{b}_t - E_{t-1}\hat{b}_t\right) + \pi_t + \kappa \cdot \left(\phi \cdot r^g_{t-1} - \lambda \cdot y_{t-1} - \gamma \cdot E_{t-1}\hat{b}_t\right) \\
&= \pi_t + \kappa \cdot y_t \qquad (A.55)
\end{aligned}$$

Unter Berücksichtigung des Erwartungsirrtums bezüglich der Veränderung der Blase $EI^{pra}_{t+1}\hat{b}_{t+1}$ beziehungsweise $EI^{rea}_{t+1}\hat{b}_{t+1}$

$$EI^{pra}_{t+1}\hat{b}_{t+1} = \hat{b}_{t+1} - E^{pra}_t\hat{b}_{t+1} \qquad (A.56)$$

$$EI^{rea}_{t+1}\hat{b}_{t+1} = \hat{b}_{t+1} \qquad (A.57)$$

kann der Nutzenverlust bei präventiver und reaktiver Geldpolitik wie folgt geschrieben werden.

$$\begin{aligned}
L^{pra}_{t+1} &= \left(E^{pra}_{t-1}\pi_{t+1} + \kappa \cdot \gamma \cdot \left(\hat{b}_t - E^{pra}_{t-1}\hat{b}_t\right)\right)^2 \\
&\quad + \mu \cdot \left(E^{pra}_t y_{t+1} + \gamma \cdot \left(\hat{b}_{t+1} - E^{pra}_t\hat{b}_{t+1}\right)\right)^2 \qquad (A.58)
\end{aligned}$$

$$L^{rea}_{t+1} = \left(E^{rea}_{t-1}\pi_{t+1} + \kappa \cdot \gamma \cdot \hat{b}_t\right)^2 + \mu \cdot \left(E^{rea}_t y_{t+1} + \gamma \cdot \hat{b}_{t+1}\right)^2 \qquad (A.59)$$

Die Bestimmung des Nutzenverlustes bei neutraler Geldpolitik L^{neu}_{t+1} erfolgt analog zu L^{pra}_{t+1} sowie L^{rea}_{t+1}. Ausgangspunkt ist der Ausdruck

$$L^{neu}_{t+1} = (E^{neu}_{t-1}\pi_{t+1} + EI^{neu}_{t+1}\pi_{t+1})^2 + \mu \cdot (E^{neu}_t y_{t+1} + EI^{neu}_{t+1}y_{t+1})^2 \qquad (A.60)$$

Neutrale Geldpolitik zeichnet sich durch einen konstanten Zins $r_t^{g,neu} = 0$ aus. Es wird keine Abweichung der Outputlücke und der Inflation von den Zielniveaus erwartet und es gilt $E_{t-1}^{neu}\pi_{t+1} = 0$ sowie $E_t^{neu}y_{t+1} = 0$. Für die Erwartungsirrtümer $EI_{t+1}^{neu}y_{t+1}$ und $EI_{t+1}^{neu}\pi_{t+1}$ gelten entsprechend die folgenden Ausdrücke.

$$\begin{aligned} EI_{t+1}^{neu}y_{t+1} &= y_{t+1} - E_t^{neu}y_{t+1} \\ &= \lambda \cdot y_t + \gamma \cdot \hat{b}_{t+1} \end{aligned} \tag{A.61}$$

$$\begin{aligned} EI_{t+1}^{neu}\pi_{t+1} &= \pi_{t+1} - E_{t-1}^{neu}\pi_{t+1} \\ &= \pi_t + \kappa \cdot y_t \\ &= \pi_t + \kappa \cdot EI_t^{neu}y_t \\ &= \pi_t + \kappa \cdot \left(\lambda \cdot y_{t-1} + \gamma \cdot \hat{b}_t\right) \end{aligned} \tag{A.62}$$

Daraus ergibt sich für die Beschreibung des periodischen Nutzenverlustes bei neutraler Geldpolitik L_{t+1}^{neu} abschließend der folgende Ausdruck.

$$L_{t+1}^{neu} = \left(\pi_t + \kappa \cdot \left(\lambda \cdot y_{t-1} + \gamma \cdot \hat{b}_t\right)\right)^2 + \mu \cdot \left(\lambda \cdot y_t + \gamma \cdot \hat{b}_{t+1}\right)^2 \tag{A.63}$$

B Erläuterungen zu Kapitel 5

Den Ansatzpunkt zur Bestimmung des gleichgewichtigen Aktienkurses bildet Gleichung (4.25), welche wie folgt formuliert worden ist.

$$\bar{s} = \alpha + \rho \cdot \bar{s} + (1 - \rho) \cdot \bar{d} - \bar{r} \tag{B.1}$$

Durch einfaches Umformen erhält man für den gleichgewichtigen logarithmierten Aktienkurs folgenden Ausdruck.

$$\bar{s} = \frac{\alpha}{(1-\rho)} + \bar{d} - \frac{\bar{r}}{(1-\rho)} \tag{B.2}$$

Die Parameter α und ρ entstehen durch die Approximation des Aktienkurses durch den linearen Ausdruck in Gleichung (4.25) entsprechend den Vorgaben von Campbell und Shiller (1988, 1989).

$$\alpha = -\ln(\rho) - (1 - \rho) \cdot \ln(1/\rho - 1) \tag{B.3}$$

$$\rho = 1/\left(1 + \exp\left(\overline{d - s}\right)\right) \tag{B.4}$$

Für die Ermittlung der gleichgewichtigen logarithmierten realen Dividende gilt unter Berücksichtigung von $\bar{r} = 0,03$ und $\bar{d} = \ln(\bar{D})$ mit $\bar{D} = e^{\bar{r}} - 1$ der Ausdruck $\bar{d} = -3,491520398$. Dadurch ergibt sich unter der Berücksichtigung von $\bar{s} = 0$ für den Linearisierungsparamter ρ der Wert $\rho = 0,9704455336$. Unter Verwendung von ρ erhält man für α den Wert $\alpha = 0,1331900223$. Verwendet man die Parameter α und ρ entsprechend Gleichung (B.2) zur Bestimmung des Zielwertes für den Aktienkurs, ergibt sich der folgende Ausdruck.

$$
\begin{aligned}
\bar{s} &= \frac{\alpha}{(1-\rho)} + \bar{d} - \frac{\bar{r}}{(1-\rho)} \\
&= \frac{0,1331900223}{1-0,9704455336} - 3,491520398 - \frac{0,03}{1-0,9704455336} \\
&= 4,506595399 - 3,491520398 - 1,015075001 \\
&= 0
\end{aligned}
\tag{B.5}
$$

Die Darstellungen zeigen, dass $\bar{s} = 0$ und $\bar{S} = \exp(\bar{s}) = 1$ gilt. Für den nicht logarithmierten Zielwert für den Aktienkurs $\bar{S}$ gilt unter Anwendung des *DDM*

$$
\begin{aligned}
\bar{S} &= \frac{1}{\left(1+\bar{R}^B\right)} \cdot \left[\bar{S} + \bar{D}\right] \\
\left(1+\bar{R}^B\right) \cdot \bar{S} &= \bar{S} + \bar{D} \\
\bar{R}^B \cdot \bar{S} &= \bar{D} \\
\bar{S} &= \frac{\bar{D}}{\bar{R}^B}
\end{aligned}
\tag{B.6}
$$

Berücksichtigt man zusätzlich $\bar{R}^B = \exp(\bar{r}^B) - 1$ mit $\bar{r}^B = \bar{r}^f = \bar{r} = 0,03$ erhält man für die gleichgewichtige reale Verzinsung von Anleihen den Ausdruck $\bar{R}^B = 0,03045453395$. Gleichzeitig gilt für die gleichgewichtige reale Dividende folgender Ausdruck.

$$
\bar{D} = \exp(\bar{d}) = \exp(-3,491520398) = 0,03045453394 \tag{B.7}
$$

Daraus ergibt sich für den realen Zielwert für den Aktienkurs der folgende Ausdruck.

$$
\bar{S} = \frac{0,03045453394}{0,03045453395} \approx 1 \tag{B.8}
$$

Literaturverzeichnis

Abreu, D. und M. K. Brunnermeier (2003, Januar). Bubbles and crashes. *Econometrica 71*(1), S. 173–204.

Ackermann, J. (2008, Dezember). The subprime crisis and its consequences. *Journal of Financial Stability 4*(4), S. 329–337.

Ackert, L. F. und W. C. Hunter (1999, Dezember). Intrinsic bubbles: The case of stock prices: Comment. *The American Economic Review 89*(5), S. 1372–1376.

Adalid, R. und C. Detken (2007, Februar). Liquidity shocks and asset price boom/bust cycles. EZB Arbeitspapier Nr. 732, Europäische Zentralbank.

Adam, K. und R. M. Billi (2007, April). Discretionary monetary policy and the zero lower bound on nominal interest rates. *Journal of Monetary Economics 54*(3), S. 728–752.

Adam, M. C. und A. Szafarz (1992, Oktober). Speculative bubbles and financial markets. *Oxford Economic Papers 44*(4), S. 626–640.

Adolfson, M., S. Laséen, J. Lindé und L. E. Svensson (2008). Optimal monetary policy in an operational medium-sized DSGE model. Arbeitspapier Nr. 225, Sveriges Riksbank.

Adrian, T. und H. S. Shin (2009). Financial intermediaries and monetary economics. Staff Reports 398, Federal Reserve Bank of New York.

Akerlof, G. A. (2002, Juni). Behavioral macroeconomics and macroeconomic behavior. *The American Economic Review 92*(3), S. 411–433.

Akram, Q. F., G. Bärdsen und O. Eitrheim (2006). Monetary policy and asset prices: to respond or not? *International Journal of Finance & Economics 11*(3), S. 279–292.

Alchian, A. A. und B. Klein (1973, Februar). On a correct measure of inflation. *Journal of Money, Credit and Banking 5*(1), S. 173–191.

Alessi, L. und C. Detken (2009, März). Real time early warning indicators for costly asset price boom/bust cycles - a role for global liquidity. EZB Arbeitspapier Nr. 1039, Europäische Zentralbank.

Alexandre, F. und P. Bação (2005, Januar). Monetary policy, asset prices and uncertainty. *Economics Letters 86*(1), S. 37–42.

Allen, F. und D. Gale (2000a). Asset price bubbles and monetary policy. Technischer Report 01-26, Wharton School Center for Financial Institutions.

Allen, F. und D. Gale (2000b, Januar). Bubbles and crises. *Economic Journal 110*(460), S. 236–255.

Allen, F. und D. Gale (2002). Asset price bubbles and stock market interlinkages. Technischer Report 02-22, Wharton School Center for Financial Institutions.

Allen, F. und G. Gorton (1993, Oktober). Churning bubbles. *The Review of Economic Studies 60*(4), S. 813–836.

Allen, H. und M. P. Taylor (1990). Charts, noise and fundamentals in the London foreign exchange market. *Economic Journal 100*(400), S. 49–59.

Altunbas, Y., L. Gambacorta und D. Marques-Ibanez (2009, November). Securitisation and the bank lending channel. *European Economic Review 53*(8), S. 996–1009.

Altunbas, Y., L. Gambacorta und D. Marques-Ibanez (2010, März). Does monetary policy affect bank risk-taking? BIZ Arbeitspapier Nr. 298, Bank für internationalen Zahlungsausgleich.

Amilon, H. (2008, März). Estimation of an adaptive stock market model with heterogeneous agents. *Journal of Empirical Finance 15*(2), S. 342–362.

Anderson, E. W., E. Ghysels und J. L. Juergens (2005). Do heterogeneous beliefs matter for asset pricing? *The Review of Financial Studies 18*(3), S. 875–924.

Anderson, S. P., A. d. Palma und J.-F. Thisse (Hrsg.) (1993). *Discrete Choice Theory of Product Differentiation.* Cambridge, MA, USA: The MIT Press.

Ang, A. und G. Bekaert (2007). Stock return predictability: Is it there? *Review of Financial Studies 20*(3), S. 651–707.

Balke, N. S. und M. E. Wohar (2009). Market fundamentals versus rational bubbles in stock prices: A Bayesian perspective. *Journal of Applied Econometrics 24*(1), S. 35–75.

Ball, L. (1999, April). Efficient rules for monetary policy. *International Finance 2*(1), S. 63–83.

Bank für internationalen Zahlungsausgleich (2005, Juni). 75. Jahresbericht. Technischer Report.

Barberis, N., A. Shleifer und R. Vishny (1998, September). A model of investor sentiment. *Journal of Financial Economics 49*(3), S. 307–343.

Barberis, N. und R. Thaler (2003). A survey of behavioral finance. In G. Constantinides, M. Harris, und R. M. Stulz (Hrsg.), *Handbook of the Economics of Finance, Bd. 1*, Kapitel 18, S. 1053–1128. Amsterdam, NL: Elsevier Science B.V.

Barrell, R. und E. P. Davis (2008, Oktober). The evolution of the financial crisis of 2007-8. *National Institute Economic Review* (206), S. 5–14.

Basler Ausschuss für Bankenaufsicht (2009, Januar). Principles of sound stress testing practices and supervision. Strategiepapier, Bank für internationalen Zahlungsausgleich.

Batini, N. und E. Nelson (2000). When the bubble bursts: Monetary policy rules and foreign exchange rate market behavior. Arbeitspapier, Bank of England, London. mimeo.

Bean, C. (2003, September). Asset prices, financial imbalances and monetary policy: Are inflation targets enough? Arbeitspapier Nr. 140, Bank für internationalen Zahlungsausgleich.

Bean, C. (2004, Mai). Asset prices, financial instability, and monetary policy. *AER Paper and Proceedings 94*(2), S. 14–18.

Beck, H. und A. Prinz (2000). Geldpolitik in der "bubble-economy". *Wirtschaftsdienst 80*(1), S. 28–36.

Belke, A. und T. Polleit (2009). *Monetary Economics in Globalised Financial Markets.* Berlin, Heidelberg: Springer-Verlag.

Benartzi, S. und R. H. Thaler (1995, Februar). Myopic loss aversion and the equity premium puzzle. *The Quarterly Journal of Economics 110*(1), S. 73–92.

Benmelech, E. und J. Dlugosz (2009, Juli). The alchemy of CDO credit ratings. *Journal of Monetary Economics 56*(5), S. 617–634.

Berger, W., F. Kißmer und H. Wagner (2007). Monetary policy and asset prices: More bad news for "benign neglect". *International Finance 10*(1), S. 1–20.

Bernanke, B. (2002, Oktober). *Asset-Price Bubbles and Monetary Policy.* Online unter: www.federalreserve.gov/boarddocs/speeches/2002/20021015/default.html: The Federal Reserve Board.

Bernanke, B. (2004, Dezember). *The Logic of Monetary Policy.* Online unter: http://www.federalreserve.gov/boarddocs/speeches/2004/20041202/default.htm: Federal Reserve Bank. Ausführungen vor dem National Economists Club.

Bernanke, B. (2009, April). *Four Questions about the Financial Crisis.* Online unter: http://www.federalreserve.gov/newsevents/speech/bernanke 20090414a.htm: Federal Reserve Bank.

Bernanke, B. und M. Gertler (1995). Inside the black box: The credit channel of monetary policy transmission. *The Journal of Economic Perspectives 9*(4), S. 27–48.

Bernanke, B. und M. Gertler (1999). Monetary policy and asset price volatility. *Federal Reserve Bank of Kansas City Economic Review 84*(4), S. 17–52.

Bertocchi, G. und M. Spagat (1993, August). Learning, experimentation, and monetary policy. *Journal of Monetary Economics 32*(1), S. 169–183.

Binswanger, M. (1999). *Stock Markets, Speculative Bubbles and Economic Growth.* Cheltenham, UK und Northampton, MA, USA: Edward Elgar.

Black, F. (1986, Juli). Noise. *The Journal of Finance 41*(3), S. 529–543.

Blanchard, O. (2000). *Macroeconomics* (2. Aufl.). New York, NY, USA: Prentice-Hall.

Blanchard, O. und M. Watson (1982). Bubbles, rational expectations and financial markets. In P. Wachtel (Hrsg.), *Crises in the Economic and Financial Structure.* Lexington, MA, USA: Lexington Books.

Blanchard, O. J. (1979). Speculative bubbles, crashes and rational expectations. *Economics Letters 3*(4), S. 387–389.

Blinder, A. S. (2000, November). Monetary policy at the zero lower bound: Balancing the risks. *Journal of Money, Credit and Banking 32*(4), S. 1093–1099.

Bohl, M. T. und P. L. Siklos (2004, Mai). The present value model of U.S. stock price redux: A new testing strategy and some evidence. *The Quarterly Journal of Economics and Finance 44*(2), S. 208–223.

Bordo, M. und O. Jeanne (2002a). Boom-busts in asset prices: Economic instability and monetary policy. NBER Arbeitspapier Nr. 8966, National Bureau of Economic Research.

Bordo, M. D. und O. Jeanne (2002b). Monetary policy and asset prices: Does "benign neglect" make sense? IWF Arbeitspapier Nr. 225, Internationaler Währungsfonds.

Borio, C. und M. Drehmann (2009, Juni). Towards an operational framework for financial stability: "fuzzy" measurement and its consequences. BIZ Arbeitspapier Nr. 284, Bank für internationalen Zahlungsausgleich.

Borio, C. und P. Lowe (2002, Juli). Asset prices, financial and monetary stability: Exploring the nexus. BIZ Arbeitspapier Nr. 114, Bank für internationalen Zahlungsausgleich.

Borio, C. und P. Lowe (2003). Imbalances or "bubbles"? Implications for monetary and financial stability. In W. C. Hunter, G. G. Kaufman, und M. Pomerleano (Hrsg.), *Asset Price Bubbles*, Kapitel 17, S. 247–270. Cambridge, MA, USA und London, UK: The MIT Press.

Borio, C. und I. Shim (2007, Dezember). What can (macro-)prudential policy do to support monetary policy? BIZ Arbeitspapier Nr. 242, Bank für internationalen Zahlungsausgleich.

Boswijk, P. H., C. H. Hommes und S. Manzan (2007, Juni). Behavioral heterogeneity in stock prices. *Journal of Economic Dynamics and Control 31*(6), S. 1938–1970.

Boudoukh, J. und M. Richardson (1993, Dezember). Stock returns and inflation: A long-horizon perspective. *The American Economic Review 83*(5), S. 1346–1355.

Brav, A. und J. B. Heaton (2002). Competing theories of financial anomalies. *The Review of Financial Studies 15*(2), S. 575–606.

Brennan, M. J. (2004). How did it happen? *Economic Notes 33*(1), S. 3–22.

Brock, W., J. Lakonishok und B. LeBaron (1992, Dezember). Simple technical trading rules and the stochastic properties of stock returns. *The Journal of Finance 47*(5), S. 1731–1764.

Brock, W. A. und C. H. Hommes (1997, September). A rational route to randomness. *Econometrica 65*(5), S. 1059–1095.

Brock, W. A. und C. H. Hommes (1998, August). Heterogenous beliefs and routes to chaos in a simple asset pricing model. *Journal of Economic Dynamics and Control 22*(8-9), S. 1235–1274.

Brunnermeier, M. K. (2009). Deciphering the liquidity and credit crunch 2007-2008. *Journal of Economic Perspectives 23*(1), S. 77–100.

Brunnermeier, M. K. und S. Nagel (2004, Oktober). Hedge funds and the technology bubble. *The Journal of Finance 59*(5), S. 2013–2040.

Calomiris, C. W. (2009). Financial innovation, regulation, and reform. *Cato Journal 29*(1), S. 65–91.

Calomiris, C. W. und B. Wilson (2004, Juli). Bank capital and portfolio management: The 1930s "capital crunch" and the scramble to shed risk. *Journal of Business 77*(3), S. 421–456.

Calverley, J. (2004). *Bubbles and how to survive them.* London, UK und Boston, USA: Nicholas Brealey Publishing.

Calverley, J. (2005). Asset bubbles - how an asset valuation committee could prick price bubbles. *The financial regulator 10*(1), S. 54–58.

Campbell, J. Y. (1991, März). A variance decomposition for stock returns. *The Economic Journal 101*(405), S. 157–179.

Campbell, J. Y. (1993, Juni). Intertemporal asset pricing without consumption data. *The American Economic Review 83*(3), S. 487–512.

Campbell, J. Y. (1999). Asset prices, consumption, and the business cycle. In J. B. Taylor und M. Woodford (Hrsg.), *Handbook of Macroeconomics, Bd. 1*, Kapitel 19, S. 1231–1303. Amsterdam, NL: Elsevier Science B.V.

Campbell, J. Y. (2000, August). Asset pricing at the millennium. *Journal of Finance 55*(4), S. 1515–1567.

Campbell, J. Y., W. Lo und C. A. MacKinley (1997). *The Econometrics of Financial Markets.* Princeton, NJ, USA: Princeton University Press.

Campbell, J. Y. und R. J. Shiller (1987, Oktober). Cointegration and tests of present value models. *Journal of Political Economy 95*(5), S. 1062–1088.

Campbell, J. Y. und R. J. Shiller (1988, Juli). Stock prices, earnings, and expected dividends. *Journal of Finance 43*(3), S. 661–676.

Campbell, J. Y. und R. J. Shiller (1989). The dividend-price ratio and expectations of future dividends and discount factors. *The Review of Financial Studies 1*(3), S. 195–228.

Campbell, J. Y. und T. Vuolteenaho (2004, Mai). Inflation illusion and stock prices. *AEA Papers and Proceedings 94*(2), S. 19–23.

Carhart, M. M. (1997, März). On persistence in mutual fund performance. *Journal of Finance 52*(1), S. 57–82.

Carmassi, J., D. Gros und S. Micossi (2009, November). The global financial crisis: Causes and cures. *Journal of Common Market Studies 47*(5), S. 977–996.

Carmichael, J. und N. Esho (2003). Asset price bubbles and prudential regulation. In W. C. Hunter, G. G. Kaufman, und M. Pomerleano (Hrsg.), *Asset Price Bubbles*, Kapitel 34, S. 481–502. Cambridge, MA, USA und London, UK: The MIT Press.

Cecchetti, S. G., P. Disyatat und M. Kohler (2009, September). Integrating financial stability: new models for a new challenge. Online unter: http://www.bis.org/publ/othp06.pdf?noframes=1. Papier im Rahmen des Workshops "Monetary policy and financial stability", Basel, Schweiz, 10.-11. September 2009.

Cecchetti, S. G., H. Genberg, J. Lipsky und S. Wadhwani (2000). *Asset Prices and Central Bank Policy.* Genf, CH und London, UK: International Center for Monetary and Banking Studies und CEPR.

Cecchetti, S. G., H. Genberg und S. Wadhwani (2003). Asset prices in a flexible inflation targeting framework. In W. C. Hunter, G. G. Kaufman, und M. Pomerleano (Hrsg.), *Asset Price Bubbles*, Kapitel 30, S. 427–444. Cambridge, MA, USA und London, UK: MIT Press.

Chadha, J. S., L. Sarno und G. Valente (2004). Monetary policy rules, asset prices and exchange rates. Staff Paper 3, Internationaler Währungsfonds.

Chiarella, C. und X.-Z. He (2002, Februar). Heterogeneous beliefs, risk and learning in a simple asset pricing model. *Computational Economics 19*(1), S. 95–132.

Coakley, J. und A.-M. Fuertes (2006, August). Valuation ratios and price deviations from fundamentals. *Journal of Banking and Finance 30*(8), S. 2325–2346.

Cochrane, J. H. (2001). *Asset Pricing.* Princeton, NJ, USA und Oxford, UK: Princeton University Press.

Cogley, T. (1999). Should the fed take deliberate steps to deflate asset price bubbles? *FRBSF Economic Review* (1), S. 42–52. Federal Reserve Bank of San Francisco.

Cohen, B. (1997). *The Edge of Chaos: Financial Booms, Bubbles, Crashes, and Chaos.* New York, NY, USA: John Wiley & Sons.

Conrad, C. A. (2002, September). Theorie der "speculative bubble" . *WiSt* (9), S. 519–522.

Conrad, C. A. und M. Stahl (2003). Geldpolitik und Spekulationsblasen. *Österreichisches Bankarchiv* (9), S. 685–693.

Cook, T. und T. Hahn (1989). The effect of changes in the federal funds rate target on market interest rates in the 1970s. *Journal of Monetary Economics 24*, S. 331–351.

Cooper, G. (2008). *The Origin of Financial Crisis: Central Banks, credit bubbles and the efficient market fallacy.* London, UK: Harriman House.

Cuaresma, J. C., E. Gnan und D. Ritzberger-Grünwald (2005, Januar). The natural rate of interest - concepts and appraisal for the euro area. *Monetary Policy & the Economy* (4), S. 29–47.

Cuñado, J., L. A. Gil-Alana und F. Perez de Gracia (2005, Oktober). A test for rational bubbles in the NASDAQ stock index: A fractionally integrated approach. *Journal of Banking and Finance 29*(10), S. 2633–2654.

Cuthbertson, K., S. Hayes und D. Nitzsche (1997, Juli). The behaviour of UK stock prices and returns: Is the market efficient? *The Economic Journal 107*(443), S. 986–1008.

Cutler, D. M., J. M. Poterba und L. H. Summers (1989). What moves stock prices? *Journal of Portfolio Management 15*(3), S. 4–12.

Cutler, D. M., J. M. Poterba und L. H. Summers (1990, Mai). Speculative dynamics and the role of feedback traders. *The American Economic Review 80*(2), S. 63–68.

Daniel, K., D. Hirshleifer und A. Subrahmanyam (1998, Dezember). Investor psychology and security market under- and overreactions. *The Journal of Finance 53*(6), S. 1839–1885.

Dass, N., M. Massa und R. Patgiri (2008). Mutual funds and bubbles: The surprising role of contractual incentives. *The Review of Financial Studies 21*(1), S. 51–99.

De Bondt, G. J. (2005, Februar). Interest rate pass-through: Empirical results for the euro area. *German Economic Review 6*(1), S. 37–78.

De Bondt, W. (2003). Bubble psychology. In W. C. Hunter, G. G. Kaufman, und M. Pomerleano (Hrsg.), *Asset Price Bubbles*, Kapitel 13, S. 205–216. Cambridge, MA, USA und London, UK: The MIT Press.

De Bondt, W. F. M. und R. H. Thaler (1985, Juli). Does the stock market overreact? *Journal of Finance 40*(3), S. 793–805.

De Grauwe, P. (2008, September). Stock prices and monetary policy. CEPS Arbeitspapier Nr. 304, Centre for European Policy Studies.

De Grauwe, P. und M. Grimaldi (2004). Bubbles and crashes in a behavioural finance model. CESifo Arbeitspapier Nr. 1194, Center for Economic Studies und Ifo Institute for Economic Research.

De Grauwe, P. und M. Grimaldi (2006a). *The Exchange Rate in a Behavioral Finance Framework.* Princeton, NJ, USA und Oxford, UK: Princeton University Press.

De Grauwe, P. und M. Grimaldi (2006b, Januar). Exchange rate puzzles: A tale of switching attractors. *European Economic Review 50*(1), S. 1–33.

De Grauwe, P. und D. Gros (2009). A new two-pillar strategy for the ECB. CESifo Arbeitspapier Nr. 2818, Centre for Economic Studies und Ifo Institute for Economic Research.

De Long, B. J., A. Shleifer, L. Summers und R. J. Waldmann (1990a, August). Noise trader risk in financial markets. *The Journal of Political Economy 98*(4), S. 703–738.

De Long, B. J., A. Shleifer, L. Summers und R. J. Waldmann (1990b, Juni). Positive feedback investment strategies and destabilizing rational speculation. *The Journal of Finance 45*(2), S. 379–395.

Detken, C. und F. Smets (2004, Mai). Asset price booms and monetary policy. EZB Arbeitspapier Nr. 364, Europäische Zentralbank.

Diba, B. T. und H. I. Grossman (1988, Juni). Explosive rational bubbles in stock prices? *The American Economic Review 78*(3), S. 520–530.

Drehmann, M. (2008). Stress tests: Objectives, challenges and modelling choices. *BIS Economic Review* (2), S. 61–92.

Duffee, G. R. und C. Zhou (2001, August). Credit derivatives in banking: Useful tools for managing risk? *Journal of Monetary Economics 48*(1), S. 25–54.

Dupont, D. und B. Sack (1999). The treasury securities market: overview and recent development. *Federal Reserve Bulletin* (12), S. 785–806.

Dupor, B. (2005, Mai). Stabilizing non-fundamental asset price movements under discretion and limited information. *Journal of Monetary Economics 52*(4), S. 727–747.

Dupor, B. und T. Conley (2004, Mai). The Fed response to equity prices and inflation. *AEA Papers and Proceedings 94*(2), S. 24–28.

Ellison, M. und N. Valla (2001, August). Learning, uncertainty and central bank activism in an economy with strategic interactions. *Journal of Monetary Economics 48*(1), S. 153–171.

Europäische Kommission (2006). Market adjustment: the real interest rate channel. *European Economy* (6), S. 131–176.

Europäische Zentralbank (2004, Mai). The natural real interest rate in the euro area. *EZB Monatsbericht*, S. 57–69.

Europäische Zentralbank (2005, April). Asset price bubbles and monetary policy. *EZB Monatsbericht*, S. 47–60.

Evans, G. W. (1991, September). Pitfalls in testing for explosive bubbles in asset prices. *The American Economic Review 81*(4), S. 922–930.

Fama, E. F. (1965, Januar). The behavior of stock-market prices. *The Journal of Business 38*(1), S. 34–105.

Fama, E. F. und K. R. French (1988, April). Permanent and temporary components of stock prices. *Journal of Political Economy 96*(21), S. 246–273.

Fama, E. F. und K. R. French (1993, Februar). Common risk factors in the returns on stocks and bonds. *Journal of Financial Economics 33*(1), S. 3–56.

Farmer, D. J. und S. Joshi (2002, Oktober). The price dynamics of common trading strategies. *Journal of Economic Behavior & Organization 49*(2), S. 149–171.

Fendel, R. und M. Frenkel (2004, Juni). Deflation and the zero lower bound on nominal interest rates. *Financial Markets and Portfolio Management 18*(2), S. 160–180.

Feng, L. und M. Seasholes (2005). Do investor sophistication and trading experience eliminate behavioral biases in financial markets? *Review of Finance 9*(3), S. 305–351.

Filardo, A. (2004, Juni). Monetary policy and asset price bubbles: Calibrating the monetary policy trade-offs. BIZ Arbeitspapier Nr. 155, Bank für internationalen Zahlungsausgleich.

Flood, R. P. und P. M. Garber (1980, August). Market fundamentals versus price-level bubbles: The first tests. *The Journal of Political Economy 88*(4), S. 745–770.

Frankel, J. A. und K. Froot (1990a, Mai). Chartists, fundamentalists, and trading in the foreign exchange market. *The American Economic Review 80*(2), S. 181–185.

Frankel, J. A. und K. A. Froot (1986). The dollar as a speculative bubble: A tale of fundamentalists and chartists. NBER Arbeitspapier Nr. 1963, National Bureau of Economic Research.

Frankel, J. A. und K. A. Froot (1990b). Chartists, fundamentalists and the demand for dollars. In A. S. Courakis und M. P. Taylor (Hrsg.), *Private Behaviour and Government Policy in Interdependent Economies*, S. 73–126. New York, NY, USA: Oxford University Press.

Friedman, M. (1953). The case for flexible exchange rates. In M. Friedman (Hrsg.), *Essays in Positive Economics*, S. 157–203. Chicago, Il, USA: University of Chicago Press.

Froot, K. A. und M. Obstfeld (1991, Dezember). Intrinsic bubbles: The case of stock prices. *The American Economic Review 81*(5), S. 1189–1214.

Fuhrer, J. C. und B. F. Madigan (1997, November). Monetary policy when interest rates are bounded at zero. *The Review of Economics and Statistics 79*(4), S. 573–585.

Fukuta, Y. (2002). A test for rational bubbles in stock prices. *Empirical Economics 27*(4), S. 587–600.

Gaunersdorfer, A. (2000, Juni). Endogenous fluctuations in a simple asset pricing model with heterogeneous agents. *Journal of Economic Dynamics and Control 24*(5-7), S. 799–831.

Gerdesmeier, D., B. Roffia und H.-E. Reimers (2009, Juli). Asset price misalignments and the role of money and credit. EZB Arbeitspapier Nr. 1068, Europäische Zentralbank.

Gerlach, S. und G. Schnabel (2000, Mai). The taylor rule and interest rates in the EMU area. *Economics Letters 67*(2), S. 165–171.

Gertler, M., M. Goodfriend, O. Issing und L. Spaventa (1998). *Asset Prices and Monetary Policy: Four Views.* Centre for Economic Policy Research und Bank for International Settlements.

Giammarioli, N. und N. Valla (2004, Juli). The natural real interest rate and monetary policy: a review. *Journal of Policy Modeling 26*(5), S. 641–660.

Gilchrist, S. und M. Saito (2006, August). Expectations, asset prices and monetary policy: The role of learning. NBER Arbeitspapier Nr. 12442, National Bureau of Economic Research.

Goodfriend, M. (2000, November). Overcoming the zero bound on interest rate policy. *Journal of Money, Credit and Banking 32*(4), S. 1007–1035.

Goodhart, C. (2001, Juni). What weight should be given to asset prices in the measurement of inflation? *The Economic Journal 111*, S. F335–F356.

Goodhart, C. und B. Hofmann (2005, Januar). The IS curve and the transmission of monetary policy: is there a puzzle? *Applied Economics 37*(1), S. 29–36.

Goodhart, C. A. E. (2008, Februar). The background to the 2007 financial crisis. *International Economics and Economic Policy 4*(4), S. 331–346.

Goodhart, C. A. E. und H. Huang (2005, Mai). The lender of last resort. *Journal of Banking & Finance 29*(5), S. 1059–1082.

Gordon, M. J. (1959, Mai). Dividends, earnings and stock prices. *Review of Economics and Statistics 41*(2), S. 99–105.

Greenspan, A. (2002). Opening remarks on symposium: Rethinking stabilization policy. Online unter: http://www.kc.frb.org/Publicat/sympos/2002/pdf/S02Greenspan.pdf. Federal Reserve Bank of Kansas City.

Greenwood, R. und S. Nagel (2009, August). Inexperienced investors and bubbles. *Journal of Financial Economics 93*(2), S. 239–258.

Griffin, J. M., J. H. Harris und S. Topaloglu (2009, Juli). Who drove and burst the tech bubble? McCombs Research Paper. Social Sciences Research Network.

Grinblatt, M., S. Titmann und R. Wermers (1995, Dezember). Momentum investment strategies, portfolio performance, and herding: A study of mutual fund behavior. *The American Economic Review 85*(5), S. 1088–1105.

Gruen, D., M. Plumb und A. Stone (2003). How should monetary policy respond to asset-price bubbles? In A. Richards und T. Robinson (Hrsg.), *Asset Prices and Monetary Policy*, S. 260–280. Reserve Bank of Australia. RBA Konferenzband.

Gruen, D., M. Plumb und A. Stone (2005, Dezember). How should monetary policy respond to asset price bubbles? *International Journal of Central Banking 1*(3), S. 1–31.

Guenster, N., E. Kole und B. Jacobsen (2008, März). Riding bubbles. Konferenzpapier. Finance International Meeting AFFI-EUROFIDAI, Paris, Dezember 2007.

Haruvy, E., Y. Lahav und C. N. Noussair (2007, Dezember). Traders' expectations in asset markets: Experimental evidence. *The American Economic Review 97*(5), S. 1901–1920.

Haugh, D. L. (2008, Dezember). Monetary policy under uncertainty about the nature of asset-price shocks. *International Journal of Central Banking 4*(4), S. 39–83.

Hildebrand, P. (2006, April). Monetary policy and financial markets. *Financial Markets and Portfolio Management 20*(1), S. 7–18.

Hirtle, B. (2009, April). Credit derivatives and bank credit supply. *Journal of Financial Intermediation 18*(2), S. 125–150.

Hollifield, B., G. Koop und K. Li (2003, Dezember). A Bayesian analysis of a variance decomposition for stock returns. *Journal of Empirical Finance 10*(5), S. 583–601.

Holt, J. (2009). A summary of the primary causes of the housing bubble and the resulting credit crisis: A non-technical paper. *The Journal of Business Inquiry 8*(1), S. 120–129.

Hommes, C. (2001). Financial markets as nonlinear adaptive evolutionary systems. *Quantitative Finance 1*(1), S. 149–167.

Hommes, C., H. Huang und D. Wang (2005, Juni). A robust rational route to randomness in a simple asset pricing model. *Journal of Economic Dynamics and Control 29*(6), S. 1043–1072.

Hommes, C. S. (2006). Heterogeneous agent models in economics and finance. In L. Tesfatsion und K. L. Judd (Hrsg.), *Handbook of Computational Economics, Bd. 2*, Kapitel 23, S. 1109–1186. Amsterdam, NL: North-Holland, Elsevier.

Hong, H., J. Scheinkman und W. Xiong (2008, August). Advisors and asset prices: A model of the origins of bubbles. *Journal of Financial Economics 89*(2), S. 268–287.

Hong, H., J. C. Stein und J. Yu (2007, Juni). Simple forecasts and paradigm shifts. *Journal of Finance 62*(3), S. 1207–1242.

Illing, G. (2001, April). Financial fragility, bubbles and monetary policy. CESifo Arbeitspapier Nr. 449, Center for Economic Studies und Ifo Institute for Economic Research.

Illing, G. und U. Klüh (2005). Vermögenspreise und Konsum: Neue Erkenntnisse, amerikanische Erfahrungen und europäische Herausforderungen. *Perspektiven der Wirtschaftspolitik 6*(1), S. 1–22.

Internationaler Währungsfonds (2008). Global financial stability report. Technischer Report.

Internationaler Währungsfonds (2009, Dezember). Lessons for monetary policy from asset price fluctuations. *World Economic Outlook*, S. 93–119.

Issing, O. (2009). Asset prices and monetary policy. *Cato Journal 29*(1), S. 45–51.

Ito, T. (1990, Juni). Foreign exchange rate expectations: Micro survey data. *The American Economic Review 80*(3), S. 434–449.

Jarchow, H.-J. (2003). *Theorie und Politik des Geldes* (11. Aufl.). Göttingen: Vandenhoeck und Ruprecht.

Jones, M. T., P. Hilbers und G. Slack (2004, Juli). Stress testing financial systems: What to do when the governor calls. IWF Arbeitspapier Nr. 04/127, Internationaler Währungsfonds.

Kahneman, D. (2003, Dezember). Maps of bounded rationality: Psychology for behavioral economics. *The American Economic Review 93*(5), S. 1449–1475.

Kahneman, D. und A. Tversky (1973). On the psychology of prediction. *Psychological Review 80*(4), S. 237–257.

Kent, C. und P. Lowe (1997, Dezember). Asset-price bubbles and monetary policy. RBA Arbeitspapier Nr. 9709, Reserve Bank of Australia.

Keynes, J. M. (1936). *The General Theory of Employment, Interest and Money.* London, UK: Macmillan.

Kindleberger, C. P. (1996). *Manias, Panics, and Crashes* (3. Aufl.). New York, NY, USA: John Wiley & Sons, Inc.

Kindleberger, C. P. und R. Z. Aliber (2005). *Manias, panics, and crashes: a history of financial crises* (5. Aufl.). Hoboken, NJ, USA: John Wiley & Sons, Inc.

Kirman, A. (1991). Epidemics of opinion and speculative bubbles in financial markets. In M. Taylor (Hrsg.), *Money and Financial Markets.* London, UK: Macmillan.

Kocherlakota, N. R. (1996, März). The equity premium: It's still a puzzle. *Journal of Economic Literature 34*(1), S. 42–71.

Kohn, D. L. (2009). Monetary policy and asset prices revisited. *Cato Journal 29*(1), S. 31–44.

Kontonikas, A. und C. Ioannidis (2005, Dezember). Should monetary policy respond to asset price misalignments? *Economic Modelling 22*(6), S. 1105–1121.

Kontonikas, A. und A. Montagnoli (2006, November). Optimal monetary policy and asset price misalignments. *Scottish Journal of Political Economy 53*(5), S. 636–654.

Koustas, Z. und A. Serletis (2005, Oktober). Rational bubbles or persistent deviations from fundamentals? *Journal of Banking & Finance 29*(10), S. 2523–2539.

Krugman, P. (2009). *The Return of Depression Economics and the Crisis of 2008.* New York, NY, USA: W. W. Norton & Company.

Kunieda, T. (2008, Januar). Asset bubbles and borrowing constraints. *Journal of Mathematical Economics 44*(2), S. 112–131.

Kyle, A. S. (1985, November). Continous auctions and insider trading. *Econometrica 53*(6), S. 1315–1335.

Laidler, D. (2004, September). Monetary policy after bubbles burst: The zero lower bound, the liquidity trap and the credit deadlock. *Canadian Public Policy 30*(3), S. 333–340.

Lakonishok, J., A. Shleifer und R. W. Vishny (1992, August). The impact of institutional trading on stock prices. *Journal of Financial Economics 32*(1), S. 23–43.

Lakonishok, J., A. Shleifer und R. W. Vishny (1994, Dezember). Contrarian investment, extrapolation, and risk. *Journal of Finance 49*(5), S. 1541–1578.

LeBaron, B. (2006, Juni). Agent-based computational finance. In L. Tesfatsion und K. L. Judd (Hrsg.), *Handbook of Computational Economics, Bd. 2*, Kapitel 24, S. 1187–1233. Amsterdam, NL: North-Holland, Elsevier.

Lee, B.-S. (1995, März). The response of stock prices to permanent and temporary shocks to dividends. *The Journal of Financial and Quantitative Analysis 30*(1), S. 1–22.

LeRoy, S. F. und R. D. Porter (1981, Mai). The present-value relation: Tests based on implied variance bounds. *Econometrica 49*(3), S. 555–574.

Lintner, J. (1965, Februar). The valuation of risk assets and the selection of risky investments in stock portfolios and capital budgets. *The Review of Economics and Statistics 47*(1), S. 13–37.

List, J. A. (2003, Februar). Does market experience eliminate market anomalies? *The Quarterly Journal of Economics 118*(1), S. 41–71.

Liu, J. und F. A. Longstaff (2004). Losing money on arbitrage: Optimal dynamic portfolio choice in markets with arbitrage opportunities. *Review of Financial Studies 17*(3), S. 611–641.

Lucas, R. E. J. (1972). Econometric testing of the natural rate hypothesis. In O. Eckstein (Hrsg.), *The Econometrics of Price Determination*, S. 50–59. Washington, USA: Board of Governors, Federal Reserve System.

Lui, Y.-H. und D. Mole (1998, Juni). The use of fundamental and technical analyses by foreign exchange dealers: Hong Kong evidence. *Journal of International Money and Finance 17*(3), S. 535–545.

Lux, T. (1995, Juli). Herd behaviour, bubbles and crashes. *The Economic Journal 105*(431), S. 881–896.

Lux, T. (1997, November). Time variation of second moments from a noise trader/infection model. *Journal of Economic Dynamics and Control 22*(1), S. 1–38.

Manski, C. F. und D. L. McFadden (Hrsg.) (1981). *Structural Analysis of Discrete Data and Econometric Applications.* Cambridge, MA, USA: The MIT Press.

McCallum, B. T. (1995). *New Zealand's monetary policy arrangements: some critical issues.* Wellington, NZ: Reserve Bank of New Zealand.

McCallum, B. T. (2000, November). Theoretical analysis regarding a zero lower bound on nominal interest rates. *Journal of Money, Credit and Banking 32*(4), S. 870–904.

Mehra, R. (1998). On the volatility of stock prices: an exercise in quantitative theory. *International Journal of Systems Science 29*(11), S. 1203–1211.

Meltzer, A. H. (2003). Rational and nonrational bubbles. In W. C. Hunter, G. G. Kaufman, und M. Pomerleano (Hrsg.), *Asset Price Bubbles*, Kapitel 3, S. 23–34. Cambridge, MA, USA und London, UK: The MIT Press.

Menkhoff, L. (1997, Oktober). Examining the use of technical currency analysis. *International Journal of Finance & Economics 2*(4), S. 307–318.

Menkhoff, L. (1998, Juni). The noise trading approach – questionnaire evidence from foreign exchange. *Journal of International Money and Finance 17*(3), S. 547–564.

Merton, R. C. (1973, September). An intertemporal capital asset pricing model. *Econometrica 41*(5), S. 867–687.

Minsky, H. P. (1982). The financial instability hypothesis: Capitalistic processes and the behavior of the economy:. In C. P. Kindleberger und J. P. Lafargue (Hrsg.), *Financial Crises: Theory, History, and Policy*, S. 13–29. Cambridge, UK: Cambridge University Press.

Mizrach, B. und F. Occhino (2008, November-Dezember). The impact of monetary policy on bond returns: A segmented markets approach. *Journal of Economics and Business 60*(6), S. 485–501.

Müller, A. P. (2000). Rationalität und Irrationalität an der Börse. *Zeitschrift für das gesamte Kreditwesen* (12), S. 658–661.

Mossin, J. (1966, Oktober). Equilibrium in a capital asset market. *Econometrica 34*(4), S. 768–783.

Muth, J. F. (1961, Juli). Rational expectations and the theory of price movements. *Econometrica 29*(3), S. 315–335.

Nobay, R. A. und D. A. Peel (2003, Juli). Optimal discretionary monetary policy in a model of asymmetric central bank preferences. *The Economic Journal 113*(489), S. 657–665.

Obstfeld, M. und K. Rogoff (1986, Mai). Ruling out divergent speculative bubbles. *Journal of Monetary Economics 17*(3), S. 349–362.

Palley, T. I. (2008). Asset price bubbles and monetary policy: Why central banks have been wrong and what should be done. IMK Arbeitspapier Nr. 5, Institut für Makroökonomie und Konjunkturforschung.

Poterba, J. M. (2000). Stock market wealth and consumption. *The Journal of Economic Perspectives 14*(2), S. 99–118.

Rapp, W. V. (2009). The Kindleberger-Arliber-Minsky paradigm and the global subprime mortgage meltdown. *critical perspectives on international business 5*(1/2), S. 85–93.

Rigobon, R. und B. Sack (2003, Mai). Measuring the reaction of monetary policy to the stock market. *The Quarterly Journal of Economics 118*(2), S. 639–669.

Robinson, T. und A. Stone (2005, Februar). Monetary policy, asset-price bubbles and the zero lower bound. NBER Arbeitspapier Nr. 11105, National Bureau of Economic Research.

Roley, V. V. und G. H. J. Sellon (1995). Monetary policy actions and long-term interest rates. *Economic Review* (4), S. 73–89. Federal Reserve Bank of Kansas City.

Ross, S. A. (1976, Dezember). The arbitrage theory of capital asset pricing. *Journal of Economic Theory 13*(3), S. 341–360.

Rotemberg, J. J. und M. Woodford (1998, Mai). An optimization-based econometric framework for the evaluation of monetary policy: Expanded version. NBER Arbeitspapier Nr. 0233, National Bureau of Economic Research.

Rudebusch, G. D. (2005, August). Monetary policy and asset price bubbles. *FRBSF Economic Letter* (18), S. 1–4. Federal Reserve Bank of San Francisco.

Santos, M. S. und M. Woodford (1997, Januar). Rational asset pricing bubbles. *Econometrica 65*(1), S. 19–57.

Sargent, T. J. (1994). *Bounded Rationality in Macroeconomics*. Oxford, UK: Oxford University Press.

Scheinkman, J. A. und W. Xiong (2003, Dezember). Overconfidence and speculative bubbles. *Journal of Political Economy 111*(6), S. 1183–1219.

Schwartz, A. J. (2009). Origins of the financial market crisis of 2008. *Cato Journal 29*(1), S. 19–23.

Semmler, W. und W. Zhang (2007, Mai). Asset price volatility and monetary policy rules: A dynamic model and empirical evidence. *Economic Modelling 24*(3), S. 411–430.

Seru, A., T. Shumway und N. Stoffman (2010). Learning by trading. *Review of Financial Studies 23*(2), S. 705–739.

Sharpe, W. F. (1964, September). Capital asset prices: A theory of market equilibrium under conditions of risk. *The Journal of Finance 19*(3), S. 425–442.

Sharpe, W. F., G. J. Alexander und J. V. Bailey (1998). *Investments* (6. Aufl.). Upper Saddle River, NJ, USA: Prentice Hall International.

Shefrin, H. (2005). *A Behavioral Approach to Asset Pricing.* Amsterdam, NL: Elsevier Academic Press.

Shiller, R. J. (1981, Juni). Do stock prices move too much to be justified by subsequent changes in dividends? *The American Economic Review 71*(3), S. 421–436.

Shiller, R. J. (1989). *Market Volatility.* Cambridge, MA, USA: The MIT Press.

Shiller, R. J. (1999). Human behavior and the efficiency of the financial system. In J. B. Taylor und M. Woodford (Hrsg.), *Handbook of Macroeconomics, Bd. 1*, Kapitel 20, S. 1305–1340. Amsterdam, NL: Elsevier Science B.V.

Shiller, R. J. (2002, Mai-Juni). Bubbles, human judgment, and expert opinion. *Financial Analysts Journal 58*(3), S. 18–26.

Shiller, R. J. (2005). *Irrational Exuberance* (2. Aufl.). Princeton, NJ, USA und Oxford, UK: Princeton University Press.

Shiller, R. J. (2006). Irrational exuberance revisited. In R. N. Sullivan und J. J. Diermeier (Hrsg.), *Global Perspectives on Investment Management*, S. 303–320. Hoboken, NJ, USA: John Wiley & Sons. CFA Institute.

Shiller, R. J. (2008). *The Subprime Solution.* Princeton, NJ, USA: Princeton University Press.

Shiller, R. J. und J. Y. Campbell (1986, Dezember). The dividend-price ratio and expectations of future dividends and discount factors. Arbeitspapier Nr. 812, Cowles Foundation, Yale University.

Shiller, R. J., S. Fischer und B. M. Friedman (1984). Stock prices and social dynamics. *Brookings Papers on Economic Activity* (2), S. 457–510.

Shleifer, A. (2000). *Inefficient Markets.* New York, NY, USA: Oxford University Press.

Shleifer, A. und R. W. Vishny (1997, März). The limits of arbitrage. *Journal of Finance 52*(1), S. 35–55.

Siklos, P. L., T. Werner und M. T. Bohl (2004). Asset prices in taylor rules: Specification, estimation, and policy implications for the ECB. Arbeitspapier Nr. 22, Deutsche Bundesbank.

Simon, H. A. (1957). *Models of man.* New York, NY, USA: John Wiley & Sons.

Simon, H. A. (1979, September). Rational decision making in business organizations. *The American Economic Review 69*(4), S. 493–513.

Smets, F. (1997, November). Financial asset prices and monetary policy: Theory and evidence. CEPR Arbeitspapier Nr. 1751, Center for Economic and Policy Research.

Smith, V. L., G. L. Suchanek und A. W. Williams (1988, September). Bubbles, crashes and endogenous expectations in experimental spot asset markets. *Econometrica 56*(5), S. 1119–1151.

Soros, G. (2008). *The new paradigm for financial markets : the credit crisis of 2008 and what it means.* New York, NY, USA: PublicAffairs.

Stein, J. C. (2005, Januar). Why are most funds open-end? Competition and the limits of arbitrage. *The Quarterly Journal of Economics 120*(1), S. 247–272.

Stiglitz, J. und B. Greenwald (2003). *Towards a New Paradigm in Monetary Economics.* Cambridge, UK: Cambridge University Press.

Stiglitz, J. E. (1990). Symposium on bubbles. *Journal of Economic Perspectives 4*(2), S. 13–18.

Stowe, J. D., T. R. Robinson, G. E. Pinto und McLeavey (2007). *Equity Asset Valuation.* Hoboken, NJ, USA: John Wiley & Sons, Inc.

Summers, L. H. (1986, Juli). Does the stock market rationally reflect fundamental values? *Journal of Finance 41*(3), S. 591–601.

Svensson, L. E. (1997, Juni). Inflation forecast targeting: Implementing and monitoring inflation targets. *European Economic Review 41*(6), S. 1111–1146.

Svensson, L. E. (1999, September). Inflation targeting: Some extensions. *Scandinavian Journal of Economics 101*(3), S. 337–361.

Svensson, L. E. (2003, Juni). What is wrong with taylor rules? Using judgment in monetary policy through targeting rules. *Journal of Economic Literature 41*(2), S. 426–477.

Taylor, J. B. (1993, Dezember). Discretion versus policy rules in practice. *Carnegie-Rochester Conference Series on Public Policy 39*(1), S. 195–214.

Temin, P. und H.-J. Voth (2004, Dezember). Riding the south sea bubble. *The American Economic Review 94*(5), S. 1654–1668.

Tesfaselassie, M. F. (2008, August). Central bank learning and monetary policy. ifw Arbeitspapier Nr. 1444, Institut für Weltwirtschaft.

Thaler, R. H. (Hrsg.) (1993). *Advances in Behavioral Finance.* New York, NY, USA: Russell Sage Foundation.

Thaler, R. H. (Hrsg.) (2005). *Advances in Behavioral Finance, Bd. 2.* New York, NY, USA: Russell Sage Foundation.

Tirole, J. (1982, September). On the possibility of speculation under rational expectations. *Econometrica 50*(5), S. 1163–1181.

Tirole, J. (1985, November). Asset bubbles and overlapping generations. *Econometrica 53*(6), S. 1499–1528.

Trichet, J.-C. (2005). Asset price bubbles and monetary policy. Online unter: http://www.ecb.int/press/key/date/2005/html/sp050608.en.html. Rede am 08.06.2005 in Singapur.

Tversky, A. und D. Kahneman (1974, September). Judgment under uncertainty: Heuristics and biases. *Science 185*(4157), S. 1124–1131.

Verbic, M. (2006, August). Memory and asset pricing models with heterogeneous beliefs. Online unter: http://mpra.ub.uni-muenchen.de/1261/, mimeo.

Vogel, H. L. (2010). *Financial Market Bubbles and Crashes.* New York, NY, USA: Cambridge University Press.

Wadhwani, S. (2008, Oktober). Should monetary policy respond to asset price bubbles? Revisiting the debate. *National Institute Economic Review* (206), S. 25–34.

Wang, J. (1994, Februar). A model of competitive stock trading volume. *Journal of Political Economy 102*(1), S. 127–168.

Weltbank und Internationaler Währungsfonds (2005). *Financial Sector Assessment: A Handbook.* Washington, D.C., USA: Weltbank and Internationaler Währungsfonds.

Wermers, R. (1999). Mutual fund herding and the impact on stock prices. *The Journal of Finance 54*(2), S. 581–622.

Wieland, V. (2000, August). Monetary policy, parameter uncertainty and optimal learning. *Journal of Monetary Economics 46*(1), S. 199–228.

Williams, J. B. (1938). *The Theory of Investment Value.* Flint Hill, VA, USA: Fraser Publishing Company.

Woodford, M. (2003). *Interest and Prices: Foundations of a Theory of Monetary Policy.* Princeton, NJ, USA: Princeton University Press.

Woodford, M. (2005, Dezember). Central bank communication and policy effectiveness. NBER Arbeitspapier Nr. 11898, National Bureau of Economic Research.

Wärneryd, K.-E. (2001). *Stock-Market Psychology.* Cheltenham, UK und Northampton, MA, USA: Edward Elgar.

Wu, P. X. (1999, Dezember). Variance decomposition of stock returns and dividend imputation system. *Applied Financial Economics 9*(6), S. 539–543.

Yellen, J. L. (2009, Mai). A Minsky meltdown: Lessons for central bankers. *FRBSF Economic Letter* (1). Federal Reserve Bank of San Francisco.

Zeeman, E. C. (1974, März). On the unstable behaviour of stock exchanges. *Journal of Mathematical Economics 1*(1), S. 39–49.

Kolibri 360 GmbH
Ferdinand-Jühlke-Straße 7
99095 Erfurt, Deutschland
produktsicherheit@kolibri360.de